Norman · Aufmerksamkeit und Gedächtnis

Donald A. Norman

Aufmerksamkeit und Gedächtnis

Eine Einführung in die menschliche Informationsverarbeitung

Aus dem Amerikanischen übersetzt von Rolf H. Piquardt

Beltz Verlag · Weinheim und Basel 1973

Titel der Originalausgabe:
Memory and Attention von Prof. Donald A. Norman

Aus dem Amerikanischen übersetzt
von Rolf H. Piquardt

Autorisierte Übersetzung der englischen Originalausgabe
erschienen bei John Wiley & Sons, Inc., New York

Authorized translation from English language
edition published by John Wiley & Sons, Inc., New York

ISBN 3 407 28159 5

Gesamtherstellung: Beltz, Offsetdruck, 6944 Hemsbach über Weinheim

Inhaltsverzeichnis

Vorwort

Es gibt viele Gründe, ein Buch zu schreiben. Dieses könnte als Lehrbuch oder Quellenauswahl für Studenten geschrieben worden sein. Ebenso könnte man es als Ausdruck meiner Ansichten über psychologische Prozesse betrachten. Der Hauptgrund war jedoch einfach die Freude am Schreiben.

Der Aufbau des Buches folgt dem Vorgehen während eines Seminars, das den Anstoß zu seiner Abfassung gegeben hat. Im Grunde habe ich über das geschrieben, was ich während dieses Seminars über „Aufmerksamkeit und Gedächtnis" vorgetragen habe (bzw. wünschte, ich hätte es getan). In einem Übungskurs hofft man, dem Studenten ein Gefühl für den Werdegang eines Forschungsgegenstandes zu geben, ein fundiertes Wissen der modernen Literatur und einen Begriff von der Art der Probleme, denen die Forscher auf diesem Gebiet gegenüberstehen. Das erreicht man durch ausführliche Darstellungen, Literaturhinweise und kritische Bewertung der Literatur. In solch einem Seminar kann man der Versuchung nie widerstehen, eigene Gedanken zu den Problemen und ihren Lösungen beizusteuern. Auch ich habe versucht, so in diesem Buch zu verfahren.

Der Arbeit liegen gewisse Vorannahmen zugrunde. Der Mensch wird hier als ein komplexes System behandelt, das die über die Sinnesorgane empfangene Information in eine Ordnung zu bringen versucht. Diese Art von Vorannahmen, die einen immer nach der allgemeinen Struktur der Prozesse fragen lassen, durch die der Mensch einlaufende Informationen entdeckt, erkennt, beachtet und behält, erlaubt mir, eine ganze Menge unseres Wissens von der Struktur der menschlichen Wahrnehmung, der Aufmerksamkeit und des Gedächtnisses in sinnvoller Weise zu ordnen. Zugleich wird dadurch die Erörterung der mehr traditionellen psychologischen Theorien und Experimente erschwert, manchmal unmöglich gemacht.

Das Buch enthält daher nur einen begrenzten Überblick über die gesamte Forschung über Aufmerksamkeit, Gedächtnis und Wiedererkennen. Die Beschränkung auf eine kleine Zahl von Forschungsarbeiten hat den Sinn, die wirklich wichtigen Gedanken zu unserem Thema nicht in einem Dschungel von Einzelheiten untergehen zu lassen.

Ich werde also eine große Auswahl von Themen mit einer kleinen Sammlung von Aufsätzen und Konzepten darstellen. Die meisten Themen werden unter Zugrundelegung von Auszügen aus den Originalarbeiten diskutiert. Es hätte nämlich nicht nur wenig Sinn, wenn ich den Sachverhalt dieser nur mit anderen Worten wiedergäbe, sondern auch viel von dem besonderen Reiz des gesamten Gebietes ginge ohne die Leseerfahrung der verschiedenen Stile der einzelnen Forscher verloren. Einige Aufsätze geben eine Einführung in die Geschichte jedes Themenkreises und deren Beziehung zu anderen Gebieten. Der Hauptakzent des Buches liegt jedoch auf der Erörterung der neuesten Theorien und Ergebnisse. Gewöhnlich verzweigt sich ein modernes Forschungsgebiet in viele Richtungen, und es wäre natürlich verfrüht, eine Voraussage zu machen, wohin der Weg für unser Gebiet führen wird. Die hier gesammelten Arbeiten wurden ausgewählt, um das Verständnis des Lesers für jedes Thema zu fördern und um ihm einen Begriff von den Problemen und Theorien als Hilfe beim näheren Studium zu geben.

Meine Auswahl von Arbeiten ist folglich etwas willkürlich, denn ich habe sie sowohl nach ihrer allgemeinen Aussagefähigkeit als auch unter dem Gesichtspunkt ihrer sinnvollen Einordnung in den Gesamtrahmen des Textes getroffen.

Das Buch folgt somit in vielerlei Weise dem Seminar. Obgleich man in einem einzigen Kursus nicht einen vollständigen Literaturüberblick bieten kann, besteht doch die Hoffnung, daß der Leser am Ende ein Verständnis für die grundlegenden Fragen gewonnen hat, daß er weiß, wo er genauere Informationen finden kann und daß er imstande ist, die entsprechenden Zeitschriftenveröffentlichungen mit Verständnis der Zusammenhänge zu lesen. Entsprechend dem Vorgehen während des Seminars habe ich mir das Recht zu Kommentaren und kritischer Auswahl genommen: was irrelevant im vorliegenden Zusammenhang ist, wurde von den Veröffentlichungen fortgelassen; wo notwendig, wurden Kommentare angebracht.

Dieses Buch ist für den an Spezialfragen interessierten Anfänger bestimmt. Kenntnisse in Psychologie werden nicht vorausgesetzt, und technische Termini werden, wo eingeführt, erklärt. Einige der Probleme sind allerdings komplizierter, so daß der absolute Neuling in Psychologie Schwierigkeiten haben könnte. Viele der hier diskutierten Bereiche sind gegenwärtig Gegenstand elaborierter mathematischer Theorien. Ich habe der Versuchung widerstanden, solche Modelle hier weiter auszuführen, hauptsächlich, weil ich sie in einem Fortsetzungsband zu bringen verspreche, falls es dazu kommen sollte.

Ich möchte George Mandler für Rat und Unterstützung während der Abfassung dieses Buches und ganz allgemein für seine Geduld für meine Anliegen danken. David Rumelhart ist noch einmal sorgfältig alle Kapitel durchgegangen, und seine Anmerkungen haben das Endprodukt verbessern helfen. Das in seiner jetzigen Form vorliegende Buch mit den vielerlei Auszügen aus Veröffentlichungen wäre ohne die Hilfe der Autoren, aus deren Arbeiten ich meine Auswahl getroffen habe, nicht möglich gewesen. Ich möchte den Verlagen und Autoren dieser Aufsätze für ihre Erlaubnis zur Benutzung des Materials danken.

La Jolla, Kalifornien — Donald A. Norman

1. Problemstellung

Die Geschichte des formalen Studiums von Aufmerksamkeit und Gedächtnis des Menschen ist reich und mannigfaltig. Man kann leicht schriftliche Aufzeichnungen von Spekulationen über diese Aspekte der menschlichen Denkprozesse bis zu den griechischen Philosophen zurückverfolgen, und intensivere Forschung würde zweifellos noch frühere Dokumente ergeben. Tatsache ist, daß die Römer schon um 86–82 v. Chr. ein Lehrbuch über Techniken der Gedächtnisverbesserung besaßen, das den Titel *Rhetorica ad Herennium* trug. Die hier aufgestellten Regeln für die Aneignung eines „künstlichen" Gedächtnisses werden von Ausübenden der Gedächtniskunst noch heute befolgt, obgleich diese Kunst seit der Erfindung des Buchdrucks kaum mehr von großer Bedeutung ist. Für die Griechen und Römer war die Rhetorik ein wichtiger Bestandteil des Lebens, und ein verläßliches Gedächtnis hatte für einen Redner unschätzbaren Wert. Heute, da jeder leicht Zugang zu Büchereien hat (und wir Redner akzeptieren, die vom Blatt sprechen), besteht geringes Interesse daran, ganze Bücher, Gedichte oder Reden auswendig zu lernen. Die Gedächtniskunst ist seither außer Gebrauch gekommen. Dennoch sind die in der Antike verfaßten Regeln noch immer für all jene gültig und von Nutzen, die ihr Gedächtnis zu verbessern suchen. Die heutige Wissenschaft hat trotz ihrer Bedeutung und Macht nur wenig zu unserem Wissen über die praktische Anwendung der Erinnerungskunst beigetragen.

Die ersten Praktiker dieser Kunst erkannten schon, daß Aufmerksamkeit die Voraussetzung für Gedächtnisleistungen ist. Um 400 v. Chr. enthielten schriftliche Gedächtnisregeln Anweisungen wie diese „Dies merke zuerst: Wenn Du aufmerksam bist, wird das Urteil die Dinge besser wahrnehmen, auf denen es beruht."[1]. Dieses einfache Zitat soll zur Einleitung des Folgenden dienen. Die Redner wollten praktische Regeln, um ihre Fähigkeit zur Nutzung des Gedächtnisses zu verbessern. Heute sind wir allerdings an den psychologischen Prinzipien interessiert, die diesen Regeln unterliegen.

---

1 Die Darstellung der frühen Geschichte des Gedächtnisses stützt sich auf ein Buch von Frances A. Yates, dem auch dieses Zitat entnommen ist: *The Art of Memory.* Chicago: University of Chicago Press, 1966. Copyright 1966 by Frances A. Yates. Wir werden hierauf in Kapitel 6 zurückkommen.

Grundlegende Fragen

Beginnen wir mit der Erörterung des erwähnten Zitats „Dies merke zuerst: Wenn Du aufmerksam bist, wird das Urteil die Dinge besser wahrnehmen, auf denen es beruht". Dies ist eine allgemein bekannte Tatsache, deren moderne Fassung durch eine Veränderung der Worte klar wird: „Hör' zu, Fritzchen, wenn Du nicht aufmerksam bist, wirst Du es niemals lernen". Die Behauptung ist unserer Meinung nach richtig. Was bedeutet sie? Was ist das für ein Prozeß, den wir „Aufmerksamkeit" nennen? Und was heißt das, einer Sache die Aufmerksamkeit entziehen? Offenbar ist die Art und Weise, wie wir unsere Aufmerksamkeit einer Aufgabe zuwenden, ein psychologisches Problem, denn oft fehlt ein sichtbares Zeichen dafür, ob jemand seine Aufmerksamkeit auf etwas gerichtet hat oder nicht (obgleich wir manchmal die Aufmerksamkeit durch Schließen der Augen oder Abwenden unseres Kopfes „abschalten".).

Nun zur Wahrnehmung. Das Zitat belehrt uns darüber, daß Aufmerksamkeit zu beserer Wahrnehmung führt. Heißt das, daß wenn wir nur unsere halbe Aufmerksamkeit auf eine Sache konzentrieren, wir diese auch nur halb so deutlich erkennen? Diese Frage berührt schon unmittelbar den Kern des ganzen Problems. Können wir Aufmerksamkeit als einen präzise aufteilbaren Prozeß ansehen, wobei z. B. für ein Problem einmal 20 %, ein anderes Mal etwa 70 % des Gesamtumfanges zur Verfügung gestellt werden? Wenn das zutreffend ist, was geschieht mit den restlichen 80 bzw. 30 %? Ist Aufmerksamkeit von einer begrenzten Kapazität, die auf die jeweils vorhandenen Objekte verteilt werden muß? Ist Wahrnehmung ein kontinuierlicher Prozeß, abhängig von der Größe der Aufmerksamkeit, die auf die wahrzunehmenden Objekte gerichtet wird? Die Beantwortung aller mit der aufgestellten Behauptung zusammenhängenden Fragen macht die Voraussetzung eines besonderen menschlichen Verarbeitungsmechanismus notwendig.

Was hier über die Beziehung von Aufmerksamkeit, Wahrnehmung und Lernen ausgesagt wird, ist jedoch recht unbefriedigend für den Psychologen. Indem wir etwas als „Aufmerksamkeit", „Wahrnehmung" und „Lernen" bezeichnen, tragen wir zur Bereicherung unseres Wortschatzes, nicht jedoch unseres Wissens bei. Der Psychologe wird sich nicht eher zufriedengeben, bis er auf einen spezifischen Prozeß hinweisen kann – jene Folge von Operationen, die für die Transformationen verantwortlich ist und über die sensorische Information entscheidet – und das Ganze als einen Aufmerksamkeitsmechanismus zu identifizieren imstande ist. Dann wird er versuchen, die spezifischen Eigenschaften jeder Komponente des Gesamtprozesses zu erfassen und ihre Beziehungen zu anderen Fähigkeiten aufzuzeigen. Das

Ziel dieser Aufgliederung ist die Bereitstellung eines Modells, das im einzelnen die Operationen beschreibt, die den Phänomenen Aufmerksamkeit, Wahrnehmung, Lernen und Gedächtnis zugrunde liegen.
Um die technische Seite menschlicher Denkprozesse zu studieren, müssen wir einen großen Sprung von der Antike ins 19. und 20. Jh. machen. Obwohl die Phänomene seit langem bekannt waren, hat die systematische wissenschaftliche Erforschung psychischer Prozesse erst vor noch nicht langer Zeit begonnen. In den folgenden Kapiteln werden wir die fortschreitende Entwicklung von Theorien und Experimenten bis hin zu der Frage verfolgen, auf welche Weise der Mensch Informationen verarbeitet, wobei wir uns auf zwei Gebiete beschränken wollen: Aufmerksamkeit und Gedächtnis. Wir werden dazu einige Forschungsarbeiten und Ergebnisse der Experimentalpsychologen heranziehen und ihre Theorien besprechen. Schon hierbei werden wir sehen, daß die beiden Gebiete eine große Vielzahl von Problemen umfassen, so daß wir sie in kleinere Unterprobleme aufgliedern wollen. Über die sachgemäße Untergliederung besteht häufig wenig Übereinstimmung, ebensowenig wie über die Interpretation der in einem speziellen Bereich gefundenen Ergebnisse. Oft besteht keine Klarheit darüber, wie die für jedes Unterproblem entwickelten Theorien jeweils in ein zusammenhängendes Theoriengebäude gebracht werden können. Derartige Fragen komplizieren natürlich das Studium von Gedächtnis und Aufmerksamkeit, bereichern es jedoch andererseits auch.
Die moderne Psychologie hat etwas Faszinierendes, nicht nur, weil ihr Gegenstand so interessant, sondern auch weil der Gesamtbereich so neu und noch unerforscht ist, daß sich jeder von uns an seiner Weiterentwicklung beteiligen kann. Der Leser sollte sich also durch zweifellos vorhandene Widersprüche und Lücken in den folgenden Arbeiten nicht entmutigen lassen, sondern sie mit erregtem Interesse aufnehmen, selbst die Probleme weiterverfolgen und versuchen, die noch fehlenden Bausteinchen durch eigenes Verständnis oder neue Beweisstücke zu liefern.

Aufbau des Buches

Bevor wir uns dem Thema des Buches zuwenden, ist es nützlich, den Gesamtaufbau zu skizzieren. Die Anordnung mag als Modell für eine logische Vorgehensweise völlig unzureichend sein, ist jedoch recht brauchbar als Leitfaden für das Verstehen der nachfolgenden Probleme.
Zunächst betrachten wir den Menschen als ein Informationen verarbeitendes Wesen. Insbesondere werden wir uns zuerst der sprachlichen sinnvollen

Information in akustischer und visueller Form zuwenden. Wir wollen erkunden, was mit der Information geschieht, sobald sie den Menschen erreicht hat und im Nervensystem verarbeitet wird. Die Sinnesorgane vermitteln uns ein Bild der physikalischen Welt. Unser Problem ist die Deutung der sensorischen Information und die Erfassung ihres psychologischen Gehaltes. Hierzu müssen wir die einlaufenden Signale verarbeiten und sie aufgrund unserer früheren Erfahrungen interpretieren. Das Gedächtnis spielt eine aktive Rolle in diesem Prozeß. Es liefert die für das Verstehen des Gegenwärtigen notwendige Information aus dem Vergangenen. Es müssen also zeitweilig Speichermöglichkeiten bereitgestellt sein, damit die einlaufende Information festgehalten und interpretiert werden kann. Ferner muß es möglich sein, Information über gerade geschehende Ereignisse den schon gespeicherten Gedächtnisinhalten des langfristigen Gedächtnisses hinzuzufügen. Aufgrund der empfangenen Information treffen wir dann Entscheidungen und führen Handlungen aus.

Von einem gewissen Punkt an ist die menschliche Fähigkeit, einlaufende Information weiter zu bearbeiten, stark eingeschränkt. Es scheint, als ob es ein Stadium bei der Analyse neuer Information gäbe, in dem nur noch ein kleiner Teil der einlaufenden Signale für weitere Verarbeitung ausgewählt wird. Das Studium des Phänomens „Aufmerksamkeit" ist ein Studium dieser Beschränkung und Selektion.

Das gerade beschriebene Vorgehen berücksichtigt nicht die Verbindungen zwischen den Ebenen, auf denen eine Informationsverarbeitung stattfindet. Wir wollen daher nacheinander die verschiedenen Ebenen gleichsam zurückklappen, wobei wir mit der Erörterung der Sinnesorgane beginnen, dann zu Empfindung und Wahrnehmung übergehen und schließlich Denken und Urteilen näher untersuchen. Leider endet der Weg dann auch schon, kaum daß er begonnen hat. Wir haben noch nicht die Analyse der untersten Ebene, der Ebene der Empfindung beendet und haben gerade mit der Wahrnehmung begonnen. Das Fehlen von Ergebnissen auf den nächsthöheren Ebenen bedeutet nicht etwa, daß keine Forschungsanstrengungen in dieser Richtung unternommen würden. Ein wesentliches Problem ist, daß kein Prozeß isoliert untersucht werden kann. Wir können z. B. Empfindungen nur über die von unseren Vpn gelieferten Antworten analysieren, und diese Antworten müssen das Resultat der ganzen Struktur der hieran beteiligten Prozesse sein, von der Empfindung angefangen bis hin zum Treffen einer Entscheidung. Erst in den letzten Jahren ist es gelungen, sensorische und Entscheidungsprozesse voneinander zu trennen. Die Tatsache, daß jede Ebene auf der eine psychologische Verarbeitung stattfindet, nur in Verbindung mit den anderen Ebenen studiert werden kann, hat nur ein langsames Fortschreiten der Forschung in jedem Einzelbereich zur Folge, da sie die gleichzeitige Entwicklung experimentell geschickter Vorgehensweisen und Analyse-Techniken für das Verstehen von Vorgängen in anderen Bereichen erfordert.

Die Themenanordnung in diesem Buch folgt dem gerade beschriebenen Aufbau. Wir beginnen mit dem Problem der Aufmerksamkeit und den Grenzen unserer Fähigkeit zur Informationsverarbeitung (2. Kapitel). Da „Aufmerksamkeit" nicht isoliert von anderen Prozessen studiert werden kann, diskutieren wir anschließend, wie sensorische Information identifiziert und als sinnvolles Muster erkannt wird (3. Kapitel). Die Erforschung dieser Prozesse steht allerdings noch sehr am Anfang, so daß wir uns anstelle spezifischer Fakten mit allgemeineren Grundtatsachen zufrieden geben müssen. Sowohl die Aufmerksamkeit wie das Erkennen sinnvoller Anordnungen hängen in starkem Maße von Gedächtniseigenschaften ab, so daß wir uns zu Anfang des 4. Kapitels dem Studium des Gedächtnisses zuwenden. Am besten behandelt man die vielen unterschiedlichen Aspekte des Gedächtnisses getrennt, wenn die Unterteilungen auch manchmal eher willkürlich sind. Von der Erörterung der methodischen Schwierigkeiten gehen wir über zu einigen Arbeiten, die das zeitlich sehr begrenzte sensorische oder „Augenblicks-Gedächtnis" untersuchen (4. Kapitel). Dann behandeln wir das Kurzzeit- oder Primärgedächtnis (5. Kapitel) und wenden uns schließlich dem Studium des kapazitätsreichen Systems des Langzeitgedächtnisses zu (6. Kapitel).

Nach der Bestimmung der Strukturen aller dieser Prozesse wollen wir einige der allgemeinen Probleme untersuchen, wobei uns interessiert, wie gespeichertes Material im Gedächtnis repräsentiert und wie die Speicherung organisiert ist (6. und 7. Kapitel). Wir erörtern etwas im einzelnen die praktische Gedächtniskunst — in der Populärliteratur unter Begriffen wie Mnemotechnik und Memoriersysteme bekannt —, da das Studium von Kunstkniffen und Tricks zum Verständnis der Besonderheit des Erinnerungsphänomens beiträgt. Nach einigen generellen Erörterungen schließen wir dann mit einer Untersuchung formaler Gedächtnismodelle und einer Reihe von Spekulationen über die Richtung zukünftiger Forschung und zukünftiger Theorien (8. Kapitel).

Eine Warnung sei ausgesprochen, bevor wir zur Hauptsache kommen. Es ist immer ein Problem, Mechanismen erforschen zu wollen, deren nähere Untersuchung jedem mittels Introspektion leicht möglich ist. Überraschendes scheint dann nämlich nicht herauszukommen. Man verbringt Jahre sorgfältiger Forschung im Laboratorium, trennt peinlich genau die Einzelheiten eines Prozesses auf und bestimmt experimentell die mangelnde Stringenz alternativer Prozesse. Am Ende unserer Arbeit bekommen wir von Freunden und Studenten, die keine Psychologen sind, zu hören: „Um das zu entdecken, brauchten Sie wahrhaftig 10 Jahre? Das habe ich doch schon längst gewußt, warum haben Sie bloß nicht mich gefragt?" So etwas kann einen ziemlich entmutigen. Die Antwort auf solche Bemerkungen ist, daß ein Unterschied zwischen der nach sorgfältigem Experimentieren gewonnenen und der unbekümmert mittels Introspektion entwickelten Verstehensebene besteht. Die erste ist genau und differenziert, oft ist sie sogar mathematisch spezifiziert und ermöglicht eine genaue Voraussage und Erklärung. Die andere dagegen ist vage und ungenau, es mangelt ihr an Einzelheiten, und oft steht sie im Widerspruch zu anderen. Daß sich die Resultate auf dieselben Prozesse beziehen und gewöhnlich einander bestätigen, sollte uns nur recht sein. Es wäre auch sonderbar, wenn unser sorgfältiges Studium von Denkprozessen zu Ergebnissen führte, die unserer Intuition zuwider liefen.

Empfohlene Literatur

Die in diesem Buch enthaltenen Artikel und Diskussionen stellen einen begrenzten Überblick über die Literatur und theoretischen Standpunkte auf den Gebieten der Aufmerksamkeit, des Gedächtnisses und des Wiedererkennens dar. Die Beschränkungen sind sowohl durch eine persönliche Auswahl bedingt wie von dem Gedanken geleitet, die Anzahl der besprochenen Themen klein zu halten, damit das wirklich Wichtige nicht in einem Dschungel von Einzelheiten untergeht.

Obgleich dieses Vorgehen zum Zweck der Einführung in die Probleme menschlicher Informationsverarbeitung ausreicht, genügt es nicht dem Studenten, der das Buch beendet hat und die Lektüre gern fortsetzen würde. Ich habe daher eine ausgewählte Bibliographie mit Literaturhinweisen am Ende jedes Kapitels aufgeführt. Diese Hinweise sind mit einer kurzen Erläuterung bezüglich ihrer Relevanz für das jeweilige Thema verbunden. Die Bibliographie ist notwendigerweise unvollständig, aber durch die bevorzugte Nennung von Übersichtsarbeiten kann sich jeder Leser auf die seinem speziellen Interesse entsprechende Literatur konzentrieren. Zusätzlich habe ich Fachzeitschriften aufgeführt, die die meisten der neuen Theorien in jedem Spezialgebiet enthalten, so daß der an neuen Entwicklungen interessierte Leser die neueste Literatur hierzu rasch überblicken kann. Eine weitere Möglichkeit, an die zuletzt erschienenen Arbeiten zu kommen, die sich auf die in diesem Band zusammengestellten Beiträge beziehen, bietet die Benutzung des *Science Citation Index,* der vierteljährlich vom „Institute for Scientific Information, Inc." veröffentlicht wird.

2. Aufmerksamkeit

Jedermann weiß, was Aufmerksamkeit ist. Es handelt sich um das geistige Inbesitznehmen eines von scheinbar mehreren gleichzeitig möglichen Objekten oder Gedankengängen in klarer und lebendiger Form. Zu ihrem Wesen gehört das wie auf einen Brennpunkt sich richtende Konzentrieren des Bewußtseins. Dazu gehört ferner die Abkehr von Objekten, um sich wirksam mit anderen zu beschäftigen [1].

Wir beginnen mit der Aufmerksamkeit und mit William James. William James war einer der ersten modernen Experimentalpsychologen (obgleich er selbst nur wenige Experimente durchführte). Er war davon überzeugt, daß die menschliche Seele mit jedem ihm zugänglichen Hilfsmittel erforscht werden könne: Logik, Introspektion und Experiment. Es war sein Ziel, die Funktionen psychischer Prozesse zu beschreiben, was ihm in bewunderungswürdiger Weise gelang. Sein umfangreiches Lehrbuch *The Principles of Psychology*, das 1890 erstmals veröffentlicht wurde, läßt sich noch heute mit Gewinn lesen.

Wie unser erstes Zitat von James aussagt, sind die Wirkungen der Aufmerksamkeit jedem bekannt. Wir sind nicht imstande, all das vollständig aufzunehmen, was zu einem bestimmten Zeitpunkt geschieht. Wenn wir uns intensiv auf die Lektüre eines Buches konzentrieren, verblassen Geräusche in der Umgebung; wenn unsere Gedanken während einer Vorlesung umherwandern, ist es uns unmöglich, später die Aussagen des Sprechers wiederzugeben, obgleich uns bewußt war, daß er sprach. Wir könnten endlos ähnliche Beispiele aufführen, wollen aber lieber etwas genauer die wesentlichen Aspekte der Aufmerksamkeit sowie ihrer quantitativen Begrenzungsmaße bestimmen. Dann können wir vielleicht die Art des logischen Prozesses ermitteln, der mitverantwortlich für die Begrenzung und Kontrolle der Aufsamkeit ist.

---

1 Aus William James: *The Principles of Psychology*, Bd. 1, New York: Henry Holt and Co., 1890, S. 403—404

William James verdient es deshalb, hier zu Wort zu kommen, weil er mit wissenschaftlicher Sorgfalt seine Ansichten über die Aufmerksamkeit dargelegt hat und uns damit ein besseres Verstehen der vielen Aspekte des Phänomens ermöglicht, bevor wir sie zu erklären versuchen. Zunächst folgen wir James' Untersuchung des Problems der simultanen Aufmerksamkeit. Angenommen, die Beachtung mehrerer gleichzeitiger Ereignisse fiele uns schwer, auf genau wieviele Einzelheiten können wir dann noch zu gleicher Zeit achten? Dies ist ein grundlegendes Problem. Zwei verschiedene Prozeßarten können wir direkt unterscheiden, die möglicherweise für die Begrenzungen der Aufmerksamkeit verantwortlich sind: Ein serialer Prozeß, bei dem jeweils ein Ding zu einer Zeit getan wird, und ein paralleler Prozeß, bei dem eine Anzahl von Dingen gleichzeitig getan wird, wobei es jedoch eine obere Grenze für die Gesamtzahl der zu einer Zeit ausführbaren Operationen gibt.

Ein seriales Vorgehen erfordert eine Methode des schnellen Umschaltens zwischen den in Angriff genommenen Aufgaben. Wenn das Umschalten mit genügender Schnelligkeit ausgeführt werden kann, tritt wahrscheinlich nur ein geringer Informationsverlust einer gegebenen Aufgabe ein. Bei parallelen Prozessen ist kein Umschalten von einer Aufgabe auf die andere notwendig, sie implizieren andererseits eine erhebliche Komplexität und Redundanz innerhalb des Mechanismus, der die einlaufende Information analysiert. Die Unterscheidung zwischen serialen und parallelen Prozessen ist von recht großer Bedeutung. Leider gibt uns James, obgleich er das Problem aufzeigt, wenig Hilfe zu seiner Lösung, denn seine Folgerung ist, daß beide Möglichkeiten bestehen könnten[2].

---

2 Mit den folgenden Arbeiten wurden, um der Kontinuität willen, die originalen Schriftstücke veröffentlicht. Zahlen und Fußnoten wurden entsprechend den Seitenzahlen in diesem Buch neu benummert, und einzelne Sätze, die sich auf nicht hier enthaltene Abschnitte der Originalarbeit beziehen, wurden fortgelassen, was folgendermaßen markiert ist: — — —
Die Auszüge erscheinen im Gegensatz zu meinen Anmerkungen in größerem und fetterem Druck.

Aufmerksamkeit*

William James

Wenn also mit der ursprünglichen Frage, wievielen Gedanken oder Objekten wir gleichzeitig unsere Aufmerksamkeit zuwenden können, gemeint ist, wieviel gänzlich unverbundene Vorstellungssysteme oder -prozesse simultan bestehen bzw. ablaufen können, dann ist die Antwort: *Schwerlich mehr als einem, wenn die Prozesse nicht sehr eingeschliffen sind;* sind sie dies jedoch, *dann zweien oder selbst dreien,* und zwar ohne große Aufmerksamkeitsschwankungen. Wo die Prozesse jedoch weniger automatisch ablaufen, wie man jener Anekdote über Julius Caesar entnehmen muß, der vier Briefe diktierte, während er einen fünften schrieb, ist ein rasches Schwenken der Aufmerksamkeit nötig, was keinen Zeitgewinn ermöglicht. Innerhalb jedes der Systeme können die Einzelteile zahllos sein, wir richten dennoch unsere Aufmerksamkeit auf sie als Gesamtheit, wenn wir diese, die die von jenen gebildet wird, erfassen wollen.

Wesentlich scheint zu sein, daß die Anzahl der Dinge, die wir verrichten können, von der Schwierigkeit jeder Aufgabe abhängt. Eine gut gelernte Aufgabe wie z. B. das Gehen erfordert wenig Anstrengung und erschwert uns nicht die Ausführung einer anderen. Eine schwierige Aufgabe wie die Wanderung auf einem Felsgrat verlangt mehr Konzentration und kann uns vollständig daran hindern, eine Unterhaltung zu führen.
Angenommen, die Anzahl der gleichzeitig unsere Aufmerksamkeit beanspruchenden Dinge sei sehr begrenzt, wie nehmen wir Ereignisse wahr, auf die wir nicht unsere Aufmerksamkeit gerichtet haben? Das Umschalten unserer Aufmerksamkeit auf ein Ereignis kann sowohl unsere Wahrnehmung dieses Ereignisses trüben als auch Verwirrung in der Beurteilung seiner zeitlichen Eigenschaften stiften. Dies sind für eine experimentelle Erforschung der Aufmerksamkeit die kritischen Beobachtungen, die eine methodische Untersuchung nahelegen. Wenn Aufmerksamkeit das Ergebnis eines serialen Vorganges ist, wäre die Bestimmung der Einzelteile und der Zeitfolge der Ereignisse, die während der Aufmerksamkeitslücken stattfinden, nicht mit Schwierigkeiten verbunden? Aber wollen wir zu William

---

* William James: *The Principles of Psychology.* Op. cit. S. 409

James' Erörterungen zurückkehren, bevor wir uns moderneren Auffassungen zuwenden[3].

Wenn das, worauf die Aufmerksamkeit gerichtet werden soll, schwache Empfindungen sind und wenn die Bemerkensleistung exakt sein soll, findet man, daß die auf die eine Empfindung gerichtete Aufmerksamkeit sich ziemlich störend auf die Wahrnehmung der anderen auswirkt. Eine Reihe ausgezeichneter Arbeiten wurde auf diesem Gebiet geleistet, wovon ich kurz berichten will.
Es ist seit langem beobachtet worden, daß, wenn man die Aufmerksamkeit angespannt auf eine von zwei Empfindungen konzentriert, die andere eine Tendenz zeigt, für einen Augenblick aus dem Bewußtsein zu verschwinden und kurz darauf wieder zu erscheinen, obgleich in Wirklichkeit beide gleichzeitig aufgetreten sein können. Auf den gleichen Tatbestand weist das folgende bekannte Beispiel: Der Chirurg sieht das Blut aus dem Arm des Patienten schießen, schon *bevor* er zum Aderlaß die Nadel die Haut durchdringen sieht. In ähnlicher Weise kann der Schmied die Funken noch vor dem Hammerschlag sprühen sehen. Es besteht also eine gewisse Schwierigkeit im Erkennen des exakten *Zeitpunktes* zweier Eindrücke, wenn sie unsere Aufmerksamkeit nicht in gleicher Weise fesseln und von unterschiedlicher Art sind.
Prof. Exner . . . macht einige beachtenswerte Bemerkungen darüber, wie die Aufmerksamkeit gerichtet werden muß, um das Intervall und die richtige Reihenfolge der Empfindungen bei ausgesprochen kurzen Zeiten zu erfassen. Entscheidend war die Angabe, ob zwei Signale gleichzeitig oder aufeinanderfolgend auftraten und welches bei Aufeinanderfolge zuerst kam.
Die erste Möglichkeit einer Aufmerksamkeitzuwendung entdeckte er bei geringer Verschiedenheit der Signale – wenn sie z. B. ähnliche Laute darstellten, die, jeder von einem Ohr, wahrgenommen wurden. Hierbei wartete er auf das *erste* Signal von beiden und identifizierte es sogleich über das Gedächtnis. Das zweite Signal, das dann durch sein Nichterscheinen bekannt war, wurde als solches häufig nicht klar vom ersten unterschieden. Wenn die Zeit zudem zu kurz war, konnte das erste überhaupt nicht vom zweiten isoliert werden.
Die zweite Möglichkeit bestand darin, die Aufmerksamkeit auf eine bestimmte *Art* von Signal zu richten, um dann im nächsten Augenblick mit Hilfe des Gedächtnisses zu erlernen, ob es vor oder nach dem anderen erschienen war.

---

3 William James: *The Principles of Psychology,* Op. cit. S. 409, 410 und 424–427

Hierbei nimmt man beträchtliche Unsicherheit in Kauf. Der nicht vorbereitete Eindruck tritt schwächer in unser Gedächtnis als der andere, sozusagen verschwommen und zeitlich schlechter fixiert. Wir tendieren dazu, den subjektiv stärkeren Reiz, d. h. den, auf den wir warteten, für den ersten zu halten, genauso wie wir es voraussichtlich bei einem objektiv stärkeren Reiz täten. Es kann aber auch der umgekehrte Fall eintreten. In den Experimenten von taktilen zu visuellen Reizen schien es mir oft, als ob der *nicht* erwartete Eindruck schon vor dem anderen dagewesen sei.

Exner fand, daß er diese Methode am häufigsten anwendete, wenn die Eindrücke sehr unterschiedlich waren.

— — —

Die Leistungen der Aufmerksamkeit

Ihre weitreichenden Leistungen hier niederzulegen, würde an der unübersichtlichen Vielfalt scheitern. Das praktische und theoretische Leben ganzer Arten wie auch von Individuen ist das Ergebnis einer über ihre habituelle Aufmerksamkeitsrichtung vorgenommenen Selektion.

— — —

Mag es vorläufig genügen, daß jeder von uns mittels seiner spezifischen Aufmerksamkeitsverteilung buchstäblich *eine Wahl darüber trifft,* in welcher Umwelt er leben möchte.
Folgende unmittelbare Leistungen ermöglicht uns die Aufmerksamkeit, wodurch wir, besser als es sonst möglich wäre,

a) wahrnehmen
b) vorstellen
c) unterscheiden
d) erinnern

können, und zwar sowohl mehrere aufeinanderfolgende Dinge als auch jedes Ding mit größerer Klarheit. Weiterhin

e) verkürzt sie die ‚Reaktionszeit'.

a und b) In der Regel meint man, daß eine Empfindung, auf die man die Aufmerksamkeit gerichtet hat, stärker ist. Die Sache ist jedoch nicht so einfach und hat schon manche Diskussion verursacht. Von der Stärke oder Intensität einer Empfindung muß ihre Klarheit unterschieden werden; und gerade *diese* zu erhöhen, bedeutet für einige Psychologen die höchste Leistung der Aufmerksamkeit. Trotzdem muß bei Berücksichti-

gung aller Tatsachen zugegeben werden, daß bis zu einem gewissen Ausmaß die relative Intensität zweier Empfindungen verändert werden kann, wenn man der einen seine Aufmerksamkeit schenkt, der anderen dagegen nicht. Jeder Künstler weiß, wie er eine Szene, je nach der Einstellung seiner Aufmerksamkeit, farblich wärmer oder kälter sehen kann. Bei „warm" sieht er bald überall die rote Farbe heraus, bei „kalt" die blaue. Ähnlich geht es uns, wenn wir auf bestimmte Notentöne in einem Akkord oder Obertöne bei einem einfachen Ton achten: Die Töne, auf die wir unsere Aufmerksamkeit gerichtet haben, klingen wahrscheinlich etwas lauter und betonter als gewöhnlich. Wenn wir eine Serie monotoner Schläge in Gedanken in eine rhythmische Aufeinanderfolge zerlegen, indem wir auf jeden zweiten oder dritten Schlag besonders achten, scheint der durch unsere Aufmerksamkeit akzentuierte Schlag wiederum stärker und betonter zu sein. Die erhöhte Klarheit optischer Nach- und Zweitbilder, die man durch intensive Aufmerksamkeit erreicht, kann kaum anders als eine Verstärkung der Netzhautempfindungen interpretiert werden. Diese Ansicht wird besonders wahrscheinlich durch die Tatsache, daß ein vorgestelltes visuelles Objekt, wenn die Aufmerksamkeit genügend lange hierauf konzentriert ist, vor dem „geistigen Auge" fast so klar wie die Realität werden kann. Bei außergewöhnlich begabten Beobachtern bleibt bei seinem Verschwinden ein negatives Nachbild erhalten. Die zuversichtliche Erwartung einer bestimmten Eindrucksintensität oder -qualität läßt uns diese häufig erkennbar an einem Objekt wahrnehmen, obgleich sie diesem in Wirklichkeit fehlt. Angesichts solcher Tatsachen wäre es voreilig zu behaupten, daß Aufmerksamkeit einen Sinneseindruck nicht intensiver hervortreten ließe.
Andererseits scheint jedoch die bewirkte Verstärkung keineswegs zu einer Urteilstrübung zu führen. Ebenso wie wir dieselbe Farbe unter wechselndem Licht und denselben Ton bei unterschiedlichen Entfernungen richtig wahrnehmen und erkennen, so scheinen wir in analoger Weise die verschiedenen Aufmerksamkeitsgrade für die Objekte in Rechnung zu stellen; und welchen Gefühlsumschwung die Aufmerksamkeit auch bewirken mag, wir machen diese dafür sozusagen verantwortlich und erfassen und erkennen das Objekt immer noch als dasselbe.

Ein graues Papier erscheint uns nicht heller und der Pendelschlag einer Uhr nicht lauter, so sehr wir auch unsere Aufmerksamkeit gespannt auf sie richten. Niemand kann hierdurch das graue Papier weiß erscheinen oder den Pendelschlag wie das Niederfallen eines schweren Hammers schallen lassen – andererseits fühlt jeder den Anstieg seiner bewußten auf das Objekt gerichteten Aktivität.

Wäre es anders, könnten wir nicht *Intensitäten* durch die Erhöhung der Aufmerksamkeit bemerken. Schwache Eindrücke würden, wie Stumpf sagt, allein durch die Tatsache, daß sie beobachtet würden, stärker werden.
Ich wäre überhaupt nicht imstande, schwache Töne zu bemerken, sondern nur solche, die maximal stark erschienen oder zumindest von einer Stärke wären, die mit dem Betrag meiner Aufmerksamkeit stiege. In Wirklichkeit kann ich jedoch mit stetig ansteigender Aufmerksamkeit ausgezeichnet einem Diminuendo folgen.
Exakte Experimente würden sich bei diesem Thema wohl lohnen, wenn Methoden entwickelt werden könnten. Mittlerweile besteht überhaupt keine Frage mehr darüber, daß Aufmerksamkeit die *Klarheit* all dessen vergrößert, was wir wahrnehmen oder mit ihrer Hilfe erkennen. Was ist jedoch hier mit Klarheit gemeint?
c) Soweit durch Aufmerksamkeit bedingt, *bedeutet Klarheit Abhebung von anderen Dingen* und *innere Analyse* oder *Unterteilung.* Diese sind im wesentlichen die Produkte intellektueller *Diskrimination,* die Vergleichen, Gedächtnis und Wahrnehmung vielfältiger Relationen einschließt. Die Aufmerksamkeit *per se* unterscheidet nicht, analysiert nicht und stellt keine Beziehungen her. Man kann höchstens sagen, daß sie die Bedingung für diese Tätigkeiten darstellt. Da diese Prozesse weiter unten beschrieben werden sollen, wollen wir die Frage nach der durch sie bedingten Klarheit hier nicht weiter erörtern. Als wichtigen Punkt sollte man sich aber merken, daß die Klarheit nicht ein *unmittelbares* Produkt der Aufmerksamkeit ist.
d) Zu welchen Schlußfolgerungen wir in Zukunft auch kommen mögen, wir können nicht leugnen, daß *ein Objekt, dem wir einmal unsere Aufmerksamkeit geschenkt haben,* im Gedächtnis haften bleibt, während ein nur flüchtig beachtetes keine Spuren hinterlassen wird.

William James hinterläßt uns eine sehr vollständige Beschreibung des Phänomens „Aufmerksamkeit". Er beschreibt ihre Vielfalt, die typischen Merkmale sowie ihre Auswirkungen. Viel kann dem Gesamtbild nicht hinzugefügt werden, aber die Einzelheiten müssen alle eingeordnet werden. Wir haben gerade gelesen, daß die Aufmerksamkeit die zeitliche Ordnung unserer Wahrnehmungen verändern kann, warum? Wir haben ferner gehört, daß die Aufmerksamkeit das Behalten, die Klarheit und die Reaktionszeit beeinflußt; warum? Trotz einer guten Beschreibung des Phänomens wissen wir noch wenig von dem Mechanismus.
Eine Vielzahl von Studien zur Aufmerksamkeit folgte auf William James.

Achtzehn Jahre später, 1908, schrieb Edward B. Titchener aus seinem Experimental-Laboratorium an der Cornell-Universität, daß eines der wenigen Dinge, deren Erreichung die Psychologie sich zugute halten könne, die Entdeckung dieses Phänomens „Aufmerksamkeit" sei. Titchener ließ diese Ehre dem deutschen Introspektionisten Wundt zuteil werden und legte den Beginn der Lehre von der Aufmerksamkeit auf das Jahr 1860 fest. In weiteren Ausführungen zur entscheidenden Bedeutung des Phänomens „Aufmerksamkeit" wies Titchener jedoch darauf hin, daß „die Entdeckung der Aufmerksamkeit nicht einen unmittelbaren Triumph der experimentellen Methode bedeutet. Es war vielmehr so etwas wie die Entdeckung eines Hornissennestes: die erste Berührung hatte einen ganzen Schwarm hartnäckiger Probleme zur Folge" (Titchener 1908, Kapitel 5)

Titchener war lange bemüht, die Merkmale der Aufmerksamkeit durch solche „Gesetze" wie das Gesetz der ersten Aufnahme zu spezifizieren, für welches er festlegte, „daß derjenige Reiz, auf den wir eingestellt sind, weniger Zeit für seine volle Wirkung im Bewußtsein erfordert als ein gleicher Reiz, auf den wir unvorbereitet sind. Oder allgemeinverständlicher: Das Objekt unserer Aufmerksamkeit erscheint schneller im Bewußtsein als die Objekte am Rande unserer Aufmerksamkeit." Aber auch Titchener mußte schließen, daß, „obgleich die Entdeckung eines zuverlässigen Maßes für Aufmerksamkeit als eines der wichtigsten Probleme angesehen werden muß, die einer Lösung durch die experimentelle Psychologie der Zukunft harren (von Titchener gebrachtes Zitat Külpes), ist eine solche Entdeckung noch nicht gemacht worden." Alle diese Feststellungen haben noch heute, nach 60 Jahren, nichts von ihrer Gültigkeit verloren.

Die Untersuchungen zur Aufmerksamkeit nahmen seit den ersten Jahren des Jahrhunderts bis in die 50er Jahre ab. Dann begann in England eine Forschungsgruppe eine ganz neue Serie von Untersuchungen, diesmal mit einem spezifischen theoretischen Modell des Aufmerksamkeitsprozesses als Ausgangsbasis. Mehrere dramatische Veränderungen in der Wissenschaftstechnik hatten in der Zwischenzeit stattgefunden. Hauptsächlich als ein Resultat gewaltiger durch den 2. Weltkrieg bedingter Impulse für die wissenschaftliche Forschung hatten Kommunikations-Ingenieure riesige elektronische Systeme und analytische Techniken entwickelt, wozu z. B. der Digital-Computer und verwandte Forschungsgebiete der Automaten- und Netztheorie gehören.

Selektive Aufmerksamkeit und das Cocktail-Party-Problem

Eine der ersten Studien, die der neuen Experimentier-Ära entsprang, verdeutlicht viele der Forschungscharakteristiken. Sie wurde von dem Engländer

E. Colin Cherry in einem amerikanischen Laboratorium am Massachusetts Institute of Technology geleitet. Die Studie gehört zum Bereich der Experimentalpsychologie, wurde aber im MIT Research Laboratory of Electronics durchgeführt und in einer physikalischen Zeitschrift veröffentlicht, dem *Journal of the Acoustical Society of America.* Solche interdisziplinäre Forschung ist charakteristisch für die moderne Psychologie.

Cherry wandte sich dem Problem der selektiven Aufmerksamkeit zu bzw. dem, wie er es nannte, „Cocktail-Party-Problem". Die Cocktailparty dient als gutes Beispiel für selektive Aufmerksamkeit: Wir befinden uns in einem überfüllten Raum mit allerlei Geräuschen und Unterhaltung um uns herum. Oftmals ist die Unterhaltung, der wir zu folgen versuchen, gar nicht die, an der wir allem Anschein nach teilnehmen. Es gibt eine ganze Reihe verschiedener Aspekte der Cocktailparty, die die Psychologen interessieren. (Wir wollen den Gedanken an die angenehmen Seiten einer solchen Forschung einmal unberücksichtigt lassen). Zunächst, wie steht es mit unserer selektiven Fähigkeit? Auf welche Weise ist es uns möglich, aus den vielen uns umgebenden Stimmen diejenige herauszufinden, die uns interessiert? Weiterhin, wieviel behalten wir von den Gesprächen, auf die wir nicht achten?

Das erste Problem, nämlich die selektive Aufmerksamkeit, ist keineswegs trivial. Es impliziert eine derart komplexe Analyse der unser Ohr erreichenden Laute, daß sie bis jetzt noch nicht auf elektronischem Wege durchgeführt werden kann. Das zweite Problem, die quantitative Erfassung dessen, was wir von den nicht beachteten Gesprächsteilen wissen, zeigt uns, wie gut der Aufmerksamkeitsmechanismus Informationskanäle auswählt und unterdrückt. Wir werden sehen, daß diese beiden Probleme die neueste Forschung auf diesem Gebiet charakterisieren, da sie das Phänomen im Kern treffen: Wir wählen Relevantes aus und weisen alles übrige zurück.

Bei der Lektüre von Cherrys Abhandlung sollte man einige Dinge beachten. Erstens benutzt der Mensch alle zur Verfügung stehende Information bei der Durchführung seiner Aufgaben. Wenn wir zwei gleichzeitig gesprochene Botschaften voneinander trennen sollen, orientieren wir uns an physikalischen Signalen wie den Eigenheiten der Stimmen, ihrer räumlichen Position, ihren Intensitäten und was uns sonst noch zu ihrer Unterscheidung verhilft. Falls diese physikalischen Signale uns nicht weiterhelfen, benutzen wir psychologische wie die grammatische oder semantische Beschaffenheit des Sprachmaterials. Wenn wir um eine genauere Angabe gebeten werden, welcher Aspekt der Situation dem Menschen nun erlaubt, eine Stimme aus anderen auszuwählen, wird uns eine einfache Antwort einige Mühe machen. Zweitens sollte man beachten, daß Cherrys Experimente zeigen, daß seine Vpn wenig über die Besonderheiten des unterdrückten Kanals wußten. Aber wenn man seine überzeugende Demonstration dieser Tatsache liest, sollte man sich fragen, wie es uns gelingt, unsere Aufmerksamkeit neuen Stimmen oder Ereignissen bei entsprechender Gelegenheit zuzuwenden, wenn wir den Inhalt jener anderen Ereignisse gar nicht kennen. Die Inkonsistenz zwischen unserem offensichtlichen Mangel an Wissen, was die unterdrückten Kanäle betrifft, und unserer Selektionsfähigkeit ist Gegenstand der Studien und Schlußfolgerungen des Rests dieses Kapitels.

Einige Experimente zum Wiedererkennen von Gesprochenem mit einem und mit zwei Ohren*

E. Colin Cherry

Einführung

Zwei Gruppen von Tests werden im Folgenden beschrieben. Bei der ersten Gruppe werden der Vp zwei verschieden gesprochene Botschaften gleichzeitig dargeboten, wobei sie beide Ohren benutzt. Bei der zweiten wird dem rechten Ohr eine gesprochene Botschaft mitgeteilt, während das linke Ohr eine andere Nachricht hört. Die Ergebnisse, die gesprochenen Rekonstruktionen der Vpn, und ihre Bedeutung sind deutlich unterschieden in beiden Fällen; vor der Prüfung solch möglicher Bedeutung wollen wir am besten einige der Experimente beschreiben.

Die Trennung zweier gleichzeitig gesprochener Botschaften

Die erste Reihe von Experimenten bezieht sich auf folgendes allgemeine Problem des Wiedererkennens von Gesprochenem: Wie erkennen wir, was jemand sagt, wenn andere zur gleichen Zeit sprechen (das „Cocktailparty-Problem")? Auf welcher logischen Grundlage könnte man eine Maschine („Filter") entwickeln, die eine solche Operation ausführt? Eini-

---

* E. Colin Cherry: Some experiments on the recognition of speech, with one and with two ears. *Journal of the Acoustical Society of America*, 1953, 25, S. 975–979. Copyright 1953 by the Acoustical Society of America. Mit Genehmigung des Autors und des Verlags.

ge der Faktoren, die eine geistige Hilfe darstellen, könnten die folgenden sein:

a) Die Stimmen kommen aus verschiedenen Richtungen
b) Lippenlesen, Gebärden etc.
c) Unterschiedlich sprechende Stimmen, mittlere Tonhöhen, mittlere Sprechgeschwindigkeiten, männlich oder weiblich etc.
d) Unterschiedliche Betonung
e) Übergangswahrscheinlichkeiten (Thema, dynamische Eigenheiten der Stimme, Syntax . . .)

Alle diese Faktoren außer dem letzten (e) können jedoch ausgeschaltet werden, wenn man zwei von derselben Person gesprochene Botschaften auf einem Tonband aufnimmt. Das Ergebnis ist ein babylonisches Sprachgewirr, aber dennoch können die Botschaften getrennt werden.

— — —

Auf der subjektiven Ebene wurde von seiten der Vp die sehr große Schwierigkeit der Aufgabenlösung betont. Gewöhnlich werden die Augen zur Unterstützung der Konzentration geschlossen. Einige Wortfolgen wurden ihr wiederholt vorgespielt, vielleicht 10 bis 20 mal, das Ergebnis des Ratens war aber schließlich richtig. In keinem Fall wurden lange Wortfolgen (mehr als 2 oder 3 Worte) falsch identifiziert.
In einer Abänderung des Experiments wurden der Vp Papier und Bleistift gegeben, damit sie Worte und Wortfolgen notierte, sobald sie sie identifiziert hatte. Die Aufgabe wurde nun, subjektiv gesehen, „sehr viel leichter". Die Zahl der Wiederholungen wurde kleiner. Die Voraussage wird anscheinend erleichtert, wenn eine längerfristige Speicherung ermöglicht wird.
Zahlreiche Untersuchungen mit Paaren von Botschaften wechselnder Ähnlichkeit sind durchgeführt worden. In manchen wurden benachbarte Abschnitte aus demselben Buch verwendet. Die Ergebnisse waren übereinstimmend ähnlich: Die Botschaften wurden fast vollständig getrennt. Trotzdem hielt man es für möglich, Botschaften zu „konstruieren", die nicht mit einer solch niedrigen Fehlerfrequenz getrennt werden konnten. Eine derartige Untersuchung wird im folgenden beschrieben.

Untrennbare gesprochene Botschaften.
Verwendung von „Klischees“ bzw. sehr wahrscheinlichen Wortfolgen

In einer letzten Untersuchung in dieser Serie, in der vom selben Sprecher zwei verschiedene, aber gleichzeitig gesprochene Botschaften auf Tonband aufgenommen waren, wurden zwei Botschaften vereint, die nicht mehr von der zuhörenden Vp getrennt werden konnten. Jene bestanden aus 150 Klischees, die aus in der Zeitung erschienenen Reden ausgesucht und miteinander durch einfache Konjunktionen, Pronomen etc wie zu fließenden Reden verbunden wurden. Einige dieser Klischees lauteten z. B.:

1. Ich bin glücklich, heute hier zu sein,
2. Der Mann auf der Straße,
3. Schluß damit, wie eine Katze um den heißen Brei herumzugehen,
4. Die Lage war noch nie so ernst

Das entsprechende Muster aus einer Rede lautete dann etwa folgendermaßen:
„Ich bin glücklich, heute hier zu sein, um zu dem Mann auf der Straße zu sprechen. Meine Herren, es ist jetzt an der Zeit zu fordern: Schluß damit, wie eine Katze um den heißen Brei herumzugehen – die Lage war noch nie so ernst, und das Wohl der Arbeiter und der großen Mehrheit der Bevölkerung ist bedroht.“
Es ist erstaunlich leicht, solche Passagen einfach zusammenzuschreiben. Nun ist ein Klischee, fast per definitionem, eine Wortkette mit hoher Übergangswahrscheinlichkeit, die andererseits, bezogen auf eine Klischeefolge, weitaus niedriger ist. Es wurde die Beobachtung gemacht, daß die Vp, während sie den gemischten Reden folgt und sie zu trennen versucht, vollständige Klischees zugleich herausliest; es scheint so, daß das Erkennen von einem oder zwei Wörtern die Voraussage des gesamten Klischees sichert. Allerdings wurden sie in ungefähr gleicher Anzahl aus beiden Reden herausgeholt. Eine Trennung der Botschaften in solch künstlich konstruierten Fällen schien unmöglich. Die Reden waren selbstverständlich mit normaler Geschwindigkeit, natürlicher Artikulation und normaler gefühlsmäßiger Betonung auf Band gesprochen worden.
Es ist zu wünschen, daß Techniken wie die zuvor geschilderten erweitert werden, damit sie ein Licht auf die relative Bedeutung der verschiedenen Arten von Übergangswahrscheinlichkeiten beim Wiedererkennen werfen. Zum Beispiel können Reden mit richtiger „syntaktischer Struktur“, aber ohne Sinn und mit nur wenigen Wörtern aus dem Wörterbuch

leicht konstruiert werden. Lewis Carroll's „Jabberwocky" wäre solch ein Beispiel; desgleichen „sinnvolle" Reden mit fast fehlender (oder zumindest unbekannter) syntaktischer oder betonungsmäßiger Struktur (z. B. Pidgin English). Ebenso ist ununterbrochenes Sprechen von Wörtern aus dem Wörterbuch, die relativ unverbunden nebeneinander stehen, in Form von „sinnlosen Wortfolgen" möglich; die Wort-Übergangswahrscheinlichkeit kann *a priori* mit Hilfe geeigneter Wahrscheinlichkeitstabellen festgestellt werden. Weitere Experimente werden zur Zeit durchgeführt[4].

Gleichzeitige Darbietung zweier verschiedener Botschaften je Ohr

Die objektiven und subjektiven Ergebnisse einer zweiten Testserie waren völlig verschieden. Hier wurden zwei ununterbrochene gesprochene Botschaften verschiedenen Inhalts über Kopfhörer beiden Ohren mitgeteilt, und zwar so, daß jedes Ohr der Vp eine andere Botschaft hörte. Beide Botschaften waren vom selben Sprecher aufgenommen worden.
Die Vp empfindet keine Schwierigkeiten, der einen oder anderen Rede willentlich ihre Aufmerksamkeit zu schenken und die jeweils andere nicht zu beachten. Bemerkenswert ist, daß das Richtungshören hier unbeteiligt ist; die Kopfhörer sind normal angebracht. „Anscheinend können die dem Erkennen zugrunde liegenden Prozesse also willentlich von einem auf das andere Ohr geschaltet" werden. Dieses Ergebnis hat eine Reihe von Hörern erstaunt, obgleich es natürlich jedem, der einmal Hörtests gemacht hat, gut bekannt ist. Erwähnenswert in diesem Zusammenhang ist die Tatsache, daß man, wenn man in einem vollen lauten Raum einem Gespräch zu folgen versucht, instinktiv sein Ohr dem Sprecher zuwendet, obgleich dadurch die Differenz, mit der die „Botschaften" beide Ohren erreichen, steigen kann.
Der Vp wird gesagt, sie solle während des Zuhörens gleichzeitig eine der Botschaften fehlerlos wiederholen (Broadbent 1952). Erstaunlicherweise gelingt dies leicht; die Wörter sind etwas hinter dem Gesprochenen der Bandaufnahme verschoben. Ein auffallendes Kennzeichen ist die Monotonie bei der Wiederholung, und gefühlsmäßige Anteilnahme oder Betonung von Wörtern fehlen fast ganz. Die Vp ist sich jedoch dessen nicht bewußt, ebenso wie sie in der Regel nur sehr wenig von dem, was sie wiederholt hat, weiß, besonders, wenn der dargebotene Sachverhalt schwierig ist. Dennoch hat sie jedes Wort richtig erkannt, wie ja die Wiedergabe beweist.

---

4 Über andere Experimente Cherrys wird bei Cherry und Taylor (1954) berichtet.

Von ausgesprochenem Interesse aber ist die Tatsache, daß, wenn man die Vp nach dem Experiment bittet, etwas von der über das Ohr empfangenen (nicht beachteten) Nachricht wiederzugeben, sie so gut wie überhaupt nichts zu sagen weiß, außer vielleicht, daß Geräusche aufgetreten seien.
Die Frage, welche Eigenschaften der nicht beachteten oder unterdrückten Botschaft, wenn überhaupt, erkannt werden, wurde in anderen Experimenten untersucht.

Die Sprache der „unterdrückten" Botschaft wird nicht erkannt

In einer weiteren Testreihe begannen die beiden Botschaften, die eine für das rechte und die andere für das linke Ohr, in Englisch. Nachdem die Vp die dem rechten Ohr zufließenden Nachrichten ohne Schwierigkeiten wiederholte, wechselte die Botschaft für das linke Ohr ins Deutsche, gesprochen von einem Engländer. Als die Vp darauf nach der Sprache dieser unterdrückten Botschaft gefragt wurde, berichtete sie, daß sie darüber keine Aussagen machen könne, aber vermute, daß es Englisch gewesen sei. Der Versuch wurde mit anderen, unvorbereiteten Hörern mit ähnlichen Ergebnissen wiederholt. Nicht zu vertreten wäre es, diesen besonderen Test mehr als einmal mit derselben Vp durchzuführen.
Eine weitere Testserie, so glaubten wir, könnte Aufschluß über den Grad des Erkennens geben, der hinsichtlich der unbeachteten Botschaft erreicht wird, wobei die Frage zu stellen ist, ob der Hörer eigentlich merkt, daß es sich um menschliche Sprache handelt, um Äußerungen von männlichen oder weiblichen Sprechern etc.

Was wird von der „unterdrückten" Botschaft erkannt?

In dieser Versuchsreihe wurden den zuhörenden Vpn über das rechte Ohr gesprochene Passagen aus Zeitungen dargeboten, die sorgfältig mit Hinblick auf eine Vermeidung von Eigennamen oder schwierigen Wörtern ausgewählt waren. Die Anweisung lautete wiederum, diese Passagen gleichzeitig ohne Auslassung oder Fehler zu wiederholen. Das linke Ohr erhielt verschiedenartige Signale in den verschiedenen Versuchen, die aber alle mit einer kurzen Passage in normaler englischer Sprache begannen und endeten, um Schwierigkeiten zu vermeiden, die das Einüben oder Mitmachen des Hörers beeinträchtigen könn-

ten. Der mittlere Hauptanteil dieser Signale erreichte auf diese Weise den Hörer, während er ständig die über das rechte Ohr mitgeteilte Botschaft wiederholte.
Wiederum bekam jede Vp nur einmal den Test, und keinem wurden Hinweise auf die erwarteten Ergebnisse gegeben. Die dem linken Ohr übermittelten Signale waren folgende:

a) Normal von einer männlichen Stimme gesprochenes Englisch – wie bei den ersten Tests.
b) Von einer hohen weiblichen Stimme gesprochenes Englisch.
c) Ein rückwärts laufendes Band mit einer männlichen Stimme, d. h. das gleiche Spektrum, aber keine Worte oder semantischer Gehalt.
d) Ein ständig mit 400 cps (cycles per second) laufender Oszillator.

Nach jedem dieser Tests wurden der Vp folgende Fragen gestellt:

1. War das über den linken Kopfhörer empfangene Signal menschliche Sprache oder nicht?

Bei der Bejahung der 1. Frage:

2. Können Sie sagen, worum es sich bei dem Gesprochenen handelte, oder können Sie sogar noch einige Worte wiedergeben?
3. Handelte es sich um einen männlichen oder weiblichen Sprecher?
4. In welcher Sprache wurde gesprochen?

Die Antworten variierten nur schwach. Normale Sprache wurde von allen Vp auch als solche identifiziert. Sie waren jedoch nicht imstande, irgendein Wort oder eine Wortfolge zu erkennen, und überdies war es ihnen unmöglich, die Sprache eindeutig als englische zu identifizieren. Allerdings wurde der Wechsel der Stimme – von männlicher zu weiblicher – fast immer erkannt und der reine 400-cps-Ton wurde sogar in allen Fällen wahrgenommen. Der Inhalt des rückwärts laufenden Bandes wurde von einigen Hörern als „irgendwie sonderbar" bezeichnet, andere hielten dies für normal Gesprochenes.
Allgemein kann aus diesen Ergebnissen gefolgert werden, daß gewisse statische Eigenschaften des „unterdrückten" Signals erkannt werden, detaillierte Aspekte aber wie die Sprache, einzelne Worte oder semantischer Gehalt unerkannt bleiben.

Experimente und frühe Theorien

Cherrys Forschungen zeigten ein neues Phänomen und eine neue experimentelle Technik auf, die wir noch einmal kurz durchgehen wollen, da sie eine sehr wichtige Rolle in folgenden Abschnitten dieses Kapitels spielen wird. Die Technik besteht darin, die Vp eine dargebotene Botschaft wiederholen zu lassen — sie durch sie quasi widerspiegeln *(shadow)* zu lassen —, während ihr zugleich akustisch oder optisch anderes Material dargeboten wird. Cherry berichtet, daß die Wiedergabe leicht ist, aber auch, daß „ein typisches Merkmal der Stimme ihre Monotonie ist. Es ist überhaupt sehr wenig emotionale Färbung oder Betonung der Wörter zu bemerken. . . . der Sprecher hat u. U. kaum einen Begriff von dem, um was es sich bei der von ihm wiederholten Botschaft handelt". Cherrys Beschreibung des Stimmklangs der Vp und ihre Unfähigkeit, sich an das Wiedergegebene zu erinnern, läßt eine schwierige Aufgabe vermuten. Tatsächlich kann diese Aufgabe jedoch entweder erleichtert oder erschwert werden, was ganz von den Einzelheiten ihrer Durchführungsweise abhängt.

Die kritischen Variablen, die bei der Wiedergabe eine Rolle spielen, sind folgende: Die der Vp gegebenen Instruktionen und die Art des wiederzugebenden Materials. Letzteres ist wichtig, da, wenn eine Prosapassage aus einer Novelle gewählt wird, die Aufgabe leichter ist, als wenn das Material aus einer technischen Abhandlung stammt. Beide Texte sind nach Regeln der Grammatik aufgebaut; die Wiedergabe wird schon schwieriger, wenn das Material aus zufällig angeordneten englischen Wörtern besteht, und noch schwerer, wenn es sich um sinnlose Wörter handelt. Die Bedeutung der grammatischen Aspekte des Materials kann nicht genug betont werden. Der erste Teil von Cherrys Arbeit zeigt, daß selbst beim Fehlen von Hinweisen physikalischer Natur zwei verschiedene, miteinander vermischte Reden „entwirrt" werden können, wenn genügend grammatische Einschränkungen vorkommen. Wenn diese dadurch gelockert werden, daß man Reden verwendet, die sich aus Klischees und bedeutungslosen Sätzen zusammensetzen, wird die Trennung der Botschaften sehr schwierig oder unmöglich. Selbst bei physikalischen Hilfen wie der beidohrigen Darbietung oder dem Vorlesen mit getrennten Stimmen spielt bei der Trennung der Reden die grammatische Struktur eine wichtige Rolle, um der einen aufmerksam zuhören zu können, während man die andere nicht beachtet. Wir würden es auf der Cocktail-Party nicht lange aushalten, wenn die Unterhaltung bar jeder grammatischen Struktur und Bedeutung wäre. Wir werden später auf diesen Punkt zurückkommen, denn die den sprachlichen Botschaften durch die Regeln der Grammatik und Semantik auferlegte Struktur spielt eine wichtige Rolle in den neuesten Theorien zur Aufmerksamkeit.

Cherry berichtet, daß „die Wörter seiner Vpn um ein wenig hinter den auf dem Band zu hörenden verzögert sind". Wir nennen diesen die Aufgabe erleichternden Vorgang *„phrase shadowing"*, was die exakte Wiedergabe kurzer Wortfolgen bezeichnet. In der Tat lernen geübte Maschinenschreiber, Leser oder Empfänger von Morsezeichen mit einem beträchtlichen Zeitunterschied zwischen Aufnahme und Wiedergabe zu tippen, zu sprechen oder zu schreiben. Je länger die Verzögerung, desto größer ist der aus der Sprachstruktur gezogene Gewinn, und desto leichter wird die Aufgabe, sei es nun das weiter oben erwähnte Laboratoriumsexperiment oder die ähnliche, mehr praktische Tätigkeit des Schreibmaschineschreibens oder Lautlesens. Wir können nun die Schwierigkeit bei der Wiedergabe dadurch ungemein erhöhen, daß wir die Vpn anweisen, mit dem sogenannten „phrase shadowing" aufzuhören und mit dem *„phonemic shadowing"* zu beginnen. Dieses erfordert für die Vp die Wiederholung jeden einzelnen Tones, sobald sie ihn hört, ohne die Beendigung einer Wortfolge oder gar eines Wortes abzuwarten. Eine phonemische Wiedergabe ist schwierig, und eine beträchtliche Übung ist hierzu notwendig. Aber selbst dann schaffen es die Vpn in der Regel nicht ohne Fehler.

Die von uns „shadowing" genannte exakte Wiedergabe ist also eine bedeutende, aber komplizierte experimentelle Aufgabe. Als Laboratoriumsexperiment zur Untersuchung der Aufmerksamkeit wirft sie viele Probleme auf, da die genaue Messung des Arbeitsaufwandes schwierig ist, den die Vp bei ihrer Wiedergabeleistung erbringt. Die Liste der Variablen, die die exakte Wiedergabe beeinflussen, macht deutlich, daß eine Aufstellung des Genauigkeitsgrades der von der Vp gesprochenen Wörter, verglichen mit dem dargebotenen Material, kaum etwas darüber aussagt, wieviel Aufmerksamkeit der Aufgabe zugewendet wird. Cherry schlägt einige der anderen Meßmöglichkeiten vor, deren wir uns bedienen könnten. Ist nicht die Unfähigkeit der Vpn, sich an den Inhalt der wiedergegebenen Botschaft zu erinnern, eine Bestätigung ihrer Schwierigkeit? Hier muß die Wiederholhandlung nur auf die Erinnerung, nicht auf die Wahrnehmung störend einwirken, da die Tatsache einer exakten Wiedergabe beweist, daß jedes Wort der vorgegebenen Passage richtig wahrgenommen wurde. Warum besteht dann aber so wenig Erinnerung hierfür? Die Tatsache, daß Cherrys Vpn das sogenannte „phrase shadowing" anwandten, zeigt, daß Gedächtnisleistungen eine Rolle spielten; irgendein Gedächtnis mußte ja jedes Wort für die Zeit zwischen dem Auftreffen auf die Ohren und der Wiedergabe durch die Vpn speichern. „Phrase shadowing" impliziert die Möglichkeit einer grammatikalischen Analyse des zu verarbeitenden Materials. Bei alledem müssen wir, so erstaunlich es auch ist, schließen, daß, obwohl Cherry mit maximalem Nachdruck die „Zurückweisung" von Information aus dem „Nicht-Wiedergabe-Kanal" betont, wiedergegebenes Material auch „zurückgewiesen" wird, wenigstens bis zu einem gewissen Grad.

Als Cherry die Fähigkeit seiner Vpn testete, die Sprache des auf dem „zurückgewiesenen" Kanal dargebotenen Materials wiederzuerkennen, stellte er fest, daß „es als nicht wünschenswert betrachtet werden muß, diesen speziellen Test mehr als einmal mit ein und demselben Hörer zu versuchen". Nicht wünschenswert? Wenn bei der Wiedergabe die Aufmerksamkeit wirklich von dem auf dem anderen Kanal dargebotenen Material abgelenkt wird, warum sollte es dann nicht wünschenswert sein, einen Hörer mehrere Male demselben Test zu unterziehen? Ist es, weil jener nach einer Weile sagen könnte, welche Sprache dargeboten worden war? Wenn ja, erhebt sich die Frage, was nun geschieht, wenn jemand Material wiederholt; ist es ihm möglich, selegierend anderes Material aufzunehmen oder abzulehnen?

Diese Diskussion sollte nicht als eine Kritik an Cherrys Experimenten verstanden werden, sondern mit Nachdruck einige der Schwierigkeiten verdeutlichen, die typisch für die Aufmerksamkeitsforschung sind. Ebenso sollten einige neue theoretische Ergebnisse erwähnt werden. Die von Cherry berichteten Untersuchungsresultate können als dramatisch bezeichnet werden. In einer späteren Serie von Experimenten hat der Psychologe Moray (1959) die genaue Informationsmenge zu bestimmen versucht, die der Mensch vom unterdrückten Kanal behält. Er fand, daß selbst bei einer 35maligen Wiederholung von englischen Wörtern für das „abgelehnte Ohr" absolut keine Behaltensleistung zu registrieren war. Auch wenn den Vpn gesagt wurde, daß sie später auf ihr Behalten von Material auf dem nicht relevanten Ohr hin getestet würden, machte es kaum einen Unterschied; die Aufgabe des Wiedergebens war so schwierig, daß sie vollständig die Aufmerksamkeit von anderem Material ablenkte.

Es bestehen mehrere Erklärungsmöglichkeiten für diese Ergebnisse. Die Unfähigkeit der Vpn, viel Information aus dem nicht zu wiederholenden Material zu erinnern, könnte Folge eines Überdeckens (masking) sein: die Tonfolge der Botschaft, die wiedergegeben werden soll, zusammen mit der Stimme der Vp, die gleichzeitig diese Botschaft wiederholt, überdecken oder verschleiern die Stimme, die die andere Botschaft spricht. Es gibt aber verschiedene Gründe dafür, daß diese Erklärung wahrscheinlich nicht richtig ist. Die simpelsten Einwände (obgleich keineswegs alle, die man machen könnte) liefern die Introspektionen der Vpn sowie eine einfache logische Analyse des Experiments.

Die logische Analyse geht folgendermaßen vor sich: wir können das auf beiden Informationskanälen Gesprochene über einen Lautsprecher darbieten. Hierbei wird die gewünschte Wiedergabe eines Wortes sowohl durch das von der anderen, nicht relevanten Rede kommende als auch durch das gerade gesprochene Wort der Vp gestört. Ein Wort aus der nicht zu wiederholenden Botschaft wird in ähnlicher Weise durch die Stimme der Vp sowie das gerade in der Botschaft Gesprochene, das wiedergegeben werden soll, beeinträchtigt. Der gesamte Störungsbetrag ist also für beide Kanäle gleich, aber nur ein Kanal wird wahrgenommen, und diesen gibt die Vp richtig wieder, während der andere nicht wahrgenommen wird, und die Vp folglich sehr wenig hiervon erinnert[5].

Der einfachste Weg, eine mögliche alternative Erklärung für das Ergebnis nicht zuzulassen, ist, die Aufgabe zu versuchen. Der Eindruck, den man erhält, ist ganz deutlich der einer begrenzten Fähigkeit, das Material zu verarbeiten. Es ist, als lausche man aufmerksam dem gesamten Sprach-Input nur, um sich das Gewünschte herauszuholen. Und dann wagt man nicht, die Aufmerksamkeit auch nur für einen Augenblick von der Botschaft, die man gerade wiederholt, abzuwenden. Denn sowie man das tut, ist eine vollkommen exakte Wiedergabe nicht mehr möglich. Obgleich Töne und Wörter der irrelevanten Botschaft gehört werden, verfliegen sie, ohne einen dauerhaften Eindruck zu hinterlassen.

Die Entdeckung, daß wenig bzw. nichts der nicht zu wiederholenden Aufgabe erinnert wird, bereitet noch eine weitere Schwierigkeit. Sowohl Cherry als auch Moray warteten eine Weile, bevor sie ihre Vpn danach befragten, wieviel sie von dem nicht beachteten Material behalten hatten. James weist auf dieses Problem hin, wenn er meint, daß „ein Objekt, dem wir einmal unsere Aufmerksamkeit geschenkt haben, im Gedächtnis haften bleibt, während ein nur flüchtig beachtetes keine Spuren hinterlassen wird". Bedeutet dies, daß auch ein nicht beachtetes Objekt erinnert wird, kurz bevor seine Spuren verschwinden? Die Beantwortung dieser Frage ist einfach; wir brauchen die Vp nur während ihrer Wiedergabe zu unterbrechen und sie schnell danach zu fragen, was auf dem „irrelevanten Ohr" dargeboten wurde. Das ist das, was wir als das „Was-sagten-Sie gerade-Phänomen" bezeichnen könnten. Oftmals, wenn einem jemand, dem man nicht zuhörte, eine Frage stellt, ist die erste Reaktion zu fragen: „Äh, was sagten Sie gerade?" Aber bevor die Frage dann wiederholt wird, kann man sie sich selbst aus dem Gedächtnis zurückholen. Als dieses Experiment tatsächlich in meinem Laboratorium durchgeführt wurde (Norman 1969), stimmten die Ergebnisse mit unseren intuitiven Vermutungen überein: Es gibt ein Behelfs-Gedächtnis für

5 Dieser Beweis vernachlässigt den Einfluß des grammatischen Zusammenhangs auf die Wahrnehmungsfähigkeit einer Botschaft, selbst bei Interferenzen. Das Verstehen von Material, das in einen grammatischen Kontext paßt, ist leichter als von nicht grammatisch geordnetem Material. Es wird vorausgesetzt, daß die wiederzugebende Botschaft in einem grammatischen Zusammenhang steht, während die irrelevante, bei fehlendem Bemühen, sie zu verstehen, im wesentlichen eine Liste von isolierten, schlecht zu erinnernden Wörtern darstellt. Dennoch ist das obige Argument eines „Überdeckens" nicht sehr überzeugend.

Dinge, denen wir nicht unsere Aufmerksamkeit schenken, jedoch, wie Cherry, James und Moray betonen, kein Langzeit-Gedächtnis.

Die erste vollständige Aufmerksamkeitstheorie lieferte im Jahre 1958 Donald Broadbent aus dem Psychologischen Laboratorium in Cambridge, England. Broadbent entwickelte eine Serie von Experimenten, deren am meisten bekannt gewordene das gleichzeitige Sicheinprägen zweier simultan dargebotener Ziffernfolgen erforderten[6].

Als Broadbent seinen Vpn drei Ziffernpaare auf dichotischem Wege darbot, so daß also eine Reihe von hintereinander vorgelesenen Ziffern zur selben Zeit für das eine Ohr zu hören war wie eine zweite Zifferngruppe für das andere Ohr, erhielt er erstaunliche Ergebnisse. Erstens konnten seine Vpn kaum 4 oder 5 Ziffern erinnern, während man unter normaleren Bedingungen wenig Schwierigkeit hat, eine Folge von 7 bis 10 Ziffern ins Gedächtnis zurückzurufen. Zweitens zogen es die Vpn vor, ihre Äußerungen „nach Ohr" in eine Ordnung zu bringen und nicht gemäß der eher zu erwartenden Reihenfolge, nämlich der, in welcher sie die Ziffern vernahmen. Wenn also im Abstand von einer halben Sekunde dem rechten Ohr die Ziffern 1, 7, 6 und dem linken Ohr die Ziffern 8, 5, 2 dargeboten werden, geschieht die tatsächliche Darbietung in Form der drei Paare 1—8, 7—5 und 6—2. Die bevorzugte Reihenfolge bei der Wiedergabe erfolgt aber unter getrennter Nennung der Ziffernfolgen für beide Ohren: 1, 7, 6 und dann 8, 5, 2. Gewöhnlich gelingt den Vpn die korrekte Wiederholung der Ziffern für das eine Ohr, während bei der anderen Ziffernfolge Fehler auftreten.

Was können wir diesen Ergebnissen entnehmen? Broadbent war der Meinung, daß sie die charakteristischen Merkmale der selektiven Aufmerksamkeit veranschaulichten; eine Selektion fand entsprechend den physikalischen Kanälen, über die die Ziffern dargeboten wurden, statt. Nach Sichtung einer

---

6 Ein terminologisches Glossar mag hier angebracht sein. In Experimenten mit akustischer Information, die beiden Ohren dargeboten wird, ist eine Unterscheidung der verschiedenen Darbietungsmöglichkeiten notwendig.

Betrachten wir einmal zwei Schallquellen A und B, die wir simultan einem Zuhörer darbieten wollen. Werden A und B beide nur einem Ohr dargebtoen (über einen Kopfhörer), spricht man von einer *monauralen* Übermittlung. Werden A und B gemischt und dann derart beiden Ohren präsentiert, daß diese beide genau dasselbe Material hören, spricht man von einer *binauralen* Darbietung. Wenn die zwei Kanäle jedem Ohr getrennt übermittelt werden, sagen wir, die Darbietung sei *dichotisch*. Wenn wir schließlich A über einen Lautsprecher eingeben und B über einen anderen nahe dabei aufgestellten, so daß Lautmuster entstehen, wie wenn zwei Personen simultan die Rolle von A und B übernehmen, sprechen wir von einer *stereophonischen* Darbietung. Entsprechende Unterscheidungen werden für optisches Material getroffen: *monoptisch, dioptisch, stereoskopisch.*

langen Reihe unterschiedlicher experimenteller Funde, wozu auch das oben beschriebene Experiment und Cherrys Resultate gehörten, erstellte Broadbent ein theoretisches Gebäude, das, wie er überzeugt war, die zugrunde liegenden Prozesse angemessen erklärte.

Das Filter-Modell

Broadbent hat versucht, ein Modell der menschlichen Kapazität zu entwickeln, das einen weiten Bereich von Daten berücksichtigt, nicht nur jene aus den Experimenten über Aufmerksamkeit. Nach ihm ist unsere Leistungsgrenze bei der Aufnahme konkurrierender Botschaften wahrnehmungsmäßig bedingt; wir können nur eine begrenzte Menge an Information analysieren und identifizieren, die in unseren „Sinnes-Inputs" ankommt. Broadbent schlug die Annahme eines „selektiven Filters" im Gehin vor, der auf die Aufnahme einer gewünschten Botschaft und die Zurückweisung oder „Unterdrückung" aller anderen eingestellt werden kann. Der Filter sorgt für eine Blockierung nicht gewünschter Inputs, wodurch die Verarbeitungsleistung des Wahrnehmungssystems reduziert wird. In dem folgenden Buchauszug stellt Broadbent das Modell in zusammengefaßter Form vor und versucht zu zeigen, wie es mit einer bedeutenden Vielfalt psychologischer Aufgabenbereiche in Einklang gebracht werden kann. Die Bedeutung seines Modells liegt darin, daß es die Richtung für die zukünftige Aufmerksamkeitsforschung aufzeigte. Wir halten es für angebracht, es an dieser Stelle zu bringen, bevor wir andere, später durchgeführte Experimente näher betrachten.

Wahrnehmung und Kommunikation *

Donald E. Broadbent

Zusammenfassung von Grundsätzen

a) Ein Nervensystem arbeitet in gewisser Weise wie ein einseitiger Kommunikationskanal, so daß man es sinnvollerweise als mit einer begrenzten Kapazität ausgestattet ansieht.

— — —

* Donald E. Broadbent. *Perception and Communication.* London: Pergamon Press, 1958. S. 297–300. Copyright 1958 by D. E. Broadbent. Mit Genehmigung des Autors und Verlags.

b) Es findet eine selektive Operation für das in diesen Kanal gegebene Input statt, wobei die Operation dergestalt vor sich geht, daß Information aus all jenen sensorischen Vorgängen gewählt wird, die irgendein Merkmal gemeinsam haben. Physikalische Merkmale, die als gute Grundlage für die Auswahl erkannt wurden, sind Lautstärke, Tonhöhe und räumliche Lokalisation von Lauten.

c) Die Auswahl geschieht nicht vollkommen zufällig, und die Wahrscheinlichkeit für die Auswahl einer speziellen Klasse von Reizgegebenheiten wird durch bestimmte Eigenschaften dieser und durch bestimmte Zustände des Organismus erhöht.

d) Folgende Eigenschaften von Reizgegebenheiten erhöhen die Wahrscheinlichkeit der von ihnen übertragenen Information für die Passierung des begrenzten Kapazitätskanals: Intensität, die seit der Aufnahme der letzten Information aus jener Klasse von Reizgegebenheiten in den begrenzten Kapazitätskanal verstrichene Zeit, hohe Tonfrequenz im Gegensatz zu niedriger (beim Menschen).

— — —

h) Einlaufende Information kann noch vor Eintritt in den begrenzten Kapazitätskanal in einem kurzzeitigen Speicher gehalten werden: sie passiert den Kanal dann, wenn die ihr zugehörige Klasse von Reizgegebenheiten als nächste gewählt wird. Die auf diese Weise maximal mögliche Speicherzeit ist innerhalb einer Ordnung von Sekunden.

i) Zur Aufhebung der unter Punkt h) genannten Beschränkung ist es für die Information möglich, nach dem Passieren des begrenzten Kapazitätskanals zum Kurzzeitspeicher „zurückzukehren": damit ist eine Speicherung auf unbegrenzte Zeit gewährleistet, allerdings auf Kosten der Kanalkapazität, die damit noch weiter und möglicherweise bis auf Null reduziert wird. (Langfristige Speicherung hat dagegen keinen Einfluß auf die Kanalkapazität, sondern wirkt eher im Sinne einer Anpassung der internen Kodierung an die Wahrscheinlichkeiten externer Gegebenheiten. Somit ist die Begrenzung für den Kanal informatorischer Art und beruht nicht einfach auf der Anzahl gleichzeitiger Reize).

j) Ein Wechsel des selektiven Prozesses von einer Klasse von Reizgegebenheiten zu einer anderen erfordert eine gewisse Zeit im Vergleich zur minimalen Zeit bei den einzelnen Klassen.

— — —

Ein Informationsfluß-Diagramm, in dem die am ehesten wahrscheinlichen Prinzipien vereinigt sind, zeigt Abb. 1.

— — —

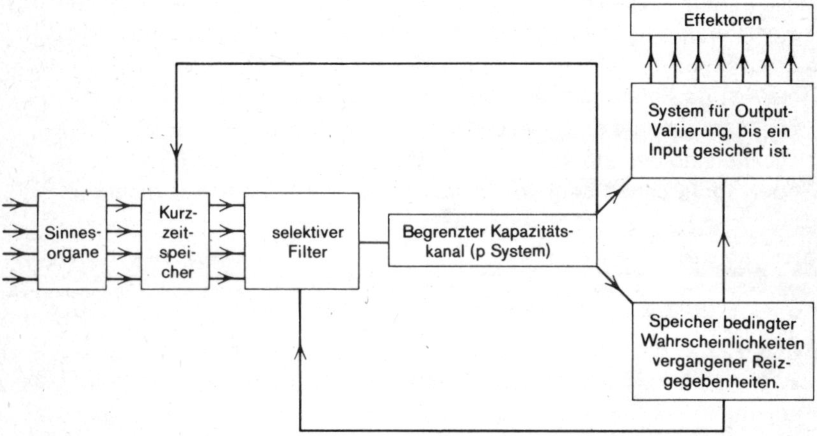

Abb. 1: Ein tentatives Informationsfluß-Diagramm für den Organismus nach dem gegenwärtigen Forschungsstand.

Haupt-Implikationen dieser Prinzipien

Nach der so nüchternen Darlegung dieser Prinzipien könnte man einwenden, daß sie nicht sonderlich erstaunen. Wir wissen doch, daß die Aufmerksamkeit begrenzt ist, daß uns Lärm ablenkt, daß wir bewußt wiederholen, was für kurze Zeit erinnert werden muß usw. Welchen Gewinn haben wir eigentlich davon, diese Altagserfahrungen in solch umständlicher Sprache auszudrücken? Zudem sind sie schon von den Psychologen der klassischen introspektiven Schule formuliert worden. Warum werden also Zeit und Mühe auf eine erneute Darstellung verschwendet?
Es gibt zwei Antworten auf diesen Einwand. Erstens ist es wirklich wahr, daß die Prinzipien keine Voraussage erlauben, die der Alltagserfahrung widerspräche. Es wäre eine armselige Aufstellung wissenschaftlicher Grundsätze, die dies täten, obgleich es nicht ungewöhnlich für einen Psychologen ist, wenn er glaubt, daß er allgemeinen Glaubenssätzen bezüglich menschlichen Verhaltens widersprechen sollte.

Aber zweitens ist es nicht wahr, daß diese Prinzipien so klar und angemessen von der klassischen Psychologie formuliert wurden – dies ist eine geschichtliche Tatsache. Man kann wohl sagen, daß mentalistische Behauptungen mit ihnen in Einklang zu bringen sind, daß nämlich unser begrenzter Kapazitäts-Einzel-Kanal gleichzusetzen ist mit der „einheitlichen Aufmerksamkeit" der Introspektionisten. Ich glaube zwar, daß die eine Version nichts weiter als eine exaktere der anderen ist. Aber eine Charakterisierung der Aufmerksamkeit als einheitlich könnte auch heißen, daß man zwei Aufgaben nicht zugleich durchführen kann, was, wie experimentelle Beweise zeigen, falsch ist. Eine Auffassung von Lärm als ablenkend könnte so gedeutet werden, als ob Kartensortieren oder Kopfrechnen bei Lärm schlechter möglich seien, was nicht der Fall ist.

Broadbent liefert uns ein komplettes Gebäude zur Erklärung von Selektion und Aufmerksamkeit, das sowohl mit intuitiven Deutungsversuchen als auch mit den zu jener Zeit bekannten wissenschaftlichen Fakten übereinstimmt (1958). Im Grunde kann man seine Hypothese folgendermaßen zusammenfassen: ein Verarbeitungsmechanismus von begrenzter Kapazität arbeitet zu einem Zeitpunkt nur mit einem Informationskanal. Der Mensch trifft unter den vielfältigen Informationen, die auf seine Sinnesorgane treffen, aufgrund der physikalischen Merkmale der Information eine Auswahl. Wenn notwendig, kann er die Aufmerksamkeit zwischen den verschiedenen eingegebenen Informationen umschalten. Ein Kurzzeit-Gedächtnissystem verhindert Informationsverlust von gerade Vergangenem in den nicht gewählten Kanälen.

Die Schwächen des Filtermodells und seine Modifizierung

Broadbents Theorie zeigte eine spezifische theoretische Struktur auf, die ihrerseits starke Implikationen für menschliche Verhaltensweisen hatte. Einige dieser Implikationen wurden getestet und erwiesen sich als falsch. Eine Methode zur Untersuchung der theoretischen Struktur läßt sich über folgende schon früher bei Cherry gestellte Frage ausdrücken: Wie können wir unsere Aufmerksamkeit zwischen Inputs umschalten, wenn wir den Inhalt der nicht ausgewählten Inputs gar nicht kennen?
Ein entscheidendes Experiment hierzu wurde von zwei Oxforder Studenten, Gray und Wedderburn (1960), durchgeführt. Sie verwarfen die Meinung,

daß Aufmerksamkeit sich mit den physikalischen Merkmalen von Sinneskanälen erklären ließe und glaubten stattdessen, daß psychologische Attribute eine wichtige Rolle bei der Selektion spielten. Ihre Experimente waren einfach, was das Konzept angeht, aber die Ergebnisse zerstörten Broadbents Theorie. Nehmen wir an, wir hörten ein in seine Silben aufgelöstes Wort, wobei diese wechselweise beiden Ohren dargeboten würden. Gleichzeitig soll ein zweites in ähnlicher Weise zerlegtes Wort dem jeweils anderen Ohr mitgeteilt werden. Würde die Aufmerksamkeit dann nicht von einem Ohr auf das andere umschalten, bis jedes Wort wieder richtig zusammengesetzt ist, anstatt an einen Kanal fixiert zu sein und ein unsinniges Silbengemisch zu erhalten? Wenn dies so ist – und Gray und Wedderburn haben es gezeigt – muß der Aufmerksamkeitsmechanismus imstande sein, den über beide Ohren empfangenen Informationsgehalt zu extrahieren, um zu wissen, welche Information gewählt werden soll. Broadbents System (Abb. 1) verlangt jedoch, daß die Aufmerksamkeit in einem frühen Stadium der Verarbeitung von sensorischer Information umgeschaltet wird, und zwar lange vor der Extrahierung irgendeiner Bedeutung.
Die Unterscheidung zwischen Selektion aufgrund sensorischer Analysen und Selektion aufgrund gründlicher Analyse auf die Bedeutung hin ist sehr wichtig. Broadbents theoretisches Schema ist einleuchtend; wir würden daher nicht gern das gesamte Gebäude beiseite schieben. Dennoch machen selbst die einfachen von Gray und Wedderburn angeschnittenen Punkte klar, daß etwas falsch ist. Eine noch vollständigere Erörterung dieses Problems wurde von Anne Treisman in ihrer Dissertation an der Oxforder Universität im Jahre 1961 vorgelegt. Treisman untersucht den Einfluß verbaler und linguistischer Merkmale auf das Vermögen ihrer Vpn, eine Botschaft aus mehreren anderen auszuwählen. Sie hoffte insbesondere, Broadbents Vorschlag prüfen zu können, daß sich Wort-„Klassen" ähnlich wie sensorische Kanäle verhalten, indem sie Botschaften in verschiedenen Sprachen darbot. Gewiß ist ein Unterschied in der Sprache ein Extremfall verbaler Unterscheidung zwischen zwei Botschaften ohne irgendwelche allgemeinen Unterschiede hinsichtlich physikalischer Merkmale. Weiterhin studierte sie, welche Rolle Vertrautheit, Redundanz, Bedeutungshaltigkeit und Ähnlichkeit spielten.
Treisman unterzog Broadbents Theorie eines selektiven Filters einer Prüfung, indem sie Cherrys experimentelle Methoden weiterführte und ausbaute. Die Technik dieser Forschung besteht darin, die Vp mit einer „Wiedergabe-Aufgabe" (shadowing task) beschäftigt zu halten, während ihr unterschiedliche Arten widersprüchlicher Botschaften und Signale präsentiert werden. Man hat gefunden, daß, wenn es der Vp gelingt, die Aufgabe durchzuhalten, grobe äußere Veränderungen der nicht wiederholten Botschaft bemerkt werden (Wechsel von männlicher zu weiblicher Stimme),

einfache Veränderungen dagegen nicht (Wechsel der Sprache der nicht wiederholten Botschaft), während „wichtige" Wörter in dieser Botschaft wiederum oft registriert werden (z. B. der Name der Vp oder im Zusammenhang mit dem wiederholten Material relevante Äußerungen).
Der Rest des Kapitels behandelt das Problem, in welcher Weise unsere Fähigkeit eingeschränkt ist, Objekte wahrzunehmen. Der von Broadbent vorgeschlagene selektive Filter arbeitet nach folgendem Prinzip: Was von komplexeren Prozessen auf einer höheren Stufe verarbeitet werden muß, wird auf ein Minimum reduziert. Broadbent hatte offensichtlich eine Kette von aufsteigender Komplexität mit irgendeinem zentralen Mechanismus, der die endgültige Analyse der einlaufenden Information vornimmt, im Sinn. In diesem Schema möchte man irrelevante Botschaften vom zentralen Mechanismus ausschließen. Das Problem liegt, wie wir sehen werden, darin, daß die vom Filter geforderten Eigenschaften so komplex wurden, daß dieser als fast ebenso kompliziert erschien wie der Endmechanismus, für den jener eine vorbereitende Hilfe sein sollte.
In ihren Experimenten untersuchte Treisman die selektive Aufmerksamkeit gegenüber einer von zwei widerstreitenden Botschaften, die beiden Ohren dargeboten wurden. Jene entstanden durch die Variation einer Reihe von verschiedenen Eigenschaften. Das irrelevante Material wurde manchmal mit derselben Stimme verlesen wie das relevante (weiblich) und manchmal mit einer anderen (männlich). Ebenso wurde der Inhalt des irrelevanten Materials variiert, das einmal aus einer technischen Diskussion bestand, ein anderes Mal aus Passagen aus Novellen, und manchmal Passagen aus derselben Novelle enthielt, die über den relevanten Kanal lief. Schließlich variierte auch die Sprache der irrelevanten Mitteilung von Englisch zu Latein, Französisch, Deutsch und Tschechisch (mit einem deutlichen englischen Akzent), weiterhin wurden ein rückwärts über das Tonband ablaufendes Englisch und sogar eine französische Übersetzung der englischen für die Wiedergabe mittels „shadowing" ausersehenen Botschaft verwendet. Die Vp mußte das relevante Material wiedergeben, das irrelevante jedoch gänzlich ignorieren. Wie wir nach Cherrys Untersuchung vermuten können, ist diese Aufgabe bei verschiedenen Stimmen und Inhalten der beiden Botschaften leicht, bereitet jedoch Schwierigkeiten, wenn gleiche Stimmen und ähnliche Inhalte verwendet werden.
Wir erinnern uns, daß das Ziel dieser Studien die Bestimmung der Ebene war, auf der die Selektion von relevantem aus irrelevantem Material vorgenommen wird. Broadbent postulierte eine fast vollständig auf sensorischen Merkmalen beruhende Selektion. Treisman hoffte, durch die Verwendung einer Vielfalt von irrelevantem Material die relativen Auswirkungen von Signalen, die gänzlich auf sensorischen Merkmalen basierten, und solchen,

die die Bestimmung von Vertrautheit und Bedeutungshaltigkeit erforderten, unterscheiden zu können. Ihre Experimente zeigten, daß sensorische Schlüsselsignale allein nicht ausreichen. Sie faßte ihre Ergebnisse folgendermaßen zusammen, wobei sie eine Hypothese aufstellte, die die von ihren Vpn gemachten Fehlerarten erklären soll:

Verbale Schlüsselreize bei selektiver Aufmerksamkeit*

Anne M. Treisman

1. Es wurde gezeigt, daß ein Unterschied in den Stimm-Merkmalen (männlich vs. weiblich) und ein Unterschied in der Sprache recht unterschiedliche Auswirkungen auf die Lösung von Aufgaben haben, die die Auswahl einer von zwei Botschaften erfordern. Ein Unterschied in der Stimme läßt die irrelevante Botschaft sehr viel wirksamer zurückweisen, und dieser Vorgang findet wahrscheinlich in einem früheren Stadium während der von der Wahrnehmung vorgenommenen Analyse statt. 2. Wenn zwei Botschaften dieselben allgemeinen physikalischen Merkmale miteinander teilen, erlaubt der Unterschied der Sprachen zu einem gewissen Grad eine Selektion; dies scheint jedoch eher mit der Auswahl aus zwei englischen Botschaften aufgrund ihres Inhaltes Ähnlichkeit zu haben als mit dem erfolgreichen Vorgehen bei verschiedenen Stimmen. Somit erscheint völlige Unterdrückung einer Sprache als solcher unmöglich. 3. Phonetische Schlüsselreize machen eine unbekannte Fremdsprache weniger verwirrend als eine Botschaft, die dem Englischen phonetisch ähnlich ist (der tschechische Wortsalat), und erlauben der Vp, die irrelevante Fremdsprache zu benennen. Rückwärts ablaufende Sprachäußerungen verursachen allerdings einen relativ hohen Störungsgrad. 4. Die Kenntnis der Vp von der Sprache beeinflußt die Höhe der von ihr produzierten Störung. In den meisten Fällen kann jedoch nur wenig von dem Inhalt der unterdrückten Botschaft berichtet werden. Viele Vpn bemerkten nicht, daß das Tschechische kein normales Englisch war, und nicht allen, selbst denen, die die Sprache fließend beherrschten, war klar, daß eine zurückgewiesene Mitteilung in Französisch

---

* Anne M. Treisman. Verbal cues, language and meaning in selective attention. *Amer. J. Psychol.* 1964, 77, S. 215–216. Copyright 1965 by Karl H. Dallenbach. Mit Genehmigung des Autors und des Verlags.

die Übersetzung einer ausgewählten Botschaft in englischer Sprache war. Während Ähnlichkeit der Sprachen auf der phonetischen Ebene die Selektion erschwert (wie beim Tschechischen), verursacht Ähnlichkeit in der Bedeutung (bei der französischen Übersetzung) keinen allgemeinen Störungsanstieg. 5. Werden schließlich beide Botschaften in derselben Sprache und von derselben Stimme gesprochen, beruht die Selektion hauptsächlich auf den Übergangswahrscheinlichkeiten zwischen den Wörtern, wobei ihre Effizienz mit dem Grad der vom Kontext bestimmten Beschränkungen sowohl bei den selegierten als auch den irrelevanten Botschaften variiert. Dies ist die einzige Bedingung, unter der eine beträchtliche Informationsmenge der irrelevanten Botschaft hindurchgelassen wird.

Diese Ergebnisse sind für folgende Probleme relevant: (1) Werden beide Botschaften vollständig analysiert, bevor eine zur Bestimmung der Antworten ausgewählt wird? (2) Wenn das nicht der Fall ist, in welchem Stadium der Analyse wird eine der beiden aufgegeben? (3) Wodurch wird die Selektion und das Umschalten zwischen den Botschaften bestimmt? In welcher Weise hängt dies von der Vertrautheit und der phonetischen Struktur der Sprachen ab sowie von den Übergangswahrscheinlichkeiten zwischen den Wörtern ab?

1. Analyse der irrelevanten Botschaft. Aus folgenden Gründen scheint es unwahrscheinlich, daß beide Botschaften stets vollständig analysiert werden und daß eine Selektion nur für die offenen Antworten stattfindet: (a) weniger als die Hälfte der Vpn erkannten die französische Übersetzung oder den tschechischen Wortsalat, obgleich dies für die Antwort oder das Gedächtnis eine kaum stärkere zusätzliche Belastung als das Bemerken der männlichen Stimme bedeutet hätte. Diejenigen, die diese Botschaften identifizierten, können das durch eine Umschaltung auf die irrelevante Botschaft erreicht haben.

— — —

2. Stadium, in welchem eine Selektion vorgenommen wird. Es ergibt sich also folgende Frage: in welchem Stadium wird eine der beiden Botschaften von weiterer Analyse ausgeschlossen? Es scheint nicht möglich zu sein, irrelevante Botschaften, die sich nur in verbalen Merkmalen unterscheiden, auf dieselbe effiziente Art und Weise zu unterdrücken oder auszufiltern wie diejenigen, die in allgemeinen physikalischen Merkmalen voneinander differieren.

— — —

Wenn diese frühe Selektion zwischen Botschaften, die mit derselben Stimme, aber in unterschiedlichen Sprachen geäußert würden, möglich wäre, müßten bekannte und unbekannte Sprachen die gleiche Beeinträchtigung verursachen, und beide müßten leichter unterdrückt werden können als eine Botschaft in derselben Sprache wie die ausgewählte. Keine dieser Voraussagen wurde durch die Ergebnisse bestätigt.
Die Ergebnisse lassen vermuten, daß Merkmale der einlaufenden Botschaften sukzessiv vom Nervensystem analysiert werden, wobei die Analyse mit allgemeinen physikalischen Merkmalen beginnt, um dann zur Identifikation von Wörtern und deren Bedeutung fortzuschreiten. Ferner zeigen die Ergebnisse, daß eine Selektion zwischen Botschaften, gesprochen von derselben Stimme, mit derselben Intensität und vom selben Standort, eher während als vor oder nach der Analyse stattfindet, die dann die Identifikation des verbalen Inhaltes erlaubt. In diesem Stadium scheint die Kapazität für die Informationsverarbeitung geringer zu werden, so daß jeweils nur ein Input bearbeitet werden kann, wobei entweder, wo möglich, an einer Botschaft festgehalten oder zwischen den beiden umgeschaltet wird. Broadbents Vorschlag, daß man sich Wortklassen als getrennte „Input-Kanäle" bildend vorzustellen hätte, die als solche unterdrückt werden können, ist von den Ergebnissen nicht bestätigt worden.

3. Faktoren, die eine Selektion und das Umschalten zwischen den Botschaften bestimmen. Welche Faktoren sind also für die Selektion und das Umschalten verantwortlich, wenn beide Botschaften über einen Input-Kanal ankommen? Die irrelevanten Botschaften scheinen in zwei Hauptklassen zu fallen: *a)* diejenigen, die die Vpn möglicherweise identifizieren könnten; *b)* diejenigen, deren verbalen Inhalt sie niemals identifizieren könnten, weil die Sprache unbekannt ist oder das Tonband rückwärts abgespielt wurde.

a) Wenn die irrelevante Botschaft in einer bekannten Fremdsprache oder in Englisch gesprochen wurde, bewirkte die Störung oftmals, daß die Vpn ihre Aufmerksamkeit der falschen Botschaft zuwendeten und die richtige für eine gewisse Zeit gänzlich verloren. Die Ergebnisse mit den statischen Approximationen deuten darauf, daß die Vpn die richtige Botschaft so lange wiederholen, bis die Übergangswahrscheinlichkeiten auf einen niedrigen Wert fallen. Unterschiede in den widerstreitenden Botschaften beeinflussen nicht den Punkt, an welchem ein Umschalten eintritt, sondern die folgende Leistung. Nach dem Umschalten müssen die Vpn zwei Entscheidungen treffen: entweder laut das zu wiederholen, was sie hören, oder wiederum zurückzuschalten. In der Anweisung wurde betont, soviel wie möglich zu wiederholen und sich auch im Zweifelsfalle mit Äußerungen nicht zurückzuhalten. Das ermutigte in der Regel die Vpn, offene Antworten zu bringen, bis sie zurückschalteten, außer, wenn diese offensichtliche Fehler darstellten, wie es bei Wörtern in einer anderen Sprache der Fall war.

Wir können jetzt diese Experimente zu interpretieren versuchen und Hypothesen über die vermutlich stattgefundenen Vorgänge aufstellen. Um Treismans Ergebnisse noch einmal zusammenzufassen: Die Fähigkeit ihrer Vpn, eine irrelevante Botschaft zu unterdrücken, war, wie sie fand, graduell variierbar. Bei deutlichem Unterschied in den physikalischen Merkmalen zwischen den relevanten und irrelevanten Kanälen hatten die Vpn keine Schwierigkeit, die eine Botschaft wiederzugeben, ohne sich von der anderen ablenken zu lassen. Besaßen die Botschaften ähnliche physikalische Merkmale, waren aber in verschiedenen Sprachen, blieben sie sehr viel weniger erfolgreich. Je besser die Vpn die irrelevanten Sprachen kannten, desto stärker machte sich eine Beeinträchtigung bemerkbar. Als weitaus am schwierigsten zeigte sich die Aufgabe, bei der Wiedergabe einer Botschaft zu bleiben, wenn beide in derselben Sprache und mit derselben Stimme verlesen wurden.

Zur Erklärung dieser Resultate postuliert Treisman einen analytischen Mechanismus, der eine Serie von Tests mit einlaufenden Botschaften durchführt. Die ersten Tests unterscheiden zwischen den Inputs nach sensorischen oder physikalischen Reizmerkmalen; spätere Tests treffen Unterscheidungen zwischen Silbenmustern, spezifischen Lauten, einzelnen Wörtern und schließlich der grammatischen Struktur und Bedeutung. Diese Testsequenz kann man sich in folgendem Bild klarmachen: Die einlaufende sensorische Information beginnt ihren Weg in den Wurzeln eines Baumes und arbeitet sich dann bis zu einem bestimmten Endpunkt empor, nachdem sie Tests überall dort unterworfen wurde, wo eine Gabelung von möglicherweise zu durchlaufenden Ästen anzutreffen ist. Überdies glaubt Treisman, daß die Tests flexibel sind, so daß bei Erwartung eines besonderen Wortes alle für die Wahl dieses Wortes relevanten Tests darauf eingestellt bzw. vorsensibilisiert sind. Die Analyse ist somit für erwartete Reize sehr vereinfacht.

Wenn sich die Kanäle hinsichtlich physikalischer Merkmale unterscheiden, ist die Trennung beider in einem sehr frühen „Teststadium“ möglich. Das geschieht durch eine „Verdünnung“ des irrelevanten Kanals, so daß eine von ihm ausgehende Störung in späteren Teststadien nicht mehr möglich ist. Wörter, die im irrelevanten Kanal erscheinen, werden also außerordentlich „verdünnt", wenn sie den physikalischen Test nicht bestanden haben. Wenn jedoch ein Wort auf diesem Kanal in den Zusammenhang des gerade analysierten Materials paßt, kann es sehr wohl entdeckt werden, weil durch die Sensibilität jedes Tests gegenüber erwarteten Eingängen der „Verdünnungs-Effekt" des irrelevanten Kanals leicht aufgehoben wird. Man beachte übrigens, daß mit diesem Modell Fehler unsererseits nicht ausgeschlossen werden, wenn wir z. B. oft fest etwas gehört zu haben glauben, was in Wirklichkeit gar nicht dargeboten worden ist. Dieses falsche Wiedererkennen beruht auf der Tatsache, daß die Entscheidungskriterien für die im Hinblick auf die erwarteten Eingänge relevanten Tests herabgemindert sind.

Obgleich also die Vorsensibilisierung das Entdecken des richtigen Eingangs wahrscheinlicher macht, wird durch sie aber auch die Wahrscheinlichkeit erhöht, daß ähnlich lautende Reize den Test fälschlicherweise bestehen.

Treisman bringt uns einen Schritt weiter, was die Festsetzung der Ebene betrifft, auf welcher die Aufmerksamkeit selektiv wird. Sie ist der Ansicht, daß alle einlaufende Signale bis zu einem gewissen Grad von einer Sequenz von Operationen analysiert werden. Die Signale werden, wenn das möglich ist, aufgrund ihrer physikalischen Merkmale voneinander getrennt und, wenn es notwendig wird, aufgrund ihrer grammatischen Besonderheiten. Grammatische Information wird benutzt, um das Kriterium für die Identifikation bestimmter Signale vorzustimmen oder sensibilisieren. Wir könnten also in der Mitte eines Satzes eine bestimmte grammatische Wortklasse erwarten, und entsprechend stellen wir unseren analytischen Mechanismus auf diese Möglichkeit ein. Hiermit wird verständlich, warum wir manchmal in widerstreitenden Botschaften dargebotenes Material aufgreifen, wenn dieses eine Relevanz zum Kontext zu besitzen scheint, auf den zu achten unser eigentliches Ziel ist. Die Einzelheiten dieses Vorgehens bleiben ungeklärt. Offensichtlich impliziert es, daß alle Signale, ob als relevant oder irrelevant gedacht, einer beträchtlichen Analysenarbeit unterworfen werden müssen, wenn auch nur, um dann mit einiger Sicherheit abgelehnt werden zu können. Das seltene, aber relevante Signal aus sich gegenseitig störenden Kanälen würde niemals durch den Aufmerksamkeitsmechanismus hindurchkommen, wenn es nicht teilweise identifiziert worden wäre, bevor die endgültige Selektion stattgefunden hat.

Ein alternativer Lösungsweg

Unser bestechendes Bild von einem Aufmerksamkeitsmechanismus existiert nicht mehr. William James beschrieb, wie ein Gedankenstrom von allen anderen möglichen getrennt würde. Es schien so, als sei dies ein automatischer Prozeß, der nur wenig geistige Anstrengung erfordere und einer größeren Vereinfachung von für ein höheres Verarbeitungsniveau bestimmten Aufgaben diente. So einfach ist die Sache jetzt aber nicht mehr. Offensichtlich treffen wir zwischen den einlaufenden Informationskanälen aufgrund recht komplexer Analysen der ankommenden Signale eine Auswahl. Wir hatten angenommen, daß es das Ziel der selektiven Aufmerksamkeit sei, einem zentralen Mechanismus die gleichzeitige Kräftekonzentration auf die Analyse und Beantwortung eines Problems zu ermöglichen. Jetzt aber scheint es, daß die Wahl zwischen alternativen Kanälen selbst einen komplexen Prozeß erfordert. Was haben wir mit dem Konzept eines selektiven Mechanismus gewonnen?

Das Hauptargument gegen Treismans Erklärung betrifft die Komplexität der von ihr vorgeschlagenen Operationen. Vermutlich dient die Selektionsfähigkeit der Aufmerksamkeit zur Reduktion der Menge an Analyse, die eine zentrale Stelle mit der einlaufenden Information durchführt, indem jener nur jeweils ein Signal eingegeben wird. Dieses Konzept ist so lange in Ordnung, wie die Selektion über die Erfassung einfacher physikalischer Unterschiede zwischen den Signalen vorgenommen werden kann. Es ist sehr leicht, sich ein System vorzustellen, das eine männliche von einer weiblichen oder eine Stimme auf der linken von einer auf der rechten Seite trennt. Sobald wir gezwungen sind, die Bedeutung von Signalen zur Unterstützung bei der Selektion zu berücksichtigen, wird das Problem sehr komplex. Die Bedeutung der jedem Wort eigenen Schallwellenform kann nicht ohne eingehende Analyse des Signals bestimmt werden, eine Analyse, die im Gedächtnis gespeicherte Information mitbenutzen muß. An diesem Punkt scheint der ganze Sinn eines selektiven Mechanismus hinfällig zu werden, denn wenn wir erst die Bedeutung aller einlaufenden Signale ermitteln müssen, um das Objekt unserer Aufmerksamkeit zu bestimmen, wie kann die Selektivität uns dann helfen?

Es gibt zwei Antwortmöglichkeiten auf diese Frage, wobei wir das Konzept einer selektiven Aufmerksamkeit noch beibehalten. Die erste Antwort liefert der von Treisman angebotene Vorschlag. Durch die „Verdünnung" einiger Kanäle reduziert sich, wie sie hofft, die Arbeitslast für den zentralen Analysierprozeß, wobei für gelegentliche Signale in den nicht selegierten Kanälen noch die Möglichkeit des Hindurchschlüpfens besteht, wenn ihre Bedeutung relevant ist. Das Problem hierbei ist einfach, daß schlecht einzusehen ist, wie Treisman einerseits eine Ersparnis hinsichtlich der Anzahl der zu analysierenden Signale haben kann (ein verdünntes Signal verhält sich schließlich wie ein kaum noch existentes), andererseits eine Analyse aller Signale annimmt, wenn es ihr passend erscheint (das verdünnte Signal ist trotz allem nicht verschwunden).

Eine alternative Theorie der selektiven Aufmerksamkeit erfordert, daß wir den Selektionsmechanismus etwas später einsetzen lassen. Das heißt, wir wollen einmal annehmen, daß jedes einlaufende Signal seine Entsprechung im Gedächtnis fände und eine einfache Analyse hinsichtlich seiner Bedeutung erführe. In diesem Fall lassen wir den Mechanismus der selektiven Aufmerksamkeit von dort her angreifen. Hierbei sparen wir noch an Arbeit, denn das Verstehen der Bedeutung der in einem Informationskanal ankommenden Signalsequenz verlangt eine ganze Menge mehr als das einfache Aufsuchen jeder Signalentsprechung im Gedächtnis.

Für dieses Vorgehen ist allerdings die Annahme notwendig, daß das sensorische Signal auf automatischem Wege zum Gedächtnis gelangt und zwar allein aufgrund seiner sensorischen Merkmale. Das hat gewichtige Implikationen für eine Gedächtnistheorie wie auch für die Theorie der Aufmerksamkeit und Selektion.

Der generelle Rahmen für diese Art einer Aufmerksamkeitstheorie wurde im Jahre 1963 von den Psychologen J. Anthony Deutsch und Diana Deutsch, zu jener Zeit in Oxford, England, festgelegt (Deutsch und Deutsch, 1963). Ihre Theorie kann jedoch so weiterausgebaut werden, daß sie einen Bezug zu Treismans Vorschlägen erhält (s. Norman 1968). Schauen wir uns das in Abb. 2 gezeigte Schema an.

Alle auf die sensorischen Rezeptoren treffenden Signale gehen durch ein Stadium der Analyse, die von frühen physiologischen Prozessen durchgeführt wird. Anschließend werden die aus diesen Prozessen extrahierten Parameter zur Bestimmung des Ortes benutzt, an dem die Repräsentation des sensorischen Signals gespeichert ist. Wie in Abb. 2 dargestellt, führen also alle sensorischen Signale zu einer Wiedererweckung ihrer im Gedächtnis gespeicherten Repräsentation. Nun nehmen wir gleichzeitig an, daß eine Analyse vorhergehender Signale stattfindet, wobei diese Klasse von Vorgängen als für die fortlaufende Analyse *relevant* gedacht wird. Die relevante item-Gruppe aktiviert desgleichen ihre Repräsentation im Gedächtnis. Das am stärksten von der Kombination aus sensorischen und relevanten Inputs stimulierte item wird für die weitere Analyse ausgewählt (in Abb. 2 dunkel getönt).

Sobald das ausgewählte item feststeht, wird die Analyse des Aufmerksamkeitsprozesses abgeschlossen, wobei die neu erworbene Information der vorhergehenden hinzugefügt und die Beurteilung hinsichtlich der Relevanz auf den letzten Stand gebracht werden. Dieses Schema erlaubt die Beschreibung sowohl der vorliegenden experimentellen Daten als auch des „Verdünnungs-Modells" von Treisman, besonders, wenn wir physikalische Schlüssel

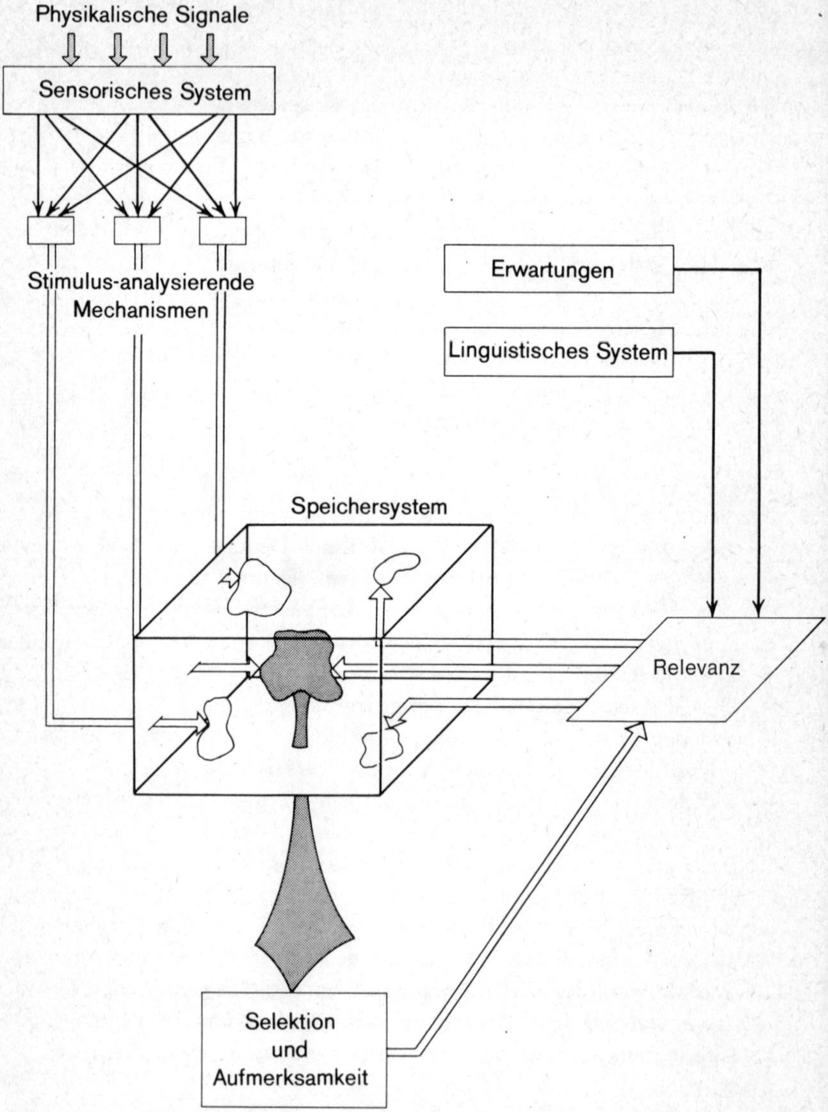

Abb. 2: Der Selektions-Prozeß. Sowohl die physikalischen Inputs als auch die Relevanz der Information bestimmen darüber, was für die weitere Verarbeitung ausgewählt wird. Physikalische Inputs passieren das sensorische System und die Stimulus-analysierenden Mechanismen, bevor sie ihre Repräsentation im Speichersystem aktivieren. Gleichzeitig bestimmt die Analyse früher begegneten Materials, zusammen mit der Erwartungsgeschichte und den Wahrnehmungsregeln, die Klasse von Ereignissen, die zu diesem Zeitpunkt am relevantesten zu sein scheint. Dasjenige Material, das die größte kombinierte Aktivierung erhält, wird für die weitere Analyse ausgewählt.

für die Bestimmung der Gruppe der als relevant bezeichneten items zulassen.
Welches Modell sollte man vorziehen? Augenblicklich wäre eine Wahl etwas willkürlich, weil eine kritische experimentelle Überprüfung noch nicht stattgefunden hat. Wie verschieden sind diese Modelle? Die Hauptkontroverse betrifft die Prozeßebene, auf welcher die Selektion zwischen den Kanälen getroffen wird. Bei dem einen Modell wird besonders die Selektion mittels physikalischer Schlüssel betont, wobei aber Vorsorge getroffen ist, daß wichtige Signale ohne Berücksichtigung ihrer physikalischen Merkmale selegiert werden. Das andere Modell nimmt an, daß eine Selektion nur nach der Extrahierung sinnvoller Komponenten aus allen sensorischen Signalen stattfindet. Beide Modelle erfordern, daß die Analyse gerade ankommender Signale durch die vorherige Analyse des Kontexts und der in der Situation liegenden Erwartungen unterstützt wird. Somit sind, obwohl es spezifische Unterschiede gibt, die generellen Merkmale beider Modelle ähnlich. Die verschiedenen Argumente sind gar nicht so weit voneinander entfernt, wie es den Anschein hat, wie neuere Arbeiten von Morton (1969) und Neisser (1967) beweisen können. Diese stimmen darin überein, daß die Analyse einlaufender Information durch eine vorher stattgefundene Analyse des Kontexts und der situationsspezifischen Erwartungen unterstützt wird. Sensorische Signale sind an der Aktivierung von im Gedächtnis gespeicherten Repräsentationen (Morton nennt sie „Logogene") beteiligt, und eine Selektion wichtigen Materials geschieht entsprechend der Gesamtwirkung des tatsächlich auftretenden physikalischen Signals und der Erwartungen sowie der Relevanz der möglichen Signale. In diesen Modellen liegt implizit die Annahme (von Neisser auch explizit festgestellt), daß „Aufmerksamkeit" eher den Gesamteffekt darstellt als daß sie als ein spezifischer selektiver Prozeß zu verstehen ist. Es ist daher möglich, daß während der nächsten Jahre erkannt wird, daß die verschiedenen voneinander abweichenden Modelle in Wirklichkeit gar nicht so unähnlich sind und in Einklang miteinander gebracht werden können; unterschiedliche Modelle beleuchten nur einfach unterschiedliche Aspekte des Problems.
Der Rest dieses Buches behandelt Themen der Wahrnehmung und des Gedächtnisses. Diese Themen sind eng verwandt mit unserer Untersuchung der Aufmerksamkeit, so daß es unmöglich ist, den einen ohne den anderen Gegenstand zu verstehen. Wenn ein Mechanismus den relativen Wert verschiedener sensorischer Botschaften zu erfassen imstande ist, wobei eine Botschaft bzw. eine begrenzte Anzahl von ihnen für eine weitere Verarbeitung übrig bleibt, so ist dies nur über eine Analyse möglich, die im Gedächtnis gespeicherte Information miteinbezieht. Wir benötigen Information hinsichtlich des schon Geschehenen, wenn wir das Gegenwärtige interpretieren wollen. Die Interaktionen von sensorischen Inputs mit dem Wieder-

erkennen eines Musters und dem Gedächtnis stellen wesentliche Bestandteile der menschlichen Informationsverarbeitung dar.
Untersuchen wir nun, auf welche Weise wir einlaufende sensorische Information interpretieren. Wir haben es hier mit dem Problem der Wahrnehmung von Mustern jener einlaufenden Information zu tun. Der Aufmerksamkeitsmechanismus kann keine kluge Auswahl zwischen alternativen Informationskanälen treffen, sofern er nicht zuerst die Beschaffenheit der Information grundlegend identifizieren kann.
Nehmen wir an, wir hörten mehrere Stimmen über dasselbe Ohr. Zur Selektion eines bestimmten Sprechers müssen wir aus der komplexen akustischen Wellenform, die aus der Stimmenkombination resultiert, die jeder Stimme entsprechenden Merkmale extrahieren. Dieses Problem zählt zu dem Thema „Wiedererkennen von Mustern" und ist stärker von Fachleuten auf den Gebieten der Informatik, der Automaten-Theorie sowie der künstlichen Intelligenz als von Psychologen untersucht worden. Im nächsten Kapitel behandeln wir das Wiedererkennen von Mustern und den Prozeß der Aneignung von Information.

Empfohlene Literatur

Der stärker an dem Thema „Aufmerksamkeit" interessierte Leser sollte sich mit den vollständigen Versionen der hier diskutierten Arbeiten befassen. Diese Aufgabe wird aber beträchtlich vereinfacht, wenn das Buch von Ulric Neisser (1967) als Leitfaden benutzt wird — insbesondere verweise ich auf die Kapitel 3, 4 und 8.
Hinsichtlich der Ebene, auf welcher der Aufmerksamkeits-Mechanismus stattfindet, besteht noch immer keine große Übereinstimmung. Wir haben in dem Kapitel einige der widerstreitenden Thesen erörtert. Eine Erweiterung von Treisman's Standpunkt wurde in einer Arbeit von Treisman und Geffin (1967) angeboten. Eine Ausdehnung der entgegengesetzten Position wird in einer Arbeit von Norman (1968) geliefert. Äußerst bedeutsam ist ebenso eine Arbeit von John Morton (1969), obgleich sie nicht direkt auf den Bereich „Aufmerksamkeit" bezogen ist. Die Kontroverse wurde durch eine Diskussion zwischen Deutsch, Deutsch, Lindsay und Treisman (1967) bekannt. Einige sowohl relevante als auch weniger wichtige Ansichten, was die verschiedenen Argumente betrifft, wurden kürzlich in einem von A. F. Sanders herausgegebenen Symposiumsbericht mitgeteilt. Schließlich schreibt mittlerweile eine ganze Reihe von Leuten über das Thema. Von den Autoren sollte der Leser seine besondere Beachtung Donald Broadbent, Neville

Moray und Anne Treisman schenken. (Eine Warnung sei hier ausgesprochen: Das Wort „Aufmerksamkeit" hat verschiedene Bedeutungen in der Psychologie. Ein Buch mit dem Wort „Aufmerksamkeit" im Titel behandelt nicht notwendigerweise den gleichen Stoff wie dieses Kapitel.)
Folgende Zeitschriften enthalten das meiste der relevanten Literatur:

American Journal of Psychology
Journal of the Acoustical Society of America (Sections 4 und 9)
Journal of Experimental Psychology
Perception and Psychophysics
Psychological Review
The Quarterly Journal of Experimental Psychology

lichen Meinungen innerhalb jedes Lagers): Von den Verfechtern der einen Meinung wird behauptet, daß die Analyse so vor sich gehe, daß das sensorische Signal wiederzuerneuern versucht wird, wobei dann die synthesierte Version dem wirklichen Input angeglichen wird; von der anderen Seite wird behauptet, daß ein passives Wiedererkennen des Inputs genüge. Wir werden einige der Argumente für beide Gesichtspunkte in diesem Kapitel näher beleuchten.

Eine der frühen Erörterungen über die generelle Beschaffenheit der Reiz-analysierenden Mechanismen und die Implikationen solcher Mechanismen für Wahrnehmung und Aufmerksamkeit wurde von dem englischen Psychologen N. Stuart Sutherland auf einem Symposium über Denkprozesse im Jahre 1958 dargestellt. Sutherland argumentiert, daß eine große Menge der im Schrifttum über die Aufmerksamkeit berichteten Leistungsbegrenzungen durch die Annahme erklärt werden können, daß es wenige sehr allgemeine Analysiermechanismen gibt, die so programmiert werden können, daß sie auf recht flexible Art und Weise funktionieren. Wenn ein bestimmter Mechanismus auf die Durchführung einer Aufgabe eingestellt ist, kann er nicht andere Aufgaben bewältigen: das ist also der Grund, warum die Zahl der gleichzeitig ausgeführten Operationen begrenzt ist. Im Grunde meinte Sutherland, daß eine Gruppe sehr spezifischer Reiz-analysierender Mechanismen wichtige Parameter aus sensorischen Vorgängen wie z. B. Richtung oder Bewegung von Linien, von Farbe und Begrenzungen extrahierte. Danach setze eine Gruppe von Mechanismen mit sehr generellem Ziel ein, die auf verschiedene Art und Weise verbunden (bzw. zu arbeiten instruiert) werden könnten. Spezifische Analysierer könnten also auf verschiedenen Wegen zur Kategorisierung sensorischer Information verwendet werden. Obgleich jene an bestimmten Sinnesorganen lokalisiert seien, könnten die generellen Mechanismen auf eine Vielzahl von Problemen und sensorischen Modalitäten angewandt werden. Nach diesem Modell kann es gelegentlich für spezifische Analysiermechanismen zu einer Art Wettbewerb kommen, und eine bestimmte Konfiguration des generellen Mechanismus mag für eine neue Aufgabe schlecht geeignet sein. Diese beiden Besonderheiten könnten die in Untersuchungen zur Aufmerksamkeit gefundenen Ergebnisse begründen, daß der Mensch eine begrenzte Aufnahmefähigkeit für einlaufende Information besitzt. Obwohl das Nervensystem durchaus dazu imstande ist, eine vielfältige Menge von Operationen durchzuführen, wäre es, wenn diese Operationen verschiedene Verknüpfungen oder Instruktionen einer begrenzten Anzahl genereller Mechanismen erfordern sollten, nicht fähig, jene auf mehreren verschiedenen Wegen sofort auszuführen.

Sutherland führt zwei Beweisquellen an: einmal die Ökonomie und zum anderen Ergebnisse aus Experimenten zur Diskriminationsfähigkeit von

Tieren. Mittlerweile gibt es eine ganze Reihe mehr Beweise aus der Physiologie, wobei zu den wichtigsten Arbeiten die Beschreibungen der Vorrichtungen zum Erkennen spezifischer Muster beim Frosch (Lettvin, Maturana, McCulloch und Pitts 1959) und der spezialisierten Rezeptoren im Sehzentrum der Katze (Hubel und Wiesel 1959, 1962) gehören. Der Frosch besitzt ein ganz spezifisches Erkennungssystem, das auf die Beachtung kleiner schwarzer Objekte (Insekten) und anderer für seine Existenz relevanter Erscheinungen vorprogrammiert ist. Bei der Katze ist der Mechanismus allgemeinerer Natur; sie besitzt spezifische Nervenzellen zur Analyse von Liniensegmenten, von Orientierung und Bewegung. Die an Katzen gewonnenen Ergebnisse passen recht gut in das von Sutherland entwickelte Modell: eine Reihe sehr spezieller Analysiermechanismen extrahiert grundlegende Merkmale aus dem optisch gegebenen Bild. Dann aber setzen Programmvorrichtungen mit allgemeinem Ziel ein, um die speziellen Merkmale gemäß gelernten Regeln in eine Ordnung zu bringen und zu interpretieren.

An diesem Punkt entzündet sich hauptsächlich der Streit zum Thema „Wiedererkennen von Mustern". Beeindruckt von den leistungsfähigen Typen von Detektoren sehr spezifischer Vorgänge, wie sie die neueste Forschung auf dem Gebiet der Physiologie entdeckt hat, glauben viele Leute, daß jedes Wiedererkennen von Mustern auf diese Weise geschieht. Das würde heißen, daß für jedes spezifische Muster, das wir zu klassifizieren imstande sind, ein spezifisches Netzwerk aus Neuronen existiert, welches, sobald jenes Muster in der Umgebung auftaucht, es als solches identifiziert. Zum gegenwärtigen Zeitpunkt, da Beweise für bzw. gegen diese Ansicht fehlen, kann sich das einzige Gegenargument nur auf den schon von Sutherland vorgebrachten Gesichtspunkt der Ökonomie stützen. Die Anzahl möglicher Muster, Musterkombinationen und neuer Gesichtswinkel (sowie Perspektiven und Abweichungen) ergibt eine verblüffende Komplexität in den neuralen Netzwerken, die für die Bewältigung der Aufgabe erforderlich sind. Überdies ist es nicht eindeutig, daß ein begrenztes Netzwerk jemals ausreichen kann, da es in Wirklichkeit eine unbegrenzte Zahl von Möglichkeiten gibt, wie wir bekannte Objekte sehen (genauso wie es eine unendliche Anzahl von Sätzen gibt, die wir aus bekannten Wörtern zusammensetzen können).

Der entgegengesetzte Standpunkt lautet, daß wir Muster nach Regeln erkennen, d. h. eine Gruppe von Operationen mit ziemlich generellem Ziel prüft die von den grundlegenden physiologischen Analysierern extrahierten Merkmale und klassifiziert sie zu Mustern, und zwar eher durch eine neue Anordnung oder Synthese als durch eine andere Technik.

Eine Möglichkeit, den Unterschied zwischen diesen Techniken klarzumachen, wird durch folgende zwei beachtenswerte Fragen verdeutlicht, die der

„Muster-Wiedererkennungs-Apparat" dem einlaufenden Signal stellen könnte:

1. Welche Klassifikation von Mustern (der vielen, die ich gelernt habe) repräsentiert dieses?
2. Was muß ich mit meinem früher gelernten Muster anstellen, damit es so wie jenes aussieht?

Die Unterschiede zwischen beiden Fragen sind zwar subtiler Natur, aber das sind auch die sich hieraus ergebenden Konsequenzen: Feststellung 1 klassifiziert die einlaufenden Signale, Feststellung 2 betont dagegen die Aktivitäten zur Angleichung von Signalen und Mustern.

Die Bedeutung des Kontextes

Sutherlands Ausführungen stellen eine frühe, hochentwickelte Aussage zu einem passiven System der Muster-Wiedererkennung dar. Sobald die verschiedenen Mechanismen einmal in Gang gesetzt worden sind, durchlaufen die ankommenden sensorischen Signale eine Folge festgelegter neurologischer Prozesse und, siehe da, erscheinen am Ende identifiziert, etikettiert und klassifiziert. Das Problem bei einem solchen System ist die Abhängigkeit der Interpretation sensorischer Signale von der gesamten Umgebung, in die sie eingebettet sind. Somit werden doppeldeutige Wahrnehmungen auf völlig eindeutige Weise interpretiert, je nach dem sie umgebenden Kontext. Jeder von uns hat bestimmt schon die Erfahrung gemacht, ein Wort falsch gelesen oder ein undeutliches oder entferntes Objekt nicht erkannt zu haben. Wenn uns dann gesagt wurde, um welches Wort oder Objekt es sich wirklich gehandelt hatte, erschien es uns plötzlich nach nochmaligem Hinsehen klar und deutlich: warum hatten wir beim ersten Mal Schwierigkeiten?[1] Anscheinend können wir die Regeln für das Wiedererkennen von Mustern durch dynamische Anpassung an unsere Erwartungen fortlaufend verändern. Sutherlands Modell, das im Jahre 1958 entwickelt wurde, also

1 Dieses Phänomen ist so beeindruckend, daß John Morton es bei einem öffentlichen Vortrag in England illustrierte. Er spielte den Zuhörern per Schallplatte ein von den Beatles vorgetragenes Stück vor und bat sie dann, die Wörter zu identifizieren. Dies gelang ihnen nicht. Darauf ließ er den Text auf einer Leinwand erscheinen und ließ dabei die Platte noch einmal ablaufen. Diesmal wurden die Wörter deutlich »gehört«.

bevor ein Großteil der neueren Forschung über das Wiedererkennen von Mustern eingesetzt hatte, ist sehr wohl dynamischer Flexibilität fähig. Der wichtigste Punkt seiner Ausführungen, die Reiz-analysierenden Mechanismen, sollte unverändert bleiben, denn diese sind in den meisten modernen Theorien enthalten. Das Kontrollzentrum muß dagegen wesentlich an Größe und Einfluß zunehmen, denn es muß das Vorgehen bei der Verwendung der Outputs von Reizanalysierern als Funktion der Art und Weise neu regulieren, wie es die Gesamtsituation, die es zu analysieren versucht, interpretiert.

Information hinsichtlich des Kontextes ist von großer Bedeutung bei der Verarbeitung von Wahrnehmungen. Der durchschnittlich geübte Leser kann z. B. zwischen 300 und 600 Wörter pro Minute verarbeiten[2]. Dazu muß er jede Sekunde 10 Wörter bzw. etwa 50—70 Buchstaben identifizieren können. Das ist schneller, als es der Wiedererkennungs-Prozeß bei isolierten Buchstaben und Wörtern schaffen kann. Dieser hohe Wert täuscht aber wegen des nicht unerheblichen Einflusses der Grammatik in einem Text. Sprache ist in jedem Fall stark redundant. Unsere Sprachgewohnheiten engen erheblich die Möglichkeit und Wahrscheinlichkeit von Buchstabenfolgen ein, die innerhalb eines Wortes erscheinen können, von Wortfolgen in einem Satz und der Art und Weise, wie Gedanken auf ein Blatt Papier gebracht werden. Alle diese Merkmale der Sprache können einem von Nutzen sein, so daß man, um zu lesen, nur wenig aus Einzelbuchstaben oder Wörtern gezogene Information benötigt. Tatsächlich können die meisten Buchstaben und viele im Text vorkommende Wörter ohne Verlust der Verständlichkeit übersprungen werden.

Diese Feststellungen implizieren, daß unser Apparat zum Wiedererkennen von Mustern das gesamte ihm zugehende Material nun nicht etwa vollständig bearbeiten muß. Wenn er Nutzen aus dem Kontext ziehen kann, braucht er nur die Inputs zu kontrollieren und melden, wenn etwas Unerwartetes eintritt. Die Kontrolle eines Signals, um zu ermitteln, ob es einer von wenigen begrenzten Möglichkeiten entspricht, ist eine sehr viel einfachere

---

2 Wir lassen hier mit besonderen Schnell-Lese-Techniken gewonnene Leistungen unberücksichtigt. Obgleich es diese Techniken anscheinend erlauben, mit Geschwindigkeiten von Tausenden und Zehntausenden von Wörtern pro Minute zu »lesen«, braucht diese bemerkenswerte Schnelligkeit nicht primär auf einer erhöhten Verarbeitungsrate für Einzelwörter zu beruhen. Der Schnell-Leser kann seine Lesegeschwindigkeit dadurch verbessern, daß er die Redundanz der geschriebenen Sprache durch Vermeiden unnötiger Augenbewegungen (z. B. zurück) und Überspringen viel irrelevanten Materials ausnutzt. Auf jeden Fall macht es uns schon genug Mühe, die Leistung des durchschnittlichen Lesers zu erklären.

Aufgabe als seine genaue Prüfung, um zu bestimmen, welche von den vielen Alternativen es darstellt. Aber diese Technik erfordert eine enge Verbindung zwischen den Operationen des oben genannten Apparates und denjenigen zur Bestimmung der Bedeutung des gerade analysierten Materials.
Jetzt verstehen wir langsam, warum es in der Literatur so viele Streitfragen zum Thema „passives oder aktives Wiedererkennen von Mustern" gibt. Der Techniker hätte gern eine Maschine, die jedes Einzelteil des Musters zusammensetzte, um festzustellen, für welches Wort es steht. Es besteht kein logischer Grund, daß dies nicht möglich sei. Natürlich sind die gedruckten und gesprochenen Wörter gut definiert, und die Rechtschreibe- und Ausspracheregeln deutlich niedergelegt. Warum benötigen wir mehr als einen einfachen Apparat zum Wiedererkennen von Mustern? Die Notwendigkeit eines anderen Apparatetyps wird klar, wenn wir uns überlegen, daß das menschliche Wiedererkennen von Sprache und Schrift schneller geschieht, als eigentlich zu vermuten, und daß fehlende Wörter, Sprech-, Druck- oder grammatische Fehler sowie hohe Geräuschpegel kaum einen Einfluß auf unsere Fähigkeit zu haben scheinen, Verbales zu verstehen.

Das Erkennen von Schrift und Sprache

Ein einfaches Experiment kann viele der obigen Punkte erhellen. Der Leser möge einmal versuchen, schriftliches Material zu lesen, das auf den Kopf gestellt ist. (Am besten beginnt man mit stark redundantem Material wie z. B. einer leichten Erzählung oder einem Kinderbuch und nicht direkt mit speziellen Abhandlungen). Man sollte das eine Weile üben, ungefähr eine Stunde. Während dieser Einübungszeit wird man einen gewaltigen Anstieg in der Leserate registrieren. Anfangs wird man Schwierigkeiten mit Einzelbuchstaben haben, aber bald beachtet man diese schon nicht mehr und liest ganze Wörter und schließlich sogar ganze Wortfolgen. Bei dieser ungewöhnlichen Leseart fallen einem Verhaltensweise auf, deren man beim normalen Lesen nicht gewahr wurde. Man sieht nicht mehr ein Wort, sondern neigt zum Raten. Man bemerkt, daß man lange Wortfolgen recht schnell liest, aber nur deswegen, weil man die Wahrscheinlichkeit des Auftretens im Kontext einer bestimmten Buchstelle ungefähr kennt. Dieser Vorgang läuft ziemlich automatisch und nicht annähernd so bewußt und überlegt ab, wie es diese Beschreibung vermuten läßt. Ein Weg, um Aufschluß über das eigene Tun zu erhalten, ist, einen Fehler zu machen: man stelle sich vor, daß die letzten Worte eines Satzes keinen Sinn im Gesamtzusammenhang ergeben oder daß die Endung -„ung" gerade nicht zu dem Wort gehört, das man liest. Dann ist es, sowie der Fehler gemacht worden ist, oft möglich, zurückzugehen und zu ermitteln, was geschehen sein muß. (Einige weitere Beschreibungen dieses Prozesses liefert Kolers).

Das Lesen von auf dem Kopf stehendem Material eignet sich gut zur Verlangsamung des normalen Prozesses, so daß wir uns unsere Operationen einsichtig machen können. Es ist eine recht überzeugende Demonstration der Komplexität des normalen Lesevorgangs und der Effizienz, wie wir Schlüsselhinweise benutzen, um nicht jede Einzelheit der gedruckten Seite verarbeiten zu müssen.

Manche dieser Punkte können auch durch eine Beschleunigung des normalen Prozesses verdeutlicht werden. Man lese eine Textseite und registriere die hierfür notwendige Zeit. Dann lese man sie noch zweimal, zuerst sehr langsam — Wort für Wort —, darauf mäßig schnell. Nun lese man die ganze Passage, so schnell man kann, wobei die Lesegeschwindigkeit wiederum gemessen wird. Auf diese Weise sollte man die eigene Lesegeschwindigkeit verdoppeln können. Jetzjt lese man die Passage noch einmal und messe wiederum die Zeit. Es müßte noch eine Verbesserung stattfinden, aber das letzte Lesen nähert sich der mit Schnell-Lese-Techniken erreichten Geschwindigkeit an, obgleich man wahrscheinlich seine Augen auf wenig effiziente Art und Wesie bewegt. (Natürlich ist das nicht die von Schnell-Lesern benutzte Technik, wenn sie auch keine schlechte Trainingsmethode darstellt.) Man beachte, daß man sich eher den Inhalt quasi bestätigen ließ, als den Text wirklich durchgelesen zu haben; das vorherige Wissen seines Inhalts war wesentlich für den Erfolg des Versuches.

Entscheidungseinheiten

Die Wahrnehmung gedruckter Wörter hat vieles gemeinsam mit der Wahrnehmung von Sprache. Ein großer Teil der Arbeiten über Apparate zum Erkennen von Mustern befaßte sich mit dem Erkennen von Sprache. Wir können Sprache unter sehr schlechten Bedingungen erkennen. Die sprachliche Wellenform kann verzerrt sein, vermischt mit Lärm, fragmentiert und kann allgemein eine sehr schlechte Repräsentation der wirklich vom Sprecher geäußerten Laute darstellen. Beim Erkennen von Sprache tun wir eine Reihe von Dingen, die gewöhnlich nicht als notwendig für das Erkennen von Mustern angesehen worden sind. Erstens helfen uns spezielle Sprechgewohnheiten bei der Entschlüsselung von Wörtern. Wir verstehen Gesprochenes immer dann am besten, wenn wir dem Sprecher eine Weile zugehört haben. Dies impliziert, daß wir die Besonderheiten unserer Analysier-Mechanismen zwecks Angleichung an die Besonderheiten des Sprechers verändern. Zweitens bedienen wir uns der Grammatik der Sprache als Hilfe. Das Erkennen von Sprachmaterial fällt uns leichter, wenn die Anzahl möglicher Wörter begrenzt ist, zusätzliche durch Grammatik eingeführte Bedingungen verbessern jedoch unsere Leistung darüber hinaus zusehends. Die Benutzung dieser Regeln läßt uns nicht regelgemäße Möglichkeiten ausschließen. Man beachte, daß allgemeine linguistische Regeln erforderlich sind, nicht dagegen eine Art Wörterbuch, das alle Möglichkeiten enthält. Systeme, welche alle möglichen Wörter (im Fall von Sprache) oder jede mögliche Kombination von zwei, drei und mehr Wörtern speichern, um eventuell dadurch zu einer Sprachentschlüsselung zu kommen, daß jede Gruppe physikalischer Signale mit einer möglichen gespeicherten Repräsentation verglichen wird, sind allein schon deshalb zum Scheitern verurteilt, weil der Umfang der enthaltenen Wörtersammlung uneingeschränkt anwachsen würde. Es gibt keine grammatische Regel, die die Länge von Sätzen beschränkt. Zudem ist fast jeder Satz, den wir hören, lesen oder sprechen, eine Neuschöpfung, die sich irgendwie von allen anderen früheren Sätzen unterscheidet. Ein Apparat zur Mustererkennung, der einen Nutzen aus den statistischen Merkmalen der gesprochenen Sprache ziehen sollte, würde Schwierigkeiten mit all diesen besonderen Anordnungen haben.

Drittens erkennen wir Gesprochenes nicht zur selben Zeit, wie wir es hören. Vielmehr tendieren wir zu einem Nachhinken, wobei der Dekodierprozeß um ein oder zwei Silben verzögert wird und wir auf mehr Information über das Signal warten. Diese Verzögerungstaktik ist sehr wichtig und allgemein üblich. Wie wir im 2. Kapitel erörterten, schreibt der versierte Morse-Empfänger oder Stenograph die Botschaft mit recht großer Verzögerung nach ihrem aktuellen Empfang nieder. Wenn wir laut lesen oder (gekonnt) mit der Schreibmaschine tippen, studieren unsere Augen das Manuskript schon relativ weit im voraus gegenüber dem Textteil, den wir gerade sprechen oder schreiben. Obwohl es zahllose Beispiele hierfür gibt, scheinen wenige Theorien oder Apparate zum Erkennen von Mustern von diesem Prinzip Gebrauch zu machen (mit Ausnahme der hier zu untersuchenden ausgewählten Arbeiten).

Diese für das menschliche Vorgehen charakteristischen Eigenschaften werden in der folgenden Arbeit von George Miller hervorgehoben. Miller glaubt, daß künstliche Vorrichtungen zum Erkennen von Mustern wahrscheinlich die falsche Information für ihre Entscheidungen benutzen. Er meint, daß Spracherkennungs-Automaten von den Techniken lernen könnten, deren sich der Mensch bedient.

Die Wahrnehmung von Gesprochenem *

George A. Miller

Es wird häufig angenommen, daß wir beim Hören von Gesprochenem phonetische, phonemische, syntaktische und semantische Entscheidungen treffen – alle mehr oder weniger simultan. Da die in diesen hypothetischen Entscheidungen eingeschlossenen Entscheidungseinheiten hierarchisch aufeinander bezogen sind, könnte man erwarten, daß jene zuerst auf der niedrigsten Stufe getroffen werden, das Ergebnis dann eine Basis für Entscheidungen auf der nächsthöheren Stufe darstellte usw. Es besteht kein Zweifel, daß dieser Erklärungsversuch vernünftig ist und als Grundlage für einen Apparat zum Wiedererkennen von Sprache dienen könnte, wenn es nicht eine Reihe von Zweifeln gäbe, ob er wirklich das menschliche Vorgehen hierbei beschreibt. Einer der schwerwiegendsten Einwände ist subjektiver Art: Phänomenologisch gesehen scheint es so, daß die größeren, sinnvolleren Entscheidungen zuerst getroffen werden und daß wir die Einzelheiten nur so weit verfolgen, wie sie für unsere unmittelbaren Ziele notwendig sind. Die überkommene Meinung, daß Wahrnehmungsganzheiten durch die Vereinigung unabhängiger Elemente, den Empfindungen, zusammengesetzt werden, genießt sehr schlechtes Ansehen bei heutigen Psychologen, und jeder Versuch einer stärkeren Betonung molekularer Prozesse begegnet sehr wahrscheinlich beträchtlicher Skepsis.

Aber betrachten wir dieses Modell etwas weiter. Wenn die kleinen Details des Input zuerst unterschieden werden, wie ist es dann möglich, aus der Redundanz der Botschaft Nutzen zu ziehen? Vermutlich muß die Sequenz vorhergehender Entscheidungen gespeichert werden und zur Beschränkung der Gruppe von Alternativen dienen, aus denen die nächste Entscheidung getroffen wird. Ein solcher Markoff-Mechanismus würde jedoch zu einer Reihe miteinander verbundener Fehler führen. Ist einmal ein Fehler aufgetreten, besteht die Tendenz, daß der so entstandene falsche Kontext weitere Fehler verursacht, bis sich der Wiedererkennungsprozeß festgefahren hat. Eine vernünftige Antwort auf diesen

---

* George A. Miller: Decision units in the perception of speech. *IRE Transactions on Information Theory,* 1962, IT-8, S. 81–83.

Einwand ist allerdings, daß man die auf den unteren Stufen erhaltenen Entscheidungen als tentativ und einer Revision unterworfen betrachten muß, bis es zum Ergebnis der Entscheidungen auf einer etwas höheren, molaren Stufe kommt. Sobald man diesen tentativen Charakter zugegeben hat, wird es natürlich notwendig, das ursprüngliche Input zu speichern, bis molare Entscheidungen getroffen worden sind.
Wenn aber eine vollständige Speicherung nötig ist, selbst nachdem die Entscheidungen der unteren Stufen vorläufig getroffen worden sind, warum sich Kopfschmerzen darüber machen, daß diese Entscheidungen zuerst entstehen? Warum die Botschaft nicht speichern, bis genügend von ihr für eine Entscheidung auf höherer Stufe zur Verfügung steht, um darauf eine Entscheidung für alle Stufen gleichzeitig zu treffen?
Ein Vorteil der Strategie der verzögerten Entscheidung besteht darin, daß die Entscheidungsrate reduziert ist. Sehen wir uns die zu erreichenden Raten einmal an: Um Botschaften zu verstehen, die mit einer Geschwindigkeit von 150 Wörtern pro Minute gesprochen werden, müßten wir wahrscheinlich in jeder Sekunde circa ein Dutzend phonemischer und vielleicht 100 phonetischer Entscheidungen treffen. Wenn man behauptet, daß wir solcher Entscheidungsraten fähig sind, dehnt man das Konzept recht weit über seinen normalen psychologischen Bereich aus. Viele Psychologen haben die für eine Entscheidung zwischen mehreren Alternativen erforderliche Zeit gemessen; gewöhnlich werden Reaktionszeiten um 0.2 bis 0.5 Sekunden erhalten. Die Genauigkeit des Wertes hängt natürlich von den exakten Meßbedingungen ab. Ein wichtiger Punkt spricht allerdings für das vorliegende Argument: Für gut geübte Vpn braucht die für eine Wahlreaktion benötigte Zeit *nicht* als Funktion der Anzahl der vorkommenden Alternativen anzusteigen (Mowbray 1960). Die erforderliche Zeit, um zwischen zwei Alternativen zu entscheiden, ist tatsächlich genauso lang wie die bei 30 Alternativen benötigte. Diese Tatsache ist für die gegenwärtige Diskussion von Wichtigkeit, denn sie bedeutet, daß eine einzige verzögerte Entscheidung weit weniger Zeit braucht als eine Reihe unmittelbarer Entscheidungen. Unsere begrenzte Entscheidungsgeschwindigkeit engt unsere Kanalkapazität viel stärker ein als unsere begrenzte Fähigkeit, genau zwischen vielen Alternativen zu diskriminieren.
Natürlich lagen die von Psychologen gemessenen Raten allgemein nahe am Maximum. Es scheint aber plausibel, daß gewöhnliche Unterhaltung uns weniger anspannt. Vielleicht treffen wir bei gewöhnlichem Zuhören eine Entscheidung pro Sekunde. Wenn wir dies als eine rohe Schätzung gelten lassen, kann man annehmen, daß die „Phrase" – in der Regel

etwa zwei oder drei Wörter zusammen – wahrscheinlich die natürliche Entscheidungseinheit für Sprache darstellt.
Miller, Heise und Lichten (1951) berichteten, daß im Kontext eines Satzes gesprochene Wörter genauer identifiziert werden können als dieselben Wörter, wenn sie isoliert, aber in zufälliger Reihenfolge gesprochen wurden. Dieses Ergebnis stützt die Anahme, daß Entscheidungen über kleinere Einheiten mit größerer Genauigkeit getroffen werden können, wenn sie in einem redundanten Zusammenhang auftreten. Aber auf welche Weise machen Zuhörer sich diese Redundanz zunutze? Miller, Heise und Lichten schrieben die höhere Verständlichkeit der Tatsache zu, daß der Satzzusammenhang die Anzahl der alternativen Wörter reduziert, zwischen denen sich ein Zuhörer entscheiden muß. „Die Wirkung des Satzes ist derjenigen eines beschränkten Vokabulars vergleichbar", schrieben sie, „obgleich der Grad der Beschränkung schwieriger zu schätzen ist. Wenn der Sprecher folgendermaßen einen Satz beginnt ‚Äpfel wachsen auf . . .', ist der Bereich möglicher Ergänzungen stark eingeschränkt. Diese Einschränkung erleichtert die Diskrimination und senkt die Verständlichkeitsschwelle".
Diese Erklärung mag logisch korrekt sein, aber sie impliziert, daß Hörer aufeinanderfolgende Entscheidungen über Wörter treffen, während sie Sätzen zuhören. Angesichts des vorliegenden Sachverhaltes fragen wir jedoch, ob eine Entscheidung über Wort N schnell genug getroffen werden kann, um die für Wort N + 1 in Betracht gezogenen Alternativen einzuschränken.
Um zu prüfen, ob in Sätzen gehörte Wörter verständlicher sind, weil die Anzahl alternativer Wörter reduziert ist oder weil Sätze eine verzögerte Entscheidung erlauben, wurde ein Experiment durchgeführt, das die Anzahl der Alternativen konstant hielt, aber die sequentiellen Eigenschaften der Testlisten variierte. 25 einsilbige englische Wörter wurden ausgewählt und, wie aus Tab. 1 ersichtlich, fünf Untergruppen zu je fünf Wörtern zugeordnet. Tests zur Verständlichkeit wurden bei verschiedenen Signal/Geräusch-Werten für jede der fünf Untergruppen und für die Gesamtgruppe von 25 Wörtern durchgeführt. Bei diesen Tests wurde eine Liste von 100 aufeinanderfolgenden Wörtern mit einer Geschwindigkeit von etwa 1.5 Wörtern pro Sekunde gelesen. Die Hörer wiederholten das, was sie hörten, in eine Diktiermaschine. Um ein synchrones Vorgehen zu gewährleisten, machte der Redner nach jedem fünften Wort eine kurze Pause.
Es wurde ermittelt, daß, wie vermutet, ein Wort häufiger richtig gehört wird, wenn der Hörer es als eine von fünf anstelle von 25 Alternativen

erwartet. Die interessantesten Bedingungen waren aber die folgenden: Die eine Testliste war erstellt worden, indem per Zufall das 1. Wort aus der Untergruppe 1 gewählt wurde, das 2. aus der Untergruppe 2, das 3. aus der Untergruppe 3, das 4. aus der Untergruppe 4, das 5. aus der Untergruppe 5, das 6. wiederum aus der Untergruppe 1 usw.

Tab. 1: Fünf Wortuntergruppen zur Erkundung der Wahrnehmungseffekte von grammatischem Gehalt

1	2	3	4	5
Don	Brought	His	Black	Bread
He	Has	More	Cheap	Sheep
Red	Left	No	Good	Shoes
Slim	Loves	Some	Wet	Socks
Who	Took	The	Wrong	Things

Der Leser wird feststellen, daß auf diese Weise englische Sätze produziert werden: „Slim loves more wet sheep" und „He has the wrong socks" sind typische Beispiele. Zur Gegenüberstellung mit den Sätzen wurden darauf aus Pseudo-Sätzen bestehende Listen gebildet, indem die Wörter in der umgekehrten Reihenfolge ausgewählt wurden: „Sheep wet more loves slim" und „Socks wrong the has he" illustrieren das hier erhaltene Ergebnis.

Das bedeutsame Merkmal von derart konstruierten Testlisten ist, daß jedes Folgewort eines von fünf Möglichkeiten darstellt – die Anzahl der Alternativen ist die gleiche – aber in dem einen Fall kann der Hörer auf seine grammatischen Gewohnheiten zurückgreifen, um längere Einheiten zu bilden, während im anderen Fall die Grammatik keine Hilfe ist und er eine sofortige Entscheidung über jedes Wort treffen muß, sobald es auftritt.

Die Ergebnisse sind in Abb. 1 dargestellt.

Die Tests ergaben die selben Ergebnisse bei Sätzen und 5-Wort-Gruppen. Das Experiment bestätigt also die Hypothese, daß der Satzkontext effektiv die Anzahl der Alternativen von 25 auf 5 reduziert. Pseudosätze, die auch fünf Alternativen einschlossen, ergaben jedoch – vielleicht nicht ganz so eindeutig – dieselbe Funktion wie die mit 25 Wörtern arbeitenden Tests. Die Zuhörer waren nicht imstande, einen Nutzen aus der reduzierten Alternativenanzahl in den Pseudosätzen zu ziehen – vermutlich, weil sie nicht schnell genug von einer Wortgruppe zur anderen schalten konnten, wenn die Wechsel in einer nichtgrammatischen

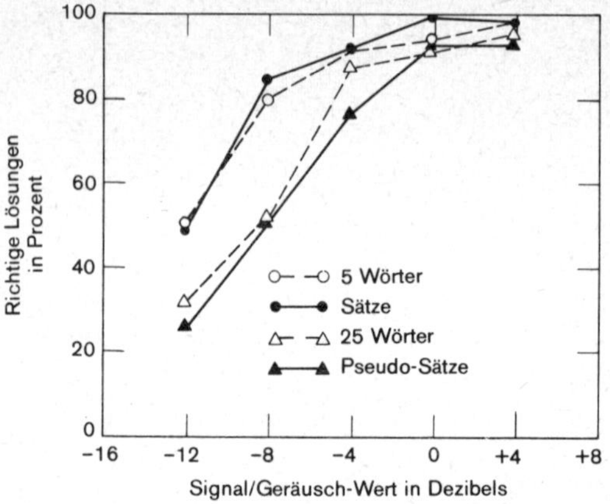

Abb. 1: Grammatischer Kontext verbessert die Verständlichkeit, ein Kontext ohne grammatische Struktur dagegen nicht, obgleich die Anzahl alternativer Wörter, die auftreten konnten, in beiden Fällen gleich war.

Folge auftraten –, und so behandelten sie jedes Wort wie eines der 25 in der Gesamtwortgruppe.

Es muß darauf hingewiesen werden, daß die Testlisten in relativ schnellem Tempo und ohne größere Pausen vorgelesen wurden. Wurden die Listen mit einer Geschwindigkeit von einem Wort alle 2 Sekunden gelesen, wurden die Pseudosätze genauso gut verstanden wie die richtigen Sätze oder die Tests mit 5-Wort-Gruppen. Selbst wenn die Pseudosätze mit normaler Sprechgeschwindigkeit gelesen wurden, aber mit einer Pause von Sekunden zwischen aufeinanderfolgenden Pseudosätzen, wurden sie tatsächlich fast genauso gut wie die 5-Wort-Tests gehört. Um die größere Schwierigkeit von Pseudosätzen gegenüber grammatischen Sätzen zu demonstrieren, war es notwendig, sie schnell und ohne Unterbrechung darzubieten, so daß verzögerte Entscheidungen wirklich unmöglich waren.

Wir können dieses Experiment in etwas anderer Schreibweise folgendermaßen wiedergeben: Das den Testlisten zugrunde liegende *Vokabularium* bestand aus einer Gruppe von 25^5 Sequenzen von fünf Wörtern. Für einige Listen wurden Unterwortgruppen mit 5^5 alternativen Sequenzen ausgewählt. Wenn diese Untergruppen durch Reduzierung der Anzahl verschiedener Wörter, die in den Tests auftreten konnten, oder durch Angleichen der Sequenzen an grammatische Regeln ausgewählt

wurden, war die Aufgabe des Hörers leichter. Wenn jedoch die Untergruppe aus 5^5 alternativen nach nichtgrammatischen Regeln selegierten Sequenzen bestand, konnte der Hörer keinen Nutzen daraus ziehen.
Bei einer derartigen Darstellung des Experiments scheint das Ergebnis völlig in Übereinstimmung mit der auf der Grundlage des wohlfundierten Prinzips bestehenden Erwartung zu sein, daß kleinere Wortmengen das Zuhören erleichtern. Dennoch ist es wichtig zu beachten, daß 5^5 eine große Wortmenge und fünf Silben eine lange Verzögerung bedeuten: Wenn wir diesen Grundsatz allgemein akzeptieren, werden wir mit einer weitaus größeren Zusammenstellung von Entscheidungseinheiten konfrontiert werden, als unsere gebräuchlichen Wörterbücher uns je erwarten ließen.
Ein Ingenieur, der eine Maschine zum Wiedererkennen von Sprache zu bauen hofft, hat das Recht, von diesem Resultat enttäuscht zu sein. Seine Maschinen sind viel besser bei blitzschnellen Entscheidungen unter relativ wenigen Alternativen, während der Mensch bei langsamen Entscheidungen über relativ große Informationsmengen besser abschneidet. Vermutlich findet ein Beträchtliches an schneller, parallel laufender Verarbeitung im Gehirn statt, obwohl der Entscheidungsmechanismus selbst der langsame seriale Apparat zu sein scheint, den wir schon beschrieben haben.
Es besteht *a priori* kein Grund, darauf zu bestehen, daß zum Wiedererkennen konstruierte Maschinen nach demselben Prinzip wie der menschliche Organismus arbeiten. Dennoch sollte man nicht vergessen, daß Sprache für menschliche Ohren geäußert wird. Wenn der Mensch tatsächlich einer Strategie der verzögerten Entscheidungen beim Hören des fortlaufenden Sprachflusses folgt, so gibt es keine Garantie dafür, daß ein Sprachsignal immer diejenige Informationsart enthalten muß, die zur Stützung einer Folge direkter Entscheidungen von Nutzen wäre. Es mag sich jedoch als notwendig erweisen, unser Wissen über Wahrnehmung und Grammatik heranzuziehen, bevor es uns gelingt, zuverlässige Apparate zum Erkennen von Sprache zu bauen.

Miller erläutert auf elegante Weise, daß wir aus der Satzstruktur erhaltene grammatische Information verwenden, um die Wahrnehmung einzelner Wörter eines Satzes zu verbessern. Die grammatische Information verbessert die Leistung einfach, weil sie die Anzahl alternativer Wörter begrenzt, die zu beachten sind, wenn wir Sprache zu verstehen versuchen. Miller meint allerdings, daß der Mensch normalerweise Entscheidungen nicht so schnell treffen kann, wie aufgrund seiner Leistung bei der Wahrnehmung von Sätzen zu erwarten wäre; er glaubt daher an eine Verzögerung, wobei wir die Interpretation einzelner Laute aufschieben, bis eine vernünftige Zusammenstellung vorliegt.

Analyse durch Synthese

Millers Forderung, daß Automaten zum Erkennen von Sprache sich nicht nur auf die akustische Analyse stützen, sondern auch Information über die Sprachstruktur einschließen sollten, ist nicht gänzlich unbeachtet geblieben. In derselben Ausgabe der Zeitschrift, die Millers Artikel enthielt, präsentieren Morris Halle und Kenneth Stevens ein Modell für das Erkennen von Sprache, das in beträchtlichem Maß linguistische Information in den Entscheidungsprozeß verlagert. Die gemeinsame Veröffentlichung beider Arbeiten ist nicht rein zufällig. Als die Artikel geschrieben wurden, arbeiteten Miller, Halle und Stevens alle in der amorphen Gemeinschaft von Gelehrten und Schülern in Cambridge, Massachusetts: Miller an der Harvard Universität und Halle und Stevens am Massachusetts Institute of Technology. Es ist nicht klar, wie weit die Arbeit des einen die des anderen beeinflußte, fest steht, daß eine völlig neue Disziplin der linguistischen Analyse seit Mitte der fünfziger Jahre in Cambridge im Entstehen war, die Psychologen, Akustiker, Linguisten und Elektroingenieure einschloß.
Die Artikel von Miller sowie von Halle und Stevens stehen in hartem Gegensatz zueinander, was einen Aspekt linguistischer Verarbeitung betrifft: die Geschwindigkeit, mit der sie stattfindet. Miller glaubt, daß sie langsam vor sich gehe und größere Entscheidungen aufgeschoben würden, bis einige Silben oder Wörter aufgenommen worden sind. Halle und Stevens sind Vertreter eines unterschiedlichen Standpunktes. Sie meinen, daß der Mensch Laute deutet, indem er sie zu erzeugen versucht: wenn die selbst produzierte Äußerung mit dem Gehörten übereinstimmt, dann muß er ja wissen, welche linguistische Einheit sie darstellt. Dieses Verfahren wird jedoch nur bei äußerst schneller Erzeugung von Hypothesen funktionieren, denn der Vergleich dieser mit dem Gehörten muß stattfinden, noch während der akustische Reiz vorhanden ist. Bevor wir uns näher mit diesem umstrittenen Gebiet befassen, wollen wir aber das von Halle und Stevens[3] vorgelegte Modelle studieren.

---

3 Ein Phonem ist die kleinste Einheit von Sprachlauten, die zur Unterscheidung zweier Sprachäußerungen mit unterschiedlicher Bedeutung dienen. Die Anfangslaute der Wörter „pin" und „bin" stellen verschiedene Phoneme dar; die beiden p-Laute des Wortes „pop" sind dagegen, obwohl sie verschieden lauten, dasselbe Phonem. Jede Sprache kann mit einer Gruppe von wenigen Dutzend Phonemen charakterisiert werden.

Das Erkennen von Sprache: Ein Modell *

Morris H. Halle und Kenneth Stevens

Das grundlegende Problem beim Erkennen von Mustern bedeutet die Suche nach einer *Erkennungs-Funktion,* die in geeigneter Weise *Signale* und *Botschaften* in Beziehung setzt. Die Eingabe in den Erkennungsapparat besteht allgemein in gemessenen physikalischen Quantitäten, die jedes zu identifizierende Signal charakterisieren, während an der Ausgabe jedes Eingabesignal einer aus einer Anzahl von Kategorien zugeordnet wird, die die Botschaften bilden. So sind z. B. bei der Übersetzung durch Maschinen die Signale die Sätze in der einen Sprache und die Botschaften die Sätze in einer anderen. Beim automatischen Lesen einer Handschrift ist das Signal eine zweidimensionale Kurve und die Botschaft eine Buchstabenfolge in einem Standardalphabet. Ähnlich zielt die Forschung über automatisches Spracherkennen auf die Entdeckung einer Erkennungsfunktion, die die vom menschlichen Stimmapparat beim Sprechen produzierten akustischen Signale in Beziehung zu Botschaften setzt, die aus Folgen von Symbolen, den Phonemen, besteht. Eine solche Erkennungsfunktion stellt die Umkehrung einer Funktion dar, die die Produktion von Sprache beschreibt, d. h. die Umwandlung einer einzelnen Phonemsequenz in ein akustisches Signal.

Im folgenden wird ein entsprechendes Modell vorgeschlagen, in welchem die Übertragung vom Signalraum zum Botschaftsraum größtenteils durch einen aktiven oder Rückkoppelungsprozeß erreicht wird. Muster werden im Innern des Analysierers gemäß einer flexiblen oder adaptablen Anweisungsfolge erzeugt, bis eine beste Übereinstimmung mit dem Eingabesignal erreicht ist. Da die Analyse durch aktive innere Synthese von Vergleichssignalen erreicht wird, wurde das Verfahren „Analyse durch Synthese" genannt.

Der Prozeß der Sprachproduktion

In Übereinstimmung mit der traditionellen Erklärung der Sprachproduktion nehmen wir an, daß der Sprecher eine Listung aller Phoneme und

---

* M. Halle und K. Stevens: Speech recognition: A model and a program for research. *IRE Transactions on Information Theory,* 1962, IT-8, S. 155–159. Copyright 1962 by the Institute of Radio Engineering (jetzt: Institute of Electrical and Electronics Engineers, Inc.) Mit Genehmigung des Autors und des Institute of Electrical and Electronics Engineers.

ihrer Aktualisierungen in seinem Gedächtnis gespeichert hat. Diese Liste enthält die verschiedenen Anordnungen oder Stellungen des Sprechtrakts, die mit jedem Phonem gekoppelt sind, sowie die Bedingungen, unter denen jedes zu verwenden ist. Bei einer Äußerung schaut der Sprecher gleichsam die einzelnen Phoneme in der Liste durch und instruiert darauf seinen Sprechtrakt, die den Phonemen entsprechenden Anordnungen oder Stellungen nacheinander anzunehmen.

Die Form des menschlichen Sprechtrakts wird nicht als eine Einheit kontrolliert. Vielmehr wird eine Kontrolle über verschiedene größere Strukturen wie das Lippenöffnen, die Stellung des Gaumensegels, die Zungenstellung und die Vibration der Stimmbänder getrennt ausgeübt. Die wechselnden Anordnungen des Sprechtrakts müssen daher als Parameter spezifiziert werden, die das Verhalten dieser quasi unabhängigen Strukturen beschreiben. Diese Parameter werden *phonetische Parameter* genannt.

Da der Sprechtrakt für die Aktualisierung jedes Phonems nicht dieselbe Zeitmenge aufwendet (der Vokal in *bit* ist beispielsweise beträchtlich kürzer als der in *beat*), muß vermutet werden, daß im Gedächtnis des Sprechers auch ein Plan gespeichert ist, der bestimmt, wann der Sprechtrakt zur nächsten Anordnung übergeht, d. h. wann ein oder mehr phonetische Parameter ihren Wert verändern. Die unterschiedliche Zeiteinstellung hängt natürlich von der Äußerungsgeschwindigkeit ab – bei langsam Gesprochenem ist sie langsamer, bei schnell Gesprochenem schneller.

– – –

Reduktion des fortlaufenden Signals auf eine aus einzelnen Symbolen bestehende Botschaft; das Segmentations-Problem

Das Analysen-Verfahren, welches die größte Anerkennung genießt, postuliert, daß der Zuhörer zuerst das Gehörte in Segmente zerlegt und dann die einzelnen Segmente als spezielle Phoneme identifiziert. Kein Analysenplan, der auf diesem Prinzip basierte, ist jemals erfolgreich durchgeführt worden. Diese Tatsache ist angesichts der vorangegangenen Erklärung der Sprachproduktion verständlich, die zeigte, daß die Segmente einer Sprachäußerung im allgemeinen nicht in einer genau entsprechenden Beziehung zu den Phonemen stehen. Es besteht daher das Problem, ein Verfahren zu entwickeln, welches das fortlaufend sich

verändernde Sprachsignal in ein einzelnes Output umwandelt, ohne daß dabei die Segmentation eine entscheidende Rolle spielt.
Ein einfaches Verfahren dieses Typs beschränkt die Eingabe auf Lautspannen, die von benachbarten Ruhespannen getrennt sind. Die Eingabesignale könnten z. B. isolierten Wörtern entsprechen oder sie könnten längere Sprachäußerungen sein. Das vielleicht gröbste Verfahren für die Transformation einer solchen Eingabe in Phonemsequenzen würde eine Art „Wörterbuch“ sein, in welches die Inputs als Intensitäts-Frequenz-Zeit-Muster eingegeben werden und in welchem jeder Eingang seine phonemische Repräsentation erhält. Das unter Analyse stehende Segment wird mit jedem Eingang im Wörterverzeichnis verglichen, das dem Input am meisten ähnliche bestimmt und seine phonemische Übersetzung ausgegeben.
Der Umfang des Wörterverzeichnisses in einem derartigen Analysierer steigt sehr schnell mit der Anzahl zulässiger Outputs, da eine gegebene Phonemfolge eine große Anzahl verschiedener akustischer Outputs bewirken kann. In einem Apparat, dessen Leistungen nur entfernt an die des normalen menschlichen Hörers herankämen, würde der Umfang des Wörterverzeichnisses daher so groß sein, daß dieser Ansatz ausgeschlossen werden muß.
Die Notwendigkeit eines umfangreichen Wörterverzeichnisses kann aufgehoben werden, wenn man das Konstruktionsprinzip der Eingänge kennt. Dann ist es nämlich möglich, im „permanenten Gedächtnis“ des Analysierers nur die im vorigen Abschnitt erörterten Regeln für die Sprachproduktion zu speichern. In diesem Modell wird das Wörterverzeichnis durch *generative Regeln* ersetzt, die Signale in Antwort auf Anweisungen, die aus Phonemsequenzen bestehen, zusammensetzen können. Die Analyse wird jetzt dadurch erreicht, daß die generativen Regeln alle möglichen Phonemsequenzen geliefert bekommen, wobei systematisch alle Ein-Phonemsequenzen, alle Zwei-Phonemsequenzen etc. durchlaufen werden. Das innerhalb des Organismus erzeugte Signal, welches die beste Übereinstimmung mit dem Eingabesignal zeigt, identifiziert darauf die geforderte Phonemsequenz. Während dieses Modell keine übermäßigen Forderungen an die Größe des Gedächtnisses stellt, erfordert eine positive Identifikation sehr viel Zeit.
Die Notwendigkeit der Synthese einer großen Zahl von Vergleichssignalen kann durch eine *einleitende Analyse* umgangen werden, bei der bis auf eine sehr kleine Untergruppe von items, die durch die generativen Regeln produziert werden können, alle anderen items nicht beachtet werden. Die einleitende Analyse würde ohne Zweifel verschiedene Transformationen einschließen, die sich bei der Sprachanalyse als nütz-

lich erwiesen haben, wie z. B. die Segmentation innerhalb der Sprachäußerung entsprechend dem Typ der Sprechtraktreizung und die tentative Identifikation von Segmenten durch spezielle Signaleigenschaften. Sobald eine Liste der möglichen Phonemsequenzen aus der einleitenden Analyse erstellt ist, beginnt der für die innere Signalsynthese verantwortliche Apparat Signale zu erzeugen, die jeder dieser Sequenzen entsprechen.
Das Analysenverfahren kann durch die Berücksichtigung einer Kontrollkomponente, die die Reihenfolge bestimmt, nach welcher die Vergleichssignale erzeugt werden, noch weiter verfeinert werden. Diese Kontrolle wird nicht nur von den Ergebnissen der einleitenden Analyse gesteuert, sondern auch von den quantitativen Werten für die erreichte Übereinstimmungsqualität der Vergleichssignale, die schon einer Synthese unterzogen worden sind, ferner von der statistischen die zulässigen Phonemsequenzen betreffenden Information und anderen Daten, die eventuell von vorangegangenen Analysen erhalten wurden. Diese Information wird von der Kontrollkomponente zur Formulierung von Strategien verwendet, mit dem Ziel, Konvergenz mit dem geforderten Ergebnis mit der kleinstmöglichen Anzahl von Versuchen zu erreichen.
Es scheint uns, daß eine Methode zum automatischen Erkennen von Sprache, die auch die trivialsten Äußerungsklassen verarbeiten kann, alle die oben erörterten Merkmale besitzen muß – das Eingabesignal muß einem Vergleichssignal angeglichen werden; eine Gruppe generativer Regeln muß in der Maschine gespeichert sein; eine einleitende Analyse muß stattfinden; eine eingebaute Strategie muß die Kontrolle der Reihenfolge ermöglichen, nach der die inneren Vergleichssignale erzeugt werden.

– – –

Wenn von einem anderen Sprecher erzeugte Signale dargeboten werden, muß die Strategie diese Gruppe von Anweisungen automatisch modifizieren können, nachdem genügend Daten zum Gesprochenen jenes Sprechers vorhanden sind. Das Analyse-durch-Synthese-Verfahren besitzt also die Fähigkeit, sich den Eigenheiten unterschiedlicher Sprecher anpassen zu können.

Ein Modell zum Erkennen von Sprache – Zusammenfassung

Das vollständige hier erörterte Modell hat die in Abb. 2 dargestellte Form. Das Eingabesignal wird zuerst von einem peripheren Element wie einem Spektralanalysierer verarbeitet. Darauf erfährt es eine Reduktion in zwei Analyse-durch-Synthese-Schleifen, und die Phonemsequenz erscheint an der rechten Seite. Zur Vereinfachung des Diagramms sind die Komponenten, die die Funktionen der Speicherung, der einleitenden Analyse, des Vergleichs und der Kontrolle wahrnehmen, in einem einzigen Kasten mit der Bezeichnung *Strategie* zusammengefaßt.

Das hier dargestellte Verfahren ist nur für das Erkennen von Sequenzen unverbundener Symbole wie jener, die die Erzeugung sinnloser Silben kontrollieren, geeignet. Wenn das zu erkennende Sprachmaterial aus Wörtern, Satzteilen oder fortlaufendem Text besteht, müßte das Output des vorliegenden Analysenplans weiter verarbeitet werden, um den durch die morphologische und syntaktische Sprachstruktur bedingten Einschränkungen Rechnung zu tragen.

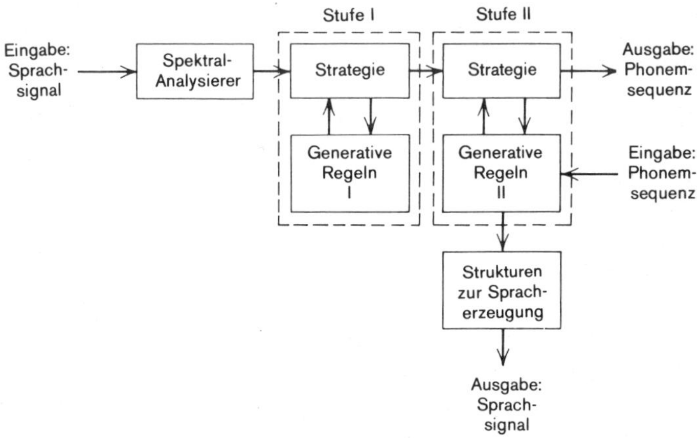

Abb. 2: Blockdiagramm eines 2-Stufen-Plans zur Sprachverarbeitung. Nach der Verarbeitung durch einen Spektralanalysierer wird das eingegebene Sprachsignal in Stufe I auf eine Gruppe quasi-stetiger phonetischer Parameter reduziert, die in Stufe II für die Ausgabe einer Phonemsequenz verarbeitet werden. Ein Analyse-durch-Synthese-Verfahren wird für die Verarbeitung des Signals auf jeder Stufe eingesetzt. Die durchgezogenen Linien weisen auf die bei der Erzeugung eines Sprachsignals aus einer Phonemsequenz involvierten Operationen.

Die letzte Analysenstufe in Abb. 2 schließt natürlich die generativen Regeln für die Transformation von Phonemsequenzen in phonetische Parameter ein. Es sind genau die Regeln, welche bei der Produktion

von Sprache abgerufen werden müssen. Während der Sprachproduktion kann der Output aus diesen gespeicherten Regeln direkt mit dem Sprachmechanismus verbunden werden, während der Input für die Regeln aus der zu erzeugenden Phonemsequenz besteht. Zusätzliche periphere spracherzeugende Strukturen in Abb. 2 ergeben ein Modell, das sowohl der Spracherkennung als auch der Sprachproduktion fähig ist. Dieselben Bestimmungen werden bei der zweiten Gruppe von generativen Regeln (und jenen auf möglichen höheren Analyseebenen) durchgeführt, egal ob Sprache empfangen oder erzeugt wird. Es verdient Beachtung, daß während des Erkennungsprozesses phonetische Parameter nur durch die „generativen Regeln II" bestimmt werden und daß direkte Aktivation der Sprachstrukturen nirgends gefordert wird.
Für das Erkennen fortlaufender Sprache mag es nicht immer notwendig sein, Hilfe bei Analyse-durch-Synthese-Verfahren zu suchen. Eine grobe einleitende Analyse auf jeder der in Abb. 2 dargestellten Stufen mag oft völlig genügen – Unklarheiten als Ergebnis einer ungenauen Analyse auf diesen frühen Stufen können auf der Grundlagen des Wissens von den auf der morphologischen, der syntaktischen und der semantischen Ebene bestehenden Einschränkungen auf späteren Stufen gelöst werden.

Ein wesentlicher Punkt in Halle und Stevens' Ausführungen ist, daß derselbe Mechanismus sowohl für die Erzeugung als auch für die Wahrnehmung von Sprache verantwortlich ist. Auf diese Weise erreichen sie eine Ökonomie in den für grammatisches Verstehen und grammatische Produktion notwendigen Mechanismen. Beachtenswert ist, daß wirkliche motorische Bewegungen bei der Synthese nicht auftreten brauchen: die Hypothese, daß Sprachwahrnehmung eine Form von Synthese einschließt, erfordert nicht, daß der Zuhörer tatsächlich etwas sagt, selbst nicht zu sich.
Was ist über den Unterschied in der Geschwindigkeit der Analyse, wie sie von Millers verzögerter Analyse und der Analyse durch Synthese von Halle und Stevens (oder die sehr ähnliche „Motor"-Theorie der Wahrnehmung: Liberman et al 1967) postuliert wird, zu sagen? Miller meinte, daß die von der Analyse-durch-Synthese-Technik geforderte Entscheidungsrate zu hoch sei. Andererseits wissen wir von den Experimenten über Aufmerksamkeit, daß Vpn bei der phonemischen Wiedergabe eine Botschaft mit einer nur sehr geringen Verzögerung zwischen dem Hören und dem Aussprechen eines Tones wiederholen können (siehe Fant 1967). Wo ist dann also die von Miller postulierte lange Verzögerung? Wir wollen die Frage noch einmal aufschieben und einen anderen Aspekt der Sprachwahrnehmung untersuchen.

Die Hauptunterschiede zwischen Modellen der Sprachwahrnehmung liegen in der Art und Weise, wie das einlaufende sensorische Signal erkannt wird. Insbesondere die von den Aufmerksamkeitsmodellen in Kapitel 2 vorgeschlagenen Pläne und Sutherlands in diesem Kapitel diskutierte Arbeit implizieren eine passive Vorrichtung, durch die das Dekodieren der Sprachwellenform automatisch über eine Reihe reizanalysierender Netzwerke geschieht, um schließlich in der Erregung spezifischer Gedächtnislokationen zu enden. Die Art der Gedächtnisaktivierung wird vollständig von den physikalischen Merkmalen der Sprachsignale bestimmt. Auf den ersten Blick scheint sich dieses Vorgehen ziemlich von dem zu unterscheiden, das die Vertreter aktiver Modelle vorschlagen.

Die aktiven Modelle, hauptsächlich repräsentiert durch Halle und Stevens' Entwurf sowie die Motor-Theorie der Sprachwahrnehmung der Forscher am Haskins-Laboratorium in New York (z. B. Liberman, Cooper, Harris, McNeilage und M. Studdert-Kennedy 1967), involieren Vergleiche der Eingabelaute, der akustischen Repräsentationen oder Methoden des artikulatorischen Kodierens mit innerhalb des Organismus erzeugten Signalen. Der Unterschied zwischen der Eingabe und dem selbsterzeugten Signal dient zur Korrektur des internen Signals, bis eine zufriedenstellende Übereinstimmung erreicht ist. Nach diesem Modell handeln wir also so, als ob wir die Sprache selbst hervorbrächten, wobei Spracheingabe nur erkannt wird, wenn das von uns Erzeugte mit dem Gehörten übereinstimmt.

Die wesentlichen Einwände gegenüber einer passiven Analyse ergeben sich aus dem Fehlen einer physikalischen Spezifität der Sprachwellenform. Es mag offensichtlich erscheinen, daß die physikalischen Laute allein die wahrgenommenen Wörter bestimmen. Es ergibt sich jedoch ein anderes Bild, wenn man die physikalischen Korrelate von Lauten zu entdecken versucht. Zum einen sind die Abgrenzungen zwischen Wörtern nicht eindeutig, zum anderen klingen unterschiedliche physikalische Signale manchmal ähnlich und dieselben Signale mitunter verschieden. Die Schwierigkeit wird noch deutlicher, wenn man eine Fremdsprache das erste Mal hört. Die Sprecher scheinen alle bemerkenswert schnell zu reden, und anstelle einer Folge separater Wörter scheint nur ein kontinuierlicher Lautstrom erkennbar. Bei den aktiven Modellen werden diese Schwierigkeiten durch Einsatz eines Angleichungsprozesses zu umgehen versucht. Die Hauptkritik an diesen Modellen ist, daß ihr Erfolg sehr stark von der Art der ersten Mutmaßung oder Hypothese abhängt, denn anders könnte der Angleichungsprozeß gar nicht mit dem Gesprochenen Schritt halten. Wenn Wörter im Kontext eines Satzes oder einer Geschichte gehört werden, ist die Mutmaßung bezüglich jeden neuen Wortes eng begrenzt durch den Kontext. Wie aber hören wir dann isoliert stehende Wörter?

Unterscheiden sich die Modelle?

Eine detaillierte Analyse dieser unterschiedlichen Modelle zeigt, daß sie vielleicht gar nicht einmal so verschieden voneinander sind. Alle weisen auf die große Bedeutung des grammatischen Kontexts für die Wahrnehmung gesprochener Wörter. Miller demonstriert dies mit der herabgesetzten Wahrnehmung derselben Wörter bei Einfluß von Lärm, wenn sie nicht Bestandteil grammatischer Sätze sind. Halle und Stevens lassen ausdrücklich Raum für den Einsatz linguistischer Regeln als Hilfe bei der Erzeugung ihrer Vergleichsmuster, und sie glauben, daß nur eine grobe Analyse auf der akustischen Ebene notwendig ist, während Problematisches durch entsprechende Bedingungen auf der morphologischen, syntaktischen und semantischen Ebene gelöst wird. Bei den Modellen aus der Literatur über Aufmerksamkeit schließlich, wie jenen von Morton und Norman (siehe Abb. 2 in Kap. 2), werden deren grundlegende analytischen Einheiten gemäß den Erwartungen hinsichtlich gesprochener Äußerungen vorsensitiviert, wobei die Erwartungen auf der linguistischen Analyse des schon einmal Wahrgenommenen basieren.

Da alle drei Standpunkte darin übereinstimmen, daß eine vollständige Spracherkennung nicht ohne vollständige linguistische Analyse geleistet werden kann, gibt es auf dieser Ebene keine trennenden Barrieren. Die eigentliche Diskrepanz scheint zwischen der passiven Dekodierung von Lauten einerseits und dem aktiven Angleichungsprozeß der Phonemerkennung andererseits zu bestehen. Im Hinblick darauf scheinen die Erfordernisse linguistischer Überlegungen – das aktive System – den aus den Ergebnissen der Aufmerksamkeitsforschung resultierenden Erfordernissen – dem passiven System – entgegenzustehen. Wir haben bereits erfahren wie Wörter auf unbeachteten Kanälen mitunter eine Verarbeitung der beachteten Kanäle unterbrechen können. Es fällt schwer, dieses Ergebnis mit einem aktiven Modell in Einklang zu bringen, das eine aktive Erzeugung passender Sprachreaktionen als Voraussetzung für das Erkennen von Phonemen erfordert. Wenn es schon nicht leicht einzusehen ist, wie ein Mensch schnell genug Möglichkeiten produzieren kann, damit das aktive Angleichungsmodell funktioniert, so kann man sich noch schwerer vorstellen, auf welche Weise er Inputs auf mehreren Kanälen gleichzeitig anzugleichen imstande sein soll. Aber wenn das Angleichen eine Vorbedingung für das Verstehen im System von Halle und Stevens ist, wie können sinnvolle Sprachkomponenten von einem zuvor irrelevanten Kanal durchkommen, um jemandes Aufmerksamkeit zu erregen? Wir sind wieder bei dem Paradoxon Aufmerksamkeit.

Empfohlene Literatur

Es gibt eine Reihe Bücher, die gute Zusammenfassungen über das psychologische Schrifttum zum Erkennen von Mustern enthalten. Neisser (1967) liefert den besten Literaturüberblick. Sein 3. Kapitel gibt eine ausgezeichnete Beschreibung der mit verschiedenen Theorien zu diesem Themenkreis verbundenen Probleme; die Kapitel 4 und 7 sind besonders relevant hinsichtlich Sprachwahrnehmung. Eine hervorragende Besprechung des Themas „Erkennen menschlicher Sprache durch Maschinen" wurde in drei Folgen des IEEE Spectrums von Lindgren (1965) veröffentlicht.

Den letzten Stand der Diskussion, wobei auch alle der hier erörterten Ansichten berücksichtigt sind, bringen die Berichte eines im Jahr 1964 (Wathen-Dunn 1967) in Boston, Massachusetts, gehaltenen Symposiums. Die Beiträge von MacKay, Liberman et al, Stevens und Halle, Morton und Broadbent, Fant sowie von Sternberg sind besonders lesenswert. Neudrucke einer Reihe früherer Arbeiten zum Erkennen von Mustern sind in einer Sammlung von Uhr (1966) veröffentlicht worden. Diese Bücher und Übersichtsreferate werden den interessierten Leser schnell an die gesamte Literatur heranführen.

Für den stärker am technischen Aspekt dieses Themenkreises interessierten Leser bietet Arbib (1964) eine leichte Einführung an (siehe besonders Kapitel 2), während Nilsson (1965) eine sehr technische Übersicht liefert (am wichtigsten sind die Kapitel 1 und 2). Auch das Buch von Minsky (1967) kann von Interesse sein.

Laufende Arbeiten erscheinen in technischen Zeitschriften wie den *IEEE Transactions of Information Theory* und dem *Journal of the Acoustical Society*, ferner in Zeitschriften wie *Language and Speech* und schließlich in psychologischen Standardzeitschriften wie der *Psychological Review* und *Perception and Psychophysics*.

4. Das visuelle Kurzzeit-Gedächtnis

Weder Aufmerksamkeit noch Wiedererkennen von Mustern sind isoliert ablaufende Prozesse. Beide erfordern, daß die einlaufenden Botschaften unter Berücksichtigung des Kontexts und der Geschichte der Botschaften interpretiert werden. Sowohl Kontext als auch Geschichte können jedoch nur über den Einsatz des Gedächtnisses relevant werden. Zur Bestimmung des unmittelbaren Zusammenhangs, in dem ein Ereignis steht, benötigen wir zumindest ein zeitweiliges Speicherungssystem, das eine Erinnerung für gerade Geschehenes bewahrt. Um dagegen die ganze Geschichte eines Ereignisses zu erfahren, wird ein permanentes Speicherungssystem benötigt.

Untersuchungen zur Aufmerksamkeit, zur Wahrnehmung von Mustern und zum Gedächtnis werden gewöhnlich als verschieden und unabhängig voneinander angesehen. Obgleich also die drei Gebiete möglicherweise in einer Abhandlung über Informationsverarbeitung vereinigt werden müßten, kann ein Überblick über die gegenwärtige Forschung in jedem dieser Bereiche im wesentlichen nur getrennt erfolgen. Aufmerksamkeit und Wiedererkennen von Mustern haben wir schon behandelt. Was können wir über das Gedächtnis aussagen?

Das Gegenwarts-Gedächtnis

Wir beginnen unsere Untersuchung des Gedächtnisses mit Hilfe der klarsten und unmittelbarsten Quelle, unseren Introspektionen. Es scheint mehrere Gedächtnistypen zu geben, die sich hinsichtlich Vollständigkeit, Dauer und Art der Ein- und Ausgabe von Material voneinander unterscheiden. Wir sind fortwährend Zeugen von gerade geschehenden Ereignissen, aber diese Empfindung der unmittelbaren Gegenwart verblaßt schnell zu einer nebelartigen Erinnerung an das Vergangene. Besteht wirklich ein Unterschied zwischen unserem klaren Gedächtnis der Gegenwart und dem vagen der Vergangenheit oder handelt es sich hierbei um eine Täuschung? Die treffendste Feststellung zu diesem Problem stammt wiederum von William James[1].

Der Gedankenstrom fließt unaufhörlich, doch der größte Teil verschwindet im uferlosen Abgrund des Vergessens. Von einigen Gedankensegmenten bleibt keine Erinnerung an den Augenblick ihres Vorübergleitens. Bei anderen ist sie beschränkt auf wenige Augenblicke, Stunden oder Tage. Andere wiederum hinterlassen unauslöschliche Spuren, die einen lebenslangen Abruf gestatten. Können wir diese Unterschiede erklären?

— — —

Nun, der erste Ausdruck einer elementaren Gewohnheit ist das langsame Verblassen einer auf das Nervensystem übertragenen Bewegung und deren erste Auswirkung im Bewußtsein ist dieses sogenannte elementare Gedächtnis. Aber was uns das elementare Gedächtnis vermittelt, ist das *gerade* Vergangene. Die Objekte, die wir in dieser unmittelbar erkannten Vergangenheit spüren, unterscheiden sich von wirklich wiedererinnerten Objekten. Ein in der eigentlichen Bedeutung dieses Begriffs erinnertes Objekt ist eines, welches gänzlich aus dem Bewußtsein verschwunden war und nun zu neuem Leben erweckt wird. Es wird zurückgebracht, zurückgerufen, sozusagen aufgefischt aus einem Reservoir, in dem es, zusammen mit zahllosen anderen Objekten, begraben und unbeachtet lag. Ein Objekt des Primärgedächtnisses dagegen wird nicht auf diese Weise zurückgeholt, da es nie verschwunden war. Es war zeitlich im Bewußtsein niemals vom gerade gegenwärtigen Augenblick abgeschnitten und scheint uns wirklich eher dem Endabschnitt des gegenwärtigen Zeitraums als der eigentlichen Vergangenheit anzugehören.

James unterscheidet zwischen unserer unmittelbaren Kenntnis des Vergangenen und dem, was er „richtig erinnerte Objekte" nennt. Unser Wissen vom psychologisch Gegenwärtigen ist zu direkt, zu unmittelbar und ohne bewußte Anstrengung, als daß man es als richtiges Gedächtnis bezeichnen könnte, meinte James. Wirkliche Erinnerung aus dem Gedächtnis erfordert Anstrengung und das Wissen darüber, daß sich das von uns ins Gedächtnis Zurückgerufene von den gegenwärtig gesammelten Erfahrungen unterschei-

---

1 Aus William James: *The Principles of Psychology*, Bd. 1, New York: Henry Holt and Co., 1890, S. 643—647

det. Zur Trennung dieser beiden Phänomene schlägt James vor, daß das erste, stärker unmittelbare Gedächtnis, als *primäres,* das zweite, eher indirekte, als *sekundäres* gekennzeichnet wird.
Welche Beziehung hat die Aufmerksamkeit zu jüngsten Erinnerungen? Wir haben vorher gesehen, daß die Art und Weise, wie wir unsere Aufmerksamkeit Ereignissen zuwenden können, zu erfordern scheint, daß alle sensorischen Vorgänge mit genügender Sorgfalt analysiert werden, um ihre unmittelbare Relevanz zu bestimmen. Hier haben wir es mit einer Analyse-Ebene zu tun, die vermutlich schon eine Erinnerungsfähigkeit miteinschließt. Wenn das zutrifft, sollte unser Primärgedächtnis an sich eine vollständige Aufzeichnung aller gerade geschehenen Ereignisse enthalten und nicht nur jener, die augenblicklich unsere Aufmerksamkeit in Anspruch nehmen. James stimmte dem zu und fand den Beweis in dem folgenden Abschnitt Exners, eines Wiener Psychologen[2].

Exner schreibt:

Von uns unbeachtete Eindrücke hinterlassen ein solch kurzes Bild im Gedächtnis, daß es in der Regel übersehen wird. Sind wir sehr in etwas vertieft, hören wir nicht den Schlag der Uhr. Jedoch unsere Aufmerksamkeit kann nach Beendigung der Uhrschläge erwachen, und wir können dann eventuell die Schläge noch nachzählen. Solchen Beispielen begegnen wir oft im täglichen Leben. Wir können sogar die Existenz dieses *Primär-Gedächtnis-Bildes,* wie man es nennen kann, bei jemandem anderen beweisen, selbst wenn seine Aufmerksamkeit völlig woanders in Anspruch genommen wird. Bitten Sie jemanden, z. B. die Zeilen einer Druckseite, so schnell wie möglich, zu zählen, und laufen Sie währenddessen wenige Schritte im Zimmer umher. Wenn jener das Zählen beendet hat, fragen Sie ihn, wo Sie gestanden haben. Er wird darauf immer recht eindeutig erwidern, daß Sie umhergelaufen seien. Analoge Experimente können für den visuellen Bereich durchgeführt werden. Dieses Primär-Gedächtnis-Bild ist, ob nun die Aufmerksamkeit dem Eindruck zugewandt worden ist oder nicht, von äußerster Lebhaftigkeit, ist aber subjektiv recht verschieden von jeglicher Art Nachbild oder Halluzination. ... Es verschwindet, wenn nicht durch die Aufmerksamkeit gehalten, innerhalb weniger Sekunden. Selbst bei Zuwendung der Aufmerksamkeit zum ursprünglichen Eindruck verblaßt rasch die Frische seines Bildes im Gedächtnis.

Dieser ärgerliche Hinweis auf das schnelle Verschwinden der unbeachteten Ereignisse aus dem Primärgedächtnis bleibt fast unsere einzige Verbindung

---

2 James. *Op. cit.* S. 646. James zitiert Exner aus:
Hermann, L.: *Handbuch der Physiologie,* Bd. 2, S. 282 (1880)

zwischen den Forschungen zur Aufmerksamkeit und jenen zum Gedächtnis. Exners Ausführungen kann nicht viel Neues hinzugefügt werden, denn wenig quantitative Untersuchungen sind zu diesem Problem seit 1880 angestellt worden.

Setzen wir die Erforschung der unmittelbaren Erinnerungen fort. Wieviel behalten wir von Ereignissen, die gerade eben geschehen sind? Intuitiv vermuten wir, daß wir eine sehr genaue Aufzeichnung in uns haben. Wenn ich für einen Augenblick meine Augen schließe, kann ich mir noch die Unordnung auf meinem Schreibtisch recht genau vorstellen. Es handelt sich dabei aber auch nicht um ein Nachbild der Netzhaut, denn ich kann mir lebhaft das Meer, die Brandung oder die schneebedeckten Berge vorstellen, ohne daß hierdurch mein Erinnerungsbild vom Schreibtisch getrübt würde. Aber ist überhaupt der Eindruck einer vollständigen Erinnerung gerade erlebter Ereignisse zutreffend?

Wenn wir genau zu bestimmen versuchen, wieviel von einer unmittelbaren Erinnerung behalten wird, können wir nur eine sehr kleine Menge quantitativ erfassen. Wenn jemand nach der Bezeichnung dessen gefragt wird, was er gerade gesehen hat, wird er stutzen und höchstens einige Gegenstände wiedergeben können. Tatsächlich ergeben die Resultate vieler sorgfältig kontrollierter Experimente, daß der Mensch nur eine begrenzte Anzahl gerade dargebotener Einzelheiten erinnern kann – vier bis etwa zehn. Die recht niedrige Grenze, was die Anzahl neuer (und nicht miteinander in Beziehung stehender) von uns behaltener Einzelteile nach einer einmaligen Darbietung angeht, gehört zu den Rätseln des Gedächtnisses.

Sinnvolles Material ist relativ leicht zu lernen, aber isolierte items bereiten uns Schwierigkeiten. Denjenigen Anteil des beziehungslosen Materials, der unmittelbar wiedererinnert wird, nimmt man gemeinhin als Indiz für die Gedächtnisspanne, was jedoch irreführend ist. Man sollte in diesem Zusammenhang eher von einer Gedächtnisschranke sprechen. Warum besteht dieser offensichtliche Widerspruch zwischen der Reichhaltigkeit unserer Eindrücke von gerade stattgefundenen Ereignissen und der Dürftigkeit der Wiedererinnerung?

Ein Grund hierfür liegt darin, daß allein die Wiedererkennung eines Ereignisses schon ein Vergessen anderer verursachen kann. Erst 100 Jahre nach Exner wurde diese Meinung überprüft, und selbst dann wurde mit der Beantwortung des Rätsels erst begonnen. Wir wollen uns eine solche Untersuchung anschauen, und zwar die von George Sperling, die in den späten 50er Jahren an der Harvard-Universität durchgeführt worden ist.

Information in Form von kurzen Darbietungen *

George Sperling

Wieviel kann bei einer einzigen kurzen Darbietung gesehen werden? Hiermit wird ein wichtiges Problem angeschnitten, weil unsere normale Sehweise stark einer Folge kurzer „Belichtungen" ähnelt. Erdmann und Dodge (1898) zeigten, daß z. B. beim Lesen das Auge nur in den kurzen Pausen zwischen seinen ruckartigen Bewegungen Information aufnimmt. Das Problem, was in einer kurzen Darbietung gesehen werden kann, bleibt aber ungelöst. Die Schwierigkeit liegt darin, daß ein einfaches Mittel zur Lösung inadäquat ist: die Vp nach einer einzigen kurzen Darbietung berichten zu lassen, was sie gerade gesehen hat. Wenn komplexe Reize, die aus einer Anzahl Buchstaben bestehen, tachistoskopisch dargeboten werden, bestehen Beobachter rätselhafterweise darauf, daß sie mehr gesehen hätten, als sie danach erinnern, d. h. wiedergeben können. Die offensichtlich einfache Frage „Was haben Sie gesehen?" verlangt vom Betrachter sowohl das zu berichten, woran er sich erinnert, als auch das, was er vergessen hat.

Die Feststellung, daß *mehr gesehen wird als erinnert werden kann,* impliziert zweierlei. Erstens impliziert sie eine Gedächtnisbeschränkung, d. h. eine Beschränkung für die Wiedergabe (aus dem Gedächtnis). Solch eine Beschränkung der Anzahl von items, die nach einer kurzen Stimulation wiedergegeben werden können, ist tatsächlich allgemein beobachtet worden; sie wird als Aufmerksamkeitsspanne, Fassungskraft oder unmittelbares Gedächtnis (immediate-memory, vgl. Miller 1956 a) bezeichnet. Zweitens impliziert obige Feststellung, daß mehr Information während des Reizes, und vielleicht noch kurze Zeit danach, zur Verfügung steht als wiedergegeben werden kann. Die Überlegungen hinsichtlich verfügbarer Information sind recht ähnlich, ob die Information nun für eine Stunde verfügbar ist (wie z. B. bei einem Buch, das man sich für eine Stunde ausgeliehen hat) oder nur für einen Sekundenbruchteil (wie z. B. bei einem entsprechend kurzzeitig dargebotenen Stimulus). In beiden Fällen ist es ziemlich wahrscheinlich, daß für eine beschränkte Zeitperiode mehr Information verfügbar ist, als berichtet werden kann. Ebenso stimmt es, daß zu Anfang bei beiden Beispielen die Information visuell verfügbar ist.

---

* George Sperling: The information available in brief visual presentations. *Psychological Monographs* 1960, 74, whole number 498, S. 1–2. Copyright 1960 by the American Psychological Association. Genehmigte Wiedergabe.

Um die Gedächtnisbeschränkung bei der Bestimmung der Information zu verhindern, die nach einer kurzen Darbietung zur Verfügung steht, kann man von der Vp also nicht eine Wiedergabe verlangen, die über ihre Gedächtnisspanne hinausgeht. Wenn die Buchstabenanzahl des Stimulus ihre Gedächtnisspanne überschreitet, ist ihr eine vollständige Wiedergabe aller Buchstaben nicht möglich. Sie muß daher aufgefordert werden, nur einen Teilbericht des Reizinhaltes zu reproduzieren. Teilwiedergabe verfügbarer Information ist natürlich genau das, was bei gewöhnlichen Schulprüfungen und anderen Methoden der Stichprobenentnahme aus dem Informationsreservoir verlangt wird.
Selbst in einem kurzen Test kann ein Prüfer annähernd bestimmen, wieviel der Student weiß. Die Testlänge ist weniger wichtig als das Beachten der Regel, daß den Studenten nicht zu weit im voraus die Testfragen gestellt werden. Ähnlich kann jemand darüber „getestet" werden, was er in einer kurzen Darbietung eines komplexen visuellen Stimulus gesehen hat. Die spezifische Anweisung, welcher Stimulusteil wiedergegeben werden soll, wird dann erst nach Beendigung der Darbietung mitgeteilt. Für jeden Versuch werden die Anweisungen, die nach einem bestimmten Stimulusteil fragen, nach Zufall aus einer Gruppe möglicher Anweisungen ausgewählt, die den ganzen Stimulus erfassen. Durch die mehrmalige Wiederholung des Befragungs- oder „Stichproben"-Verfahrens kann man viele verschiedene Zufallsstichproben der Testpersonenleistung auf jeden der verschiedenen Stimulusteile erhalten. Die auf diese Weise erhaltenen Daten ermöglichen die Schätzung der Gesamtinformation, über die die Testperson verfügte und die ihr die Wiedergabe beim einfachen Versuch ermöglichte.
Der Zeitpunkt, zu dem die Instruktion gegeben wird, bestimmt den Zeitpunkt, zu dem Stichproben aus der verfügbaren Informationsmenge entnommen werden. Mit entsprechender Verschlüsselung kann die Instruktion zu jedem Zeitpunkt gegeben werden: vor, während oder nach der Reizdarbietung. Nicht nur die verfügbare Information direkt nach Reizbeendigung, sondern eine stetige Funktion, die die verfügbare Informationsmenge zum Instruktionszeitpunkt in Beziehung setzt, kann durch ein solches Verfahren ermittelt werden.

In seinen Experimenten bot Sperling seinen Vpn auf optischem Wege kurz Buchstabenreihen dar und bat sie um eine Teilwiedergabe des Bildes. In allen Versuchen präsentierte er eine Gruppe aus zwölf Buchstaben, die in Reihen zu je vier Buchstaben angeordnet waren. Nach einer kurzen Darbietung zeigte er dann durch Töne von hoher, mittlerer und niedriger Frequenz an, welche Buchstaben erinnert werden sollten. Ein hoher Ton bedeutete z. B., daß die oberste Reihe wiedergegeben werden sollte. Durch die experimentelle Kontrolle sowohl des jeweils wiederzugebenden Bildteils als auch der Zeitspanne zwischen Buchstabendarbietung und Ton konnte Sperling den nachteiligen Effekt früher Wiedergaben auf spätere minimal halten und erhielt so eine systematische Maßangabe der Verfallsrate des sensorischen Bildes. Das Stichprobenverfahren sicherte, daß die Vpn zu allen Teilen des sensorischen Bildes getestet wurden, so daß man die Gesamtkapazität des sensorischen Gedächtnisses aus den Teilwiederholungen erschließen konnte. Keineswegs überraschend, fand Sperling, daß das sensorische Bild tatsächlich viel mehr Information enthält, als zunächst berichtet worden war.

Sperling meinte, daß der Widerspruch zwischen unserem Gesehenen und Erinnerten einfach auf dem Problem des Testens menschlicher Vpn beruht. Der Akt des Erinnerns verursacht Vergessen. Somit schlägt Sperling dann ein komplexeres als das von uns oben betrachtete System vor. Er glaubte, daß es mindestens *drei* Gedächtnisstadien gibt. Das erste ist ein vollständiges sensorisches Abbild gerade geschehender Ereignisse, das zweite ein unmittelbares oder Kurzzeit-Gedächtnis, das die begrenzte Information enthält, die wir aus dem schnell vergehenden sensorischen Bild entnehmen können, und das dritte (impliziert, aber nicht erwähnt) ist schließlich ein permanentes oder Langzeit-Gedächtnis mit einer sehr großen Kapazität.

Mit drei verschiedenen Gedächtnissystemen begegnen wir jetzt zusätzlichen Problemen. Wenn wir nämlich solche postulieren, müssen wir auch erklären, wie ihre Beziehung zueinander ist und worin sie sich unterscheiden. Diese Aufgabe ist weitaus schwieriger als die Untersuchung der Eigenschaften irgendeines Systems. Man kann viele Modelle der Beziehungen zwischen mannigfachen Gedächtnissystemen konstruieren; die Grenze wird nur durch die Vorstellungsgrenzen gesetzt. Es ist sehr viel schwieriger, die Implikationen jedes Modells zu überprüfen und die Anzahl der Möglichkeiten zu beschränken. Wir wollen sehen, wie Sperling an diesen Prozeß herangeht.

Die folgenden Modelle stammen aus einer im Jahre 1966 geschriebenen Arbeit, sechs Jahre nach dem ursprünglichen Forschungsbericht. Sie sollten als ein Beispiel dafür angesehen werden, wie Experiment und Theorienbildung vor sich gehen, nicht als eine endgültige autoritative Beschreibung des Gedächtnisprozesses. Die Forschung wird immer weitergehen, so daß zukünftige Jahre weitere Verfeinerungen bringen werden.

Drei Modelle für ein Kurzzeit-Gedächtnis *

George Sperling

1. Modell

Wenn eine Buchstabenreihe kurz, d. h. für $^1/_{20}$ sec, dargeboten wird, kann ein Erwachsener etwa 4 oder 5 Buchstaben reproduzieren. Das einfachste Modell für die Reproduktion optisch dargebotener Buchstaben könnte sich nach zwei Hauptkomponenten gliedern lassen: 1. ein visuelles Gedächtnis, welches die Buchstaben enthält (bezeichnet als visueller Informationsspeicher), und 2. eine Übersetzungskomponente, welche ein visuelles Gebilde aus Buchstaben in eine Folge motorischer Handlungen übersetzen kann, nämlich das Übertragen der Buchstaben auf ein Stück Papier (Abb. 1). Die begrenzte Gedächtnisspanne der Vp könnte in dem Modell als progressiver Verfall des visuellen Speicherinhalts dargestellt werden – ein Verblassen zur Unlesbarkeit. Während des Schreibens verschwindet der Inhalt des visuellen Gedächtnisses, so daß schließlich beim fünften oder sechsten Buchstaben das visuelle Gedächtnis nichts Lesbares mehr hergibt.
Ohne weiter auf die Schwierigkeiten des 1. Modells einzugehen, können wir es direkt aus einem fundamentalen Grund verwerfen: bevor die Vp die Buchstaben zu schreiben beginnt, ist das visuelle Bild der Buchstaben schon verschwunden ... Nachdem gezeigt worden ist, daß Buchstaben vor ihrer Reproduktion nicht visuell gespeichert werden, müssen wir jetzt feststellen, auf welche andere Weise dies geschieht.

2. Modell

Gelegentlich kann man eine Vp, die gerade Buchstaben schreibt, diese während der Niederschrift murmeln hören. Die Tendenz, die Buchstaben laut zu äußern, kann dadurch verstärkt werden, daß man die Ohren der Vp hohem Lärm aussetzt. Dieser scheint die Leistung in keiner anderen signifikanten Weise zu verändern. Wir haben uns dieser Technik bedient,

---

* George Sperlin. Successive approximations to a model for short-term memory. Aus: Sanders, A. F. (Herausgeber) *Attention and Performance.* Amsterdam: North-Holland Publishing Co. 1967. (Ein Sonderdruck der *Acta Psychologia,* 27) S. 286–288, 290–292.

indem wir ferner ein Mikrophon nahe dem Mund der Vp anbrachten, um die wirklich gesprochenen Buchstaben auf Band aufzunehmen. Ebenso wurde jedes Schreiben der Vp automatisch registriert. Die interessantesten Resultate erhält man mit dieser Technik, wenn man die Vp nach der Reizdarbietung ca. 20 sec. warten läßt, bevor sie die Buchstaben zu Papier bringt. Sie wiederholt (durch Aufsagen) mehrmals die gesamte Buchstabenfolge mit einer zwischengeschalteten Pause zwischen jeder Wiederholung. Dann, während der Niederschrift der Buchstaben, werden diese mitunter simultan mitgesprochen.
Die Wiederholung weist offensichtlich auf einen Gedächtnismechanismus. Die Vp spricht einen Buchstaben, hört sich ihn sprechen und erinnert dann das akustische Bild. Sobald dieses verblaßt, wird es zwecks Auffrischung wiederholt. Die meisten Vpn sprechen nicht während der Erinnerung, aber sie bestätigen einstimmig, daß ein subvokales Wiederholen stattfindet. Wir vermuten daher, daß das Klangbild eines Buchstaben direkt über die subvokale Wiederholung das akustische Gedächtnis erreicht, und zwar ohne notwendige Umwandlung in einen äußerlich wahrnehmbaren Laut. Diese Beziehungen sind in Abb. 2 illustriert.

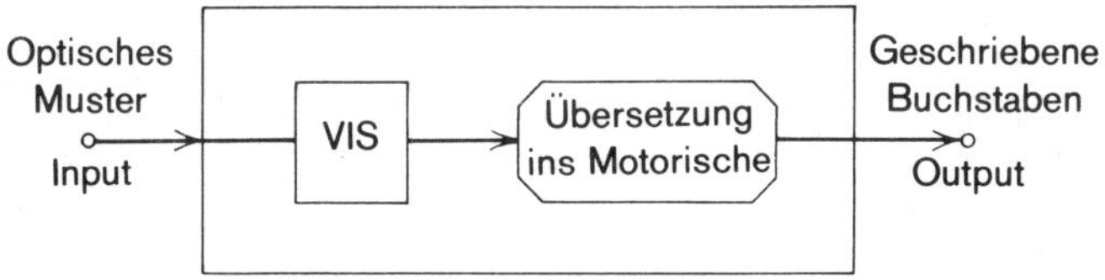

Abb. 1: *1. Modell.* Das große Rechteck stellt die Vp dar. Die Pfeile zeigen die Richtung des Informationsflusses an. Die Komponenten sind der visuelle Informationsspeicher (VIS) und ein Übersetzungsmechanismus. Dieser verwandelt ein Input (die Erinnerung an einen Buchstaben) in ein Output (eine Folge motorischer Handlungen), dessen Ergebnis die schriftliche Repräsentation des Buchstaben ist.

Die akustische Natur der subvokalen Wiederholung kann dadurch verstärkt werden, daß man das eine Ohr während der Wiederholung einer ablenkenden Sprachkulisse aussetzt. Die Sprache scheint dann von einem Lokationsbereich im Raum (den Ohren) auszugehen, während die eigene Wiederholung als innere Stimme gehört wird, die vom Zentrum des Kopfes aus spricht. Außenlaute können auch als „Uhr" verwendet werden, über die man die subvokale Wiederholungsrate messen kann. Eine andere Methode besteht darin, die Vpn zu bitten, eine Buch-

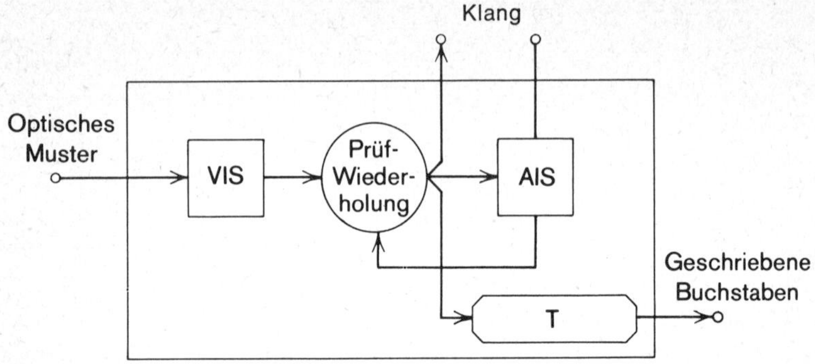

Abb. 2: 2. *Modell.* VIS = Visueller Informationsspeicher, AIS = Akustischer Informationsspeicher, T = Übersetzungsmechanismus.

stabenfolge auf subvokalem Wege zehnmal zu wiederholen und anzugeben, wenn sie damit fertig sind. Dies kann dann mit der lauten Wiederholung derselben Sequenz verglichen werden. Alle diese indirekten Messungen der Geschwindigkeit der subvokalen Wiederholung zeigen, daß es sich, während sie etwas schneller als die laute Wiederholung vor sich gehen mag, im Grunde um denselben Prozeß handelt (vgl. Landauer 1962). Die maximal mögliche Rate beträgt circa 6 Buchstaben pro Sekunde, in Gedächtnisexperimenten sind jedoch Maximalraten von etwa 3 Buchstaben pro Sekunde typischer.

Auf die Existenz eines akustischen Gedächtnisses bei Aufgaben mit visueller Reproduktion könnte auch von der Leistungsverschlechterung her geschlossen werden, die bei ähnlich lautenden Buchstabenreizen (B, C, D etc.) eintritt. Wir haben eine breite Vielfalt von Aufgaben geprüft, bei denen Reize auf optischem oder akustischem Wege dargeboten wurden und fanden, daß für beide Darbietungsarten fast die gleichen Regeln anwendbar sind. Bei geringer Gedächtnisbelastung (ungefähr 2.5 Buchstaben bei einer akustischen, 3 Buchstaben bei einer optischen Aufgabe) ist es für die Leistung kaum von Bedeutung, ob die Reizbuchstaben ähnlich oder unterschiedlich klingen. Zusätzliche Buchstaben über die Minimalanzahl hinaus werden bei Ähnlichkeit nur etwa halb so gut erinnert wie bei Klangverschiedenheit. Diese Abhängigkeit der Leistung vom Buchstabenklang – selbst bei einer Aufgabe, die namentlich nur Sehen und Schreiben beinhaltet – ist von praktischer als auch von theoretischer Bedeutung (Conrad 1963, Sperling 1963).

Nach dem 2. Modell werden Reizbuchstaben zunächst im visuellen

Speicher bewahrt. Sie werden nacheinander laut wiederholt (d. h. von einer visuellen in eine akustische Form umgewandelt) und dann im akustischen Speicher erinnert. Darauf können sie, je nach Erfordernis, wieder und wieder bis zur schriftlichen Niederlegung aufgesagt werden. Die der Leistung gesetzten Schranken können aufgrund der begrenzten Dauer der visuellen Speicherung entstehen (so daß einige Buchstaben schon vor ihrer Wiederholung verschwinden) oder aufgrund der – abhängig von den Reizbedingungen – begrenzten Kapazität der Verbindungsschleife „Wiederholung – akustische Speicherung".
So bestechend das 2. Modell auch scheint, es ist aus folgendem Grunde inadäquat: es ist möglich, ein Bild von weniger als 0.1 sec. Dauer im visuellen Speicher zu erzeugen, von dem 3 Buchstaben wiedergegeben werden können. Dies würde eine Wiederholungsrate von über 30 Buchstaben pro Sekunde erfordern, was natürlich völlig außerhalb der Möglichkeiten der für dieses Modell beschriebenen Wiederholungsprozesse liegt.

– – –

3. Modell

Hier (Abb. 3) wird die Prüf-Wiederholungs-Komponente des 2. Modells in drei getrennte Komponenten unterteilt. Die erste ist eine Prüfkomponente, welche – innerhalb eines begrenzten Bereichs – die Sequenz der Lokationen bestimmt, von denen Information in nachfolgende Komponenten geleitet wird. Wie weit man als Vp die Reihenfolge seiner Prüf- oder Abtastschritte („scanning") variieren kann, ist ein gegenwärtiges Forschungsproblem. Bei sehr kurzen Darbietungen kann die Variation auf eine Veränderung der Aneignungsgeschwindigkeit an verschiedenen Lokationen beschränkt sein – eine Informationsverarbeitung beginnt gleichzeitig an allen Lokationen. Andererseits muß die Gesamtgeschwindigkeit des Informationsflusses durch den Prüfer beschränkt sein.
Die zweite neue Komponente ist das Erkennungs-Puffer-Gedächtnis. Es verwandelt das vom Prüfer gelieferte visuelle Bild in ein ‚Programm motorischer Anweisungen' und speichert diese Anweisungen. Dieses Programm, wenn durchgeführt von der Wiederholungskomponente, stellt die Wiederholung dar. Der wichtige im Erkennungs-Puffer-Gedächtnis enthaltene Gedanke ist, daß das Programm motorischer Anweisungen für eine Wiederholung in sehr kurzer Zeit erstellt werden kann (z. B. 50 msec. für 3 Buchstaben), verglichen mit der zu seiner Realisierung notwendigen Zeit (z. B. 500 msec. für 3 Buchstaben).

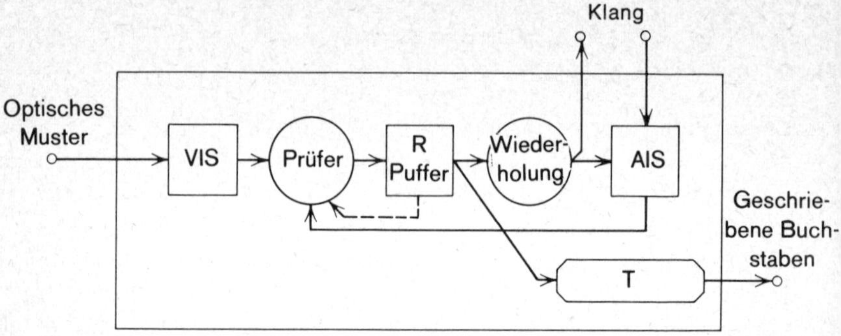

Abb. 3: *3. Modell* (s. auch Abb. 2) R – Puffer = Erkennungs-Puffer-Gedächtnis

Der Erkennungspuffer ist teilweise deshalb von Wert, weil die Programme zur Wiederholung einzelner Buchstaben simultan in ihm aufgestellt werden können. Der größte Zeitgewinn leitet sich aber von der Annahme ab, daß die Aufstellung eines Programms zur Wiederholung eines Buchstabens immer ein schnellerer Prozeß als die Ausführung des Programms ist, d.h. die Wiederholung des Buchstabens. Tatsächlich ist der biologische Aufbau motorischer Systeme in hohem Maße hierarchisch. Somit könnte das Programm im Erkennungspuffer ein Programm zum Abruf eines Programms sein usw., und die letzte Repräsentation an der Spitze solcher Pyramide könnte auf diese Weise rasch abgerufen werden.

Die Wiederholungskomponente führt die Wiederholung durch, die dann vom akustischen Speicher aufgenommen und dort eine gewisse Zeit behalten wird. Die Erinnerung der Wiederholung im akustischen Speicher wird geprüft, das akustische Bild in eine motorische Anweisung im Erkennungspuffer umgewandelt, und eine zweite Wiederholung wird durchgeführt. Diese Schleife setzt sich fort, bis die Antwort abgerufen und die Buchstaben niedergeschrieben werden. Ich weiß fast nichts über die Übersetzung der Erinnerung eines Buchstabens in seine schriftliche Repräsentation außer, daß sie stattfindet und daher einen Platz in dem Modell haben muß. Sie wurde parallel zur Wiederholung dargestellt, da das Schreiben eines Buchstabens so oft von einer Vokalisation begleitet ist.

Bewußtsein in den Gedächtnismodellen

Man kann den Bewußtseinsinhalt eines anderen Menschen nur insoweit kennen, als er sich in seinem Verhalten ausdrückt, speziell in seinem Sprachverhalten. Bezogen auf die Modelle, veranlaßt uns diese Anordnung, nach Anhaltspunkten für Bewußtsein auf der Ebene der Wiederholungseinheit zu suchen. Allerdings muß man auch einem Menschen, der unfähig zum Sprechen oder Handeln ist, zugestehen, daß er dennoch ein Bewußtsein behalten haben kann. Der kritische Punkt beim Problem des Bewußtseinsinhalts ist, daß er normalerweise verbalisiert oder in Handlung umgesetzt werden kann. Innerhalb des Bereichs von Aufgaben, für die das 3. Modell vorgeschlagen wurde, können wir den Inhalt der Prüfkomponente als Bewußtseinsinhalt identifizieren, weil diese die Information enthält, die schließlich zu Handlungen führt.
Diese Identifikation läßt mehrere Folgerungen zu. Wenn Inhalte des visuellen Gedächtnisses vor ihrem Verschwinden nicht geprüft werden, werden sie niemals bewußt. Ferner ist uns der Inhalt unseres akustischen Gedächtnisses bis auf denjenigen Teil unbewußt, der einer Prüfung unterzogen wurde. Eine weitere Folgerung ist, daß, wenn Gedächtnisinhalte nicht geprüft werden können, sie dem Bewußtsein nicht zugänglich sind. Der nicht umgewandelte Inhalt des Erkennungs-Puffer-Gedächtnisses ist einer Prüfung nicht zuführbar und daher auch nie Objekt des Bewußtseins. Diese Tatsache macht jenes wirklich zu einer rätselhaften Komponente; es kann weder von innen noch von außen direkt beobachtet werden! Diese Unzugänglichkeit sollte uns dennoch nicht überraschen. Es ist ein unumstößlicher Grundsatz, daß in jedem sich selbst kontrollierenden System letztlich ein Teil des Mechanismus' einer Überprüfung von innen nicht zugänglich ist. Das Erkennungs-Puffer-Gedächtnis ist ein solcher Teil im menschlichen Erinnerungsmechanismus.

Abgesehen von der formalen Struktur der Modelle, stellt Sperling verschiedene wichtige Konzepte in seinen Analysen des Erinnerungsprozesses wie z. B. das der Wiederholung vor. Diese stellt eine Art inneren Sprechens dar, was den Menschen dazu befähigt, eine begrenzte Stoffmenge auf unbestimmte Zeit im Gedächtnis zu behalten. Wir alle bedienen uns der Wiederholung, wenn wir irgendetwas wie beispielsweise eine Telefonnummer erinnern, indem wir zu uns selbst sprechen. Ebenso bedeutet sie eine Hilfe beim Lernen von Material, vermutlich dadurch, daß sie dieses von temporären zu mehr permanenten Systemen zu übertragen hilft.

Das Wiederholen ist als ein vokaler Prozeß zu bezeichnen, da wir uns so verhalten, als ob wir zu uns selbst sprächen. Diese Tatsache impliziert nicht notwendigerweise, daß wir wirklich sprechen oder auch nur einen unserer Sprechmechanismen benutzen. Die hauptsächlichen Implikationen der Wiederholung liegen in ihren deutlicher erkennbaren Merkmalen. Erstens basiert sie auf dem gesprochenen Wort. Gelerntes oder über Wiederholung behaltenes Material scheint in einer Form gespeichert zu werden, die in Beziehung zur Art seiner sprachlichen Äußerung steht. Somit haben Behaltensfehler wahrscheinlich akustischen Bezug zum richtigen item, selbst wenn das Material ursprünglich auf visuellem Weg dargeboten wurde. Zweitens ist dic Wiederholung ein serialer Prozeß; nur jeweils ein item kann zu einem Zeitpunkt wiederholt werden. Drittens geht sie langsam vonstatten; Sperling schätzt, daß sie mit einer Geschwindigkeit von 3 bis 6 items pro Sekunde abläuft.

Viel ist über diesen Prozeß der Wiederholung nicht bekannt, außer daß er für das Lernen von Sprachmaterial nützlich, vielleicht sogar notwendig ist. Es gibt viele Meinungen hierüber, aber fast keine Fakten. Manche Psychologen setzen Wiederholung mit dem Versuch eines überlegten Wiederhersagens von Sprachmaterial zu sich selbst gleich. Andere glauben, daß sie nicht notwendigerweise ein bewußter Prozeß zu sein braucht; eine Beziehung zum Sprechen bestände hiernach überhaupt nicht. Einige Psychologen sind davon überzeugt, daß Wiederholung das Behalten in genau derselben Weise fördert wie wiederholte Darbietungen eines items. Wiederum andere meinen, Wiederholung stelle eine grundlegendere Operation als eine Darbietung dar: die beiden brauchten nicht ähnlich zu sein. Alle diese Überzeugungen und Meinungen können jedoch keine befriedigenden Gründe dafür anbieten, *warum* und *auf welche Weise* die Wiederholung so wichtig für den Erinnerungsprozeß ist. Da sie zudem nicht leicht meßbar ist, wissen viele überhaupt nicht, wie man mit einem Studium des gesamten Fragenkomplexes beginnen soll. Dennoch scheinen alle hinsichtlich seiner Bedeutung übereinzustimmen.

Es ist einfach, Vpn beizubringen, wie man die Wiederholtechnik anwendet, oder ihnen ablenkende Aufgaben zu geben, so daß eine Wiederholung unmöglich wird. (Eine beliebte Aufgabe, die Vpn daran zu hindern scheint, zuvor dargebotenes Material zu wiederholen, ist das laute und schnelle Rückwärtszählen im Drei-Ziffern-Abstand.) Solche Beeinflussungen verändern Umfang und Qualität des erinnerungsfähigen Materials. Obgleich also niemand die Beschaffenheit oder den Zweck des Wiederholens richtig versteht, kann man leicht das Vorgehen von Vpn kontrollieren, wobei man auch die Art und Weise, wie das Material gelernt wird, einer Kontrolle unterzieht. Wir werden auf die Erörterung der Wiederholung noch mehrmals in diesem Buch zurückkommen. Wir wollen diese Diskussion einfach mit dem Hinweis auf die Ähnlichkeit der Bedingungen, von denen man weiß, daß sie ein Wiederholen verhindern, und der Bedingungen beschließen, die die Aufmerksamkeit unterbrechen, die für eine Aufgabe verwendet werden kann. Tatsächlich entspricht manchmal die Wiederholung von Material der diesem zugewandten Aufmerksamkeit. Alles, was diese Aufmerksamkeit stört, stört auch die Wiederholung. Dieselben Variablen, Aufgabentypen und Theorien, die relevant für die Aufmerksamkeit sind, haben anscheinend im selben Maße Bedeutung für die Wiederholung.

Ein weiteres Merkmal von Sperlings Modellen ist die Einführung anderer Typen von Gedächtnissystemen. In seinem dritten Modell läßt Sperling aus dem visuellen Informationsspeicher extrahierte („überprüfte") Information in einem akustischen Speicher enden. Obgleich der Punkt nicht diskutiert wurde, ist der akustische Speicher hier noch ein temporärer Mechanismus, der wahrscheinlich dem Primärspeicher von James entspricht.

Die in diesen Modellen vorgeschlagenen Prozesse gelten nur für das Behalten von verbalem Material. Das Behalten nicht-verbaler Lautäußerungen, optischer Szenen und körperlicher Aktivität lassen sich mit diesem Schema nicht erklären. Es gibt einige Anhaltspunkte dafür, daß wir, zusammen mit sehr geringen Bewegungen, Körperhandlungen wiederholen. (Man stelle sich vor, man führe eine vertraute Aufgabe oder eine sportliche Übung aus. Man wird bemerken, wie sich die entsprechenden Muskeln jeweils anspannen. Manche Athleten glauben, daß sie ihre Leistung durch diese Art von motorischer Wiederholung verbessern können.) Optische Szenen brauchen wir offenbar nicht zu verbalisieren, damit sie erinnert werden. Wie allerdings komplexe Bilder behalten werden und welche Rolle die Verbalisierung und Wiederholung beim Behalten grammatischen Materials spielen, sind unerforschte Problemgebiete der Gedächtnisforschung.

Man darf nicht glauben, daß Sperlings Modelle oder Experimente einen Meinungskonsensus hinsichtlich des sensorischen und des Kurzzeit-Gedächtnisses darstellen. Im Interesse der Klarheit und Kontinuität dieses Kapitels sind eine ganze Reihe abweichender Meinungen unberücksichtigt geblieben. Es gibt Psychologen, die nicht mit Sperlings experimenteller Beweisführung übereinstimmen. Einige akzeptieren die Ergebnisse, jedoch nicht ihre Interpretation. Es gibt aber auch eine größere Anzahl von Psychologen, die der Ansicht sind, daß es wenig Sinn hat, zwischen verschiedenen Gedächtnisprozessen zu unterscheiden, da die Erinnerung ihrer Meinung nach ein einzelner Vorgang ist, der eben nur durch verschiedene experimentelle Techniken unterschiedlich zu sein scheint.

Eine wachsende Zahl von Ergebnissen auf diesem Gebiet scheint für die Interpretation des menschlichen Gedächtnisses als Teil einer komplexen

Kette von Prozessen zu sprechen – ähnlich den von Sperling vorgeschlagenen –, die an der Bearbeitung der Information von ihrer sensorischen Repräsentation bis zu ihrer permanenten Speicherung beteiligt sind. Diese Prozesse scheinen verschiedene funktionale Erregungsmodalitäten zu besitzen, obgleich noch Unklarheit über die Frage besteht, ob verschiedene physische Strukturen hierbei eine Rolle spielen. Diese Modalitäten stellen die Unterscheidung zwischen den verschiedenen hier erörterten Gedächtnissystemen dar: ein sensorisches Gedächtnis, ein Primär- (oder Kurzzeit-) Gedächtnis und ein Sekundär- (oder permanentes) Gedächtnis.
Zur Fortsetzung unserer Analyse des Erinnerungsprozesses wenden wir uns jetzt der nächsten Stufe in diesem Prozeß zu: dem Primär-Gedächtnis.

Empfohlene Literatur

Dieses Kapitel ist inhaltlich knapp gehalten, um das Typische der vorgeschlagenen Modelle deutlich zu machen. Die Untersuchung des visuellen Kurzzeit-Gedächtnisses hat ebenfalls zur Erforschung des visuellen „Rückverdeckens" geführt. Im Grunde kam dies durch eine Reihe von Experimenten zustande, die denen von Sperling sehr ähnlich waren. Sperling benutzte in seinen ersten Experimenten einen akustischen Ton und konnte seinen Vpn nur das Erinnern einer spezifischen Buchstabenreihe signalisieren. Averbach und Coriell ließen Vpn einzelne Buchstaben erinnern, wobei sie einen Lichtzeiger verwendeten, der in unterschiedlichen Zeitabständen nach Beendigung der Buchstabendarbietung gezeigt wurde. War der Lichtzeiger in Form eines Kreises, der den zu erinnernden Buchstaben umschloß, zeigte sich ein interessanter Effekt: die Vpn berichteten, einen leeren Kreis zu sehen, als wenn die Darbietung des Kreises das Bild des Buchstabens ausgelöscht hätte. Averbach, Coriell und Sperling haben diese Auslösch-Technik verwendet, um den zeitlichen Verfall des Bildes im visuellen Kurzzeit-Gedächtnis zu bestimmen. Mittlerweile haben sich mehrere Forscher darüber Gedanken gemacht, wie dieses „Rückverdecken" zustande kommt. Einige der darauf folgenden Diskussionen haben Zweifel über den von Averbach, Coriell und Sperling vorgeschlagenen Typ von Gedächtnisprozeß aufkommen lassen. Wer die hier eingeschlagene Forschungsrichtung weiter verfolgen will, orientiere sich bei Averbach und Coriell (1961), Averbach und Sperling (1961) und anhand der Übersicht von Kahnemann (1968). Eine Zusammenfassung der Standpunkte (mit Hinweisen auf die gegensätzliche Ansicht) findet man bei Neisser (1967, 2. Kapitel).
Ein 18-Minuten-Film über Averbach und Coriells Experimente ist von der

Bell Telephone Company erhältlich. Er trägt den Titel „Short-Term Visual Memory" (Visuelles Kurzzeit-Gedächtnis) und stellt das experimentelle Vorgehen, das Phänomen der Auslöschung sowie die aus den Ergebnissen geschlossenen theoretischen Interpretationen dar.
Der größte Teil der Forschung über dieses Problem wird in den folgenden Zeitschriften erörtert:

Journal of Experimental Psychology
Perception and Psychophysics
Perceptual and Motor Skills
Psychological Review
Psychonomic Science

5. Das Primär-Gedächtnis

In den frühen 50er Jahren spielte die mathematische Informationstheorie eine wichtige Rolle in den Vorstellungen, Theorien und Experimenten der Psychologen. Die Gründe dafür sind ziemlich klar. Kommunikations-Ingenieure hatten eine formale Struktur entwickelt, um die Auswirkungen der Kanalkapazität, von Lärm und der Leitungsgeschwindigkeit auf den Informationsbetrag, den eine Botschaft enthalten konnte, zu erörtern. Die Psychologen erkannten, daß der Mensch als ein Apparat für Informationsverarbeitung gesehen werden konnte, der die in seiner Umwelt enthaltene Information über das sensorische System reduziert und weiterleitet und in eine verschlüsselte Form im Gedächtnis überführt. So gesehen, befaßten sich Psychologen wie Techniker mit ähnlichen Problemen. Eine beschränkte Gedächtniskapazität konnte als Beschränkung unserer Fähigkeit interpretiert werden, Information zu empfangen.
Mit dem Informationskonzept geriet man an ein ernstes Problem bei Gedächtnisuntersuchungen: es funktionierte hier nicht. Das heißt nicht, daß die grundlegenden Begriffe der Informationstheorie wertlos wären, denn sie lieferten brauchbare neue Interpretationen psychologischer Phänomene. Das Problem war, daß die Methode, wie der Kommunikations-Ingenieur Information maß, nicht auf den Menschen anwendbar schien.

Das Problem der magischen Zahl

Im Jahre 1956 faßte George Miller einen Großteil der Forschung über menschliche Informationsverarbeitung in einer Arbeit zusammen, die seitdem als die „7 ± 2"-Arbeit allgemein bekannt geworden ist. Miller erörterte hier die Anwendung des Konzepts der Kanal-Kapazität auf die Gedächtnisforschung und Studien zum absoluten Urteil. Seine Diskussion des Gedächtnisproblems ist unmittelbar relevant für unsere hier geführte Diskussion, so daß wir mit einem kurzen Blick auf Millers Darlegung der Informationstheorie beginnen und dann seine Erörterung des Gedächtnisses folgen lassen.

Die magische Zahl Sieben Plus oder Minus Zwei *

George A. Miller

Mein Problem ist, daß mich eine ganze Zahl verfolgt. Sieben Jahre lang hat sie mich nicht verlassen, sie hat sich in meine ganz privaten Dinge gedrängt und sprang mir von den Seiten der meisten öffentlichen Zeitschriften entgegen. Diese Zahl zeigt sich in vielgestaltiger Form, wobei sie manchmal etwas größer und manchmal etwas kleiner als gewöhnlich ist, sich aber niemals derart verändert, daß sie nicht mehr erkennbar ist. Die Hartnäckigkeit, mit der mich diese Zahl peinigt, beruht auf weitaus mehr als auf einem Zufall. Es steht vielmehr, um einen berühmten amerikanischen Senator zu zitieren, eine Absicht dahinter, irgendein Plan, der ihr Auftreten bestimmt. Entweder gibt es wirklich etwas Ungewöhnliches an der Zahl oder aber ich leide an Verfolgungswahn.
Ich werde die Darstellung meines Falles damit beginnen, daß ich von einigen Experimenten berichte. Sie prüften, wie genau die Zuordnung von Zahlen zu Größen verschiedener Reizaspekte gelingt. In der traditionellen Sprache der Psychologie würde man von Experimenten zum absoluten Urteil sprechen. Der historische Zufall diktierte ihnen jedoch eine andere Bezeichnung zu. Wir nennen sie heute Experimente zur menschlichen Fähigkeit, Information zu übertragen. Da diese Experimente ohne das Erscheinen der Informationstheorie auf der psychologischen Bühne nicht möglich gewesen wären und da die Ergebnisse in der Terminologie informationsttheoretischer Konzepte analysiert werden, werde ich meiner Erörterung einige kurze Bemerkungen zu dieser Theorie voranstellen.

Die Messung von Information

Der Begriff „Informationsmenge" oder „Informationsgehalt" meint genau dasselbe, was wir jahrlang mit dem Namen „Varianz" [1] bezeich-

---

* George A. Miller. The magical number seven, plus or minus two: some limits on our capacity for processing information. *Psychol. Rev.*, 1956, 63, S. 81–97. Copyright 1956 by the American Psychological Assocation. Mit Genehmigung des Autors und Verlags.

1 „Varianz" bezieht sich hier auf das statistische Konzept des Streuungsbetrages oder der Variabilität in einer Gruppe von Meßdaten. Dem nicht mit dem Konzept Vertrauten wird es genügen, überall dort, wo Miller das Wort „Varianz"

net haben. Die Gleichungen sind verschieden, aber wenn wir uns stets vor Augen halten, daß alles, was die Varianz erhöht, auch den Informationsgehalt vergrößert, kann es eigentlich keine Probleme geben.
Die Vorteile dieser neuen Ausdrucksweise liegen auf der Hand. Die Varianz wird immer in der Meßeinheit ausgedrückt – Zentimeter, Kilogramm, Volt usw. –- während der Informationsgehalt eine dimensionslose Quantität darstellt. Da die Information in einer diskreten statistischen Verteilung nicht von der Meßeinheit abhängt, können wir das Konzept auf Situationen ausdehnen, für die wir kein Maß besitzen und gewöhnlich nicht die Varianz zu verwenden pflegen. Weiterhin ermöglicht sie uns den Vergleich von Ergebnissen, die in recht verschiedenen experimentellen Situationen erhalten wurden, so daß es hier sinnlos wäre, auf unterschiedlichen Maßen basierende Varianzen zu vergleichen. Es gibt also eine Reihe guter Gründe, das neuere Konzept zu übernehmen.
Die Ähnlichkeit zwischen Varianz und Informationsgehalt könnte folgendermaßen erklärt werden: Haben wir es mit einer großen Varianz zu tun, ist unser Wissen über künftiges Geschehen sehr gering. In solchem Fall liefert uns die Beobachtung sehr viel Information. Bei sehr geringer Varianz dagegen wissen wir von vornherein, wie das Resultat aussehen muß, so daß wir aus der Beobachtung wenig Information erhalten.

– – –

Wenn der Mensch als wahrnehmendes Wesen eine richtige Art von Kommunikationssystem darstellt, wird, wenn wir die Menge an Eingabeinformation erhöhen, die übertragene Information zunächst größer werden und schließlich in einem asymptotischen Wert gleichbleiben. Diesen asymptotischen Wert verstehen wir als die *Kanalkapazität* des Wahrnehmenden: sie repräsentiert den größten Gehalt an Information, die er uns über den Reiz aufgrund eines absoluten Urteils vermitteln kann. Die Kanalkapazität gibt die oberste Grenze an, bis zu welcher ein Wahrnehmender noch passende Antworten auf ihm dargebotene Reize geben kann.

---

benutzt, das Wort „Variabilität" einzusetzen. Zur Erläuterung von Millers Konzept folgendes Beispiel.
Wenn jedermann genau dieselbe Größe hätte, würde eine erneute Messung keinerlei neue Information bringen. Variieren jedoch die Größen, sind die Messungen sinnvoll und liefern Information. Tatsächlich kann man sagen, daß, je unerwarteter das Ergebnis (je größer die Variabilität) ist, desto mehr Information in der Messung enthalten war. Variabilität (und Varianz) wird immer in der Einheit des Gemessenen ausgedrückt, d. h., daß z. B. die Variabilität von Größen plus oder minus soundsoviele Zentimeter beträgt.

Jetzt noch kurz ein Wort zum *bit,* bevor wir zu einigen Daten kommen. Ein bit ist der Informationsbetrag, den wir für eine Entscheidung zwischen zwei gleich wahrscheinlichen Alternativen benötigen. Wenn wir entscheiden müssen, ob jemand kleiner oder größer als 1,80 m ist, und wenn wir wissen, daß die Wahrscheinlichkeit 50:50 steht, brauchen wir ein bit an Information. Man beachte, daß diese Informationseinheit sich in keinster Weise auf die von uns verwendete Längeneinheit bezieht – Fuß, Zoll, Zentimeter etc. Wie auch immer man die Größe mißt, man benötigt nur ein bit an Information.
Zwei bits ermöglichen uns die Entscheidung zwischen vier gleich wahrscheinlichen Alternativen, drei bits zwischen acht, vier zwischen 16, fünf zwischen 32 usw. Das heißt also, wenn 32 gleich wahrscheinliche Alternativen bestehen, müssen wir fünf aufeinanderfolgende Binär-Entscheidungen treffen, deren jede den Wert eines bits hat, bevor wir wissen, welche Alternative richtig ist. Die allgemeine Regel ist somit einfach: jedes Mal, wenn die Anzahl der Alternativen um einen Faktor von zwei vergrößert wird, wird ein bit an Information hinzugefügt.
Es gibt zwei Möglichkeiten, wie wir die Menge der Eingabe-Information erhöhen könnten. Wir könnten die Geschwindigkeit der Informationsübergabe an den Wahrnehmenden steigern, so daß der Informationsbetrag pro Zeiteinheit anwachsen würde. Oder wir könnten die Zeitvariable völlig außer acht lassen und die Menge der Eingabe-Information durch Erhöhung der Anzahl alternativer Stimuli vergrößern. Bei dem Experiment zum absoluten Urteil sind wir an der zweiten Alternative interessiert. Wir lassen der wahrnehmenden Vp so viel Zeit, wie sie für ihre Antwort braucht; wir erhöhen einfach die Anzahl alternativer Reize, zwischen welchen sie diskriminieren muß, und registrieren, wo Verwirrung sich einzustellen beginnt. Diese tritt nahe dem Punkt ein, den wir als die „Kanal-Kapazität" der Vp bezeichnen.

Miller faßte die Ergebnisse einer Reihe von Untersuchungen zum absoluten Urteil und zum Gedächtnis zusammen und „fand eine klare und deutliche Begrenzung des Bereichs, in welchem wir die Größe einer eindimensionalen Reizvariable absolut identifizieren können." Diese Grenze gibt die sogenannte Spanne des absoluten Urteils an und liegt ungefähr um sieben herum. Erhöhte Urteilsgenauigkeit, die darüber liegt, kann durch mehrere Techniken erreicht werden. „Die drei wichtigsten dieser Kunstkniffe sind (a) anstelle von absoluten eher relative Urteile zu treffen; (b) die Anzahl der Dimensionen zu vergrößern, entlang derer die Reize differieren können oder (c) die Aufgabe derartig anzuordnen, daß wir eine Sequenz aus mehreren absoluten Urteilen in einer Reihe formen können."

Die Spanne unseres unmittelbaren Gedächtnisses erweist sich als unterschiedlich von unserer Fähigkeit, absolute Urteile zu treffen. Das unmittelbare Gedächtnis scheint durch die Anzahl von items begrenzt zu werden, unabhängig von deren Inhalt. Miller fand daher heraus, daß die offensichtlich vorhandene Gedächtnisspanne durch einen Rekodier-Prozeß vergrößert werden konnte. Normalerweise können wir, wenn wir eine item-Liste zu erinnern versuchen, etwa sieben der items direkt wiederholen. Wenn wir jedoch erst ein Schlüsselwort für jedes mögliche item-Paar lernen müßten, wären wir imstande, leicht eine Kette von sieben Schlüsselwörtern zu behalten. Auf diese Weise könnten wir, ohne daß unsere normale Gedächtnisspanne von sieben überladen würde, einem Beobachter vormachen, daß unsere Spanne 14 items umfasse. Dieses Verfahren der Erweiterung der Gedächtnisspanne durch effiziente Gruppierung alter items zu neuen bezeichnete Miller als *chunking*. Miller folgert weiter:[2]

Rekodierung

Genauer gesagt, müssen wir daher die Bedeutung der Gruppierung oder Zusammenfassung der Eingabe-Sequenz zu Einheiten oder chunks erkennen. Da die Gedächtnisspanne eine feststehende Anzahl solcher Einheiten darstellt, können wir die enthaltenen bits an Information dadurch erhöhen, daß wir immer größere Einheiten bilden, wobei jede neue Einheit mehr Information als die vorige enthält.
Jemand, der gerade den radio-telegrafischen code zu lernen beginnt, hört jedes *dit* und *dah* als eine separate Einheit. Bald ist er imstande, diese Laute zu Buchstaben zu ordnen und kann mit den Buchstaben als Einheiten arbeiten. Darauf ordnen sich die Buchstaben von selbst zu Wörtern, die wieder größere Einheiten darstellen, und schließlich versteht er ganze Satzteile. Ich meine nun nicht, daß jeder Schritt ein einzelner Prozeß ist oder daß Plateaus in der Lernkurve erscheinen müßten, denn selbstverständlich werden die Organisationsebenen unterschiedlich schnell erreicht und überlappen einander während des Lernprozesses. Ich weise nur auf die klare Tatsache, daß die dits und dahs durch Lernen zu Mustern geordnet werden und daß, sobald diese größeren Einheiten auftauchen, die vom Telegraphisten erinnerbare Mitteilungsmenge entsprechend anwächst. In der von mir vorgeschlagenen Terminologie hieße das, der Telegraphist lernt, die bits per chunk-Einheit zu vergrößern.

---

2 George Miller. The magical number seven. *Op. cit.* p. 93—96

In der Sprache der Kommunikationstheorie würde dieser Prozeß als *Neuverschlüsselung* (recoding) bezeichnet werden. Das Input wird in einen code gegeben, der viele Einheiten mit wenigen bits pro Einheit enthält. Diese Neuverschlüsselung kann auf vielerlei Weise geschehen, aber die einfachste besteht wahrscheinlich in der Gruppierung der Eingabeinhalte und der Neubezeichnung der Gruppen, deren neuen Namen man nun anstelle der ursprünglichen Inhalte erinnert.

Da ich davon überzeugt bin, daß dieser Prozeß ein sehr allgemeiner und wichtiger für die Psychologie ist, möchte ich von einem Demonstrationsexperiment berichten, welches meine Ausführung in perfekter Weise erläutert. Dieses Experiment wurde von Sydney Smith durchgeführt und von ihm im Jahre 1954 vor der Eastern Psychological Association berichtet.

Beginnen wir mit der bekannten Tatsache, daß der Mensch acht Ziffern im Dezimalsystem, aber nur neun im Binärsystem wiederholen kann. Da eine große Diskrepanz hinsichtlich der in diesen zwei Fällen zu erinnernden Informationsmenge besteht, vermuten wir sogleich, daß ein Neuverschlüsselungsverfahren die Spanne des unmittelbaren Gedächtnisses für Binärziffern vergrößern könnte. In Tabelle 1 wird eine Methode der Gruppierung und Neubenennung illustriert. Die oberste Reihe zeigt eine Folge von 18 Binärziffern, weit mehr, als eine Vp nach einer einmaligen Darbietung jemals wiedergeben könnte. In der nächsten Reihe sind diese selben Binärziffern zu Paaren gruppiert. Vier mögliche Paare können auftreten: 00 wird neu benannt als 0, 01 als 1, 10 als 2 und 11 als 3. Das heißt also,

Tab. 1: Neuverschlüsselung von Sequenzen von Binärziffern

Binärziffern (Bits)		1	0	1	0	0	0	1	0	0	1	1	1	0	0	1	1	1	0
2 : 1	Chunks	10		10		00		10		01		11		00		11		10	
	Neuverschlüsselung	2		2		0		2		1		3		0		3		2	
3 : 1	Chunks	101			000			100			111			001			110		
	Neuverschlüsselung	5			0			4			7			1			6		
4 : 1	Chunks	1010				0010				0111				0011				10	
	Neuverschlüsselung	10				2				7				3					
5 : 1	Chunks	10100					01001					11001					110		
	Neuverschlüsselung	20					9					25							

wir rekodieren von einem arithmetischen Ausdruck mit Basis zwei auf einen solchen mit Basis vier.

Die rekodierte Sequenz besteht jetzt aus 9 zu erinnernden Ziffern, eine Anzahl, die fast innerhalb der Spanne des unmittelbaren Gedächtnisses liegt. In der nächsten Reihe wird dieselbe Sequenz von Binärziffern zu Einheiten von je drei neu gruppiert. Es sind acht Sequenzen von je drei möglich, so daß wir jeder Sequenz eine neue Bezeichnung von 0 bis 7 geben. Eine Folge von 18 Binärziffern haben wir jetzt auf eine Folge von 6 Oktalziffern rekodiert, die gut innerhalb der Spanne des unmittelbaren Gedächtnisses liegen. In den letzten zwei Reihen werden die Binärziffern zu je vier und fünf gruppiert und nach dem Dezimalsystem von 0 bis 15 bzw. von 0 bis 31 benannt.

Es ist offensichtlich, daß diese Art der Verschlüsselung die bits pro Einheit erhöht und die Binärsequenz in eine Form bringt, die mit Hilfe des unmittelbaren Gedächtnisses behalten werden kann. Smith maß also von 20 Vpn die Gedächtnisspannen für Binär- und Oktalziffern und erhielt Werte von 9 bzw. 7. Dann legte er fünf der Vpn die obige Anleitung zur Neuverschlüsselung vor. Sie konnten sich damit befassen, bis sie äußerten, sie zu verstehen – für etwa 5 bis 10 Minuten. Dann prüfte er wiederum ihre Spanne für Binärziffern, wobei die Vpn jetzt die gelernte Neuverschlüsselung anzuwenden versuchten.

Eine Erweiterung ihrer Gedächtnisspanne für Binärziffern wurde dadurch in jedem Fall erzielt. Sie entsprach jedoch nicht der Erwartung, die wir aufgrund ihrer Spanne für Oktalziffern hatten. Da sich die Diskrepanz zwischen Erwartung und Beobachtung mit dem Ansteigen des Rekodierverhältnisses vergrößerte, schlossen wir, daß die wenigen Minuten zum Lernen der Neuverschlüsselung nicht ausreichend gewesen waren. Anscheinend muß die Übersetzung von einem code zum anderen fast automatisch vor sich gehen oder die Vp bekommt einen Teil der nächsten Gruppe nicht mit, während sie noch mit der Übersetzung der letzten Gruppe beschäftigt ist. Da die 4:1- und 5:1-Verhältnisse beträchtlichen Lernaufwand erfordern, beschloß Smith, Ebbinghaus nachzueifern und das Experiment an sich selbst durchzuführen. Mit germanischer Geduld drillte er sich nacheinander auf jede Neuverschlüsselung und erhielt die in Abb. 1 gezeigten Ergebnisse. Jetzt stimmten die Daten recht gut mit den Ergebnissen überein, die man aufgrund seiner Spanne für Oktalziffern voraussagen konnte. Er war imstande, 12 Oktalziffern zu erinnern. Beim Verhältnis 2:1 entsprachen diese 12 Einheiten 24 Binärziffern, beim Verhältnis 3:1 36 Binärziffern und bei den Verhältnissen 4:1 und 5:1 hatten sie einen „Wert“ von ungefähr 40 Binärziffern.

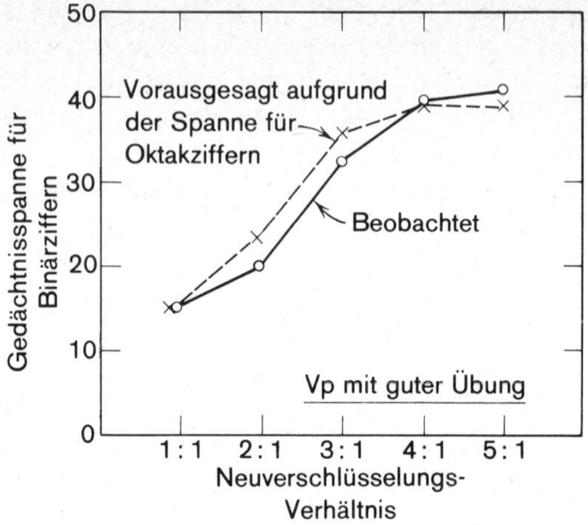

Abb. 1: Die Spanne des unmittelbaren Gedächtnisses für Binärziffern ist als Funktion des verwendeten Neuverschlüsselungsverfahrens eingetragen. Die vorausgesagte Funktion erhält man, indem man die Spanne für Oktalziffern mit 2, 3 und 3.3 zur Neuverschlüsselung nach Basis 4, 8 bzw. 10 multipliziert.

Es ist schon recht aufregend mitzuerleben, wie jemand 40 Binärziffern in einer Reihe vorgesetzt bekommt und sie dann fehlerlos wiedergibt. Trotzdem, wenn man dies nur als einen Trick zur Erweiterung der Gedächtnisspanne betrachtet, übersieht man einen wichtigeren Punkt, der fast in allen derartigen Techniken zur Gedächtnishilfe eine Rolle spielt: das Rekodieren oder die Neuverschlüsselung stellt eine äußerst leistungsfähige Methode zur Erhöhung des Informationsbetrages dar, der von uns bewältigt werden kann. In dieser oder jener Form bedienen wir uns des Rekodierens ständig in unserem alltäglichen Verhalten.
Meiner Meinung nach besteht die häufigste Art von täglich praktiziertem Rekodieren in der Übersetzung in einen Sprachcode. Wenn wir uns eine Begebenheit, eine bestimmte Ansicht oder eine Idee ins Gedächtnis rufen wollen, versuchen wir gewöhnlich, sie „mit unseren eigenen Worten" auszudrücken. Handelt es sich um ein Ereignis, dessen Zeuge wir sind, geben wir eine verbale Beschreibung des Ereignisses und erinnern dann unsere sprachliche Äußerung. Bei der Erinnerung rekonstruieren wir durch sekundäre Elaboration die Einzelheiten, die mit der speziellen verbalen Neuverschlüsselung konsistent zu sein scheinen, die wir nun einmal, mehr oder weniger zufällig, verwendet haben. Das bekannte

Experiment von Carmichael, Hogan und Walter (1932) zum Einfluß von Namen auf die Erinnerung visueller Bilder demonstriert diesen Prozeß.
Die Ungenauigkeit der Aussagen von Augenzeugen ist von der forensischen Psychologie her gut bekannt, die Verzerrungen solcher Zeugenaussagen sind jedoch nicht zufällig – sie ergeben sich aus der spezifischen vom Zeugen verwendeten Neuverschlüsselung, die wiederum von der gesamten Lebensgeschichte abhängig ist. Unsere Sprache ist enorm nützlich für die Verpackung von Material in einige wenige „chunks", die reich an Information sind. Ich vermute, daß Erinnerungsbilder auch eine Form der Neuverschlüsselung darstellen, aber Bilder scheinen sehr viel schwerer operational faßbar zu sein und experimentell zu überprüfen als die mehr symbolischen Rekodierformen.
Es spricht viel dafür, daß selbst das Auswendiglernen auf diese Weise untersucht werden kann. Der Einprägungsprozeß kann einfach die Bildung von Einheiten oder Gruppen von zusammengehörigen items bedeuten, bis eine optimale Anzahl von nur wenigen Einheiten erreicht ist, so daß wir alle items wiedergeben können. Die Arbeit von Bousfield und Cohen (1955) über das Auftreten von Gruppierungen bei der Erinnerung von Wörtern ist in diesem Zusammenhang besonders interessant.

Zusammenfassung

Nachdem ich zum Ende meiner Ausführungen gekommen bin, möchte ich jetzt einige zusammenfassende Bemerkungen machen.
Erstens beschränken die Spanne des absoluten Urteils und die Spanne des absoluten Gedächtnisses sehr die Informationsmenge, die wir zu empfangen, zu verarbeiten und zu erinnern fähig sind. Dadurch, daß wir die Reizeingabe simultan in mehreren Dimensionen und sukzessiv in einer Folge von „chunks" ordnen, gelingt es uns, diesen Flaschenhals bei der Informationsverarbeitung aufzubrechen (oder mindestens zu erweitern).
Zweitens hat der Rekodierungsprozeß eine große Bedeutung in der Psychologie und verdient weitaus mehr Aufmerksamkeit, als er bisher erhalten hat. Insbesondere scheint mir die Form der linguistischen Rekodierung, deren sich der Mensch bedient, gerade das Wesentliche der Denkprozesse zu sein. Rekodierverfahren sind für Mediziner, Sozialpsychologen, Linguisten und Anthropologen von ständigem Interesse, und dennoch hat die traditionelle Experimentalpsychologie, vielleicht weil die Rekodierung einer experimentellen Manipulation schwerer zugänglich ist als sinnlose Silben und T-Labyrinthe, wenig bzw. nichts zu

ihrer Analyse beigetragen. Trotzdem können durchaus experimentelle Techniken eingesetzt werden, Rekodiermethoden können spezifiziert, Verhaltensindikatoren gefunden werden. Ich vermute sogar, daß wir eine Gruppe recht brauchbarer Relationen finden werden, die eine Beschreibung dessen gestatten, was jetzt noch als eine unerforschte Wildnis individueller Unterschiede erscheint.

Drittens liefern die von der Informationstheorie zur Verfügung gestellten Konzepte und Maße die Möglichkeit einer quantitativen Bearbeitung einiger dieser Fragen. Die Informationstheorie liefert uns einen Maßstab zur Eichung unseres Reizmaterials und zur Messung der Leistung unserer Vpn. Im Interesse der Verständlichkeit habe ich die technischen Einzelheiten der Informationsmessung unerwähnt gelassen und stattdessen versucht, die Gedanken in vertrautere Begriffe zu kleiden; ich hoffe, daß durch diese Umschreibung niemand auf die Idee kommt, sie seien belanglos für die Forschung. Konzepte der Informationstheorie haben sich schon für das Studium von Diskrimination und von Sprache als wertvoll erwiesen; man verspricht sich eine Menge von ihnen für die Lern- und Gedächtnisforschung; und es ist sogar der Vorschlag gemacht worden, sie in Untersuchungen zur Begriffsbildung zu verwenden. Eine Reihe von Fragen, die vor zwanzig oder dreißig Jahren unbeantwortbar schienen, erscheinen heute in einem anderen Licht. Aber ich habe das Gefühl, daß ich hier mit meiner Darlegung enden muß, kurz bevor es wirklich interessant zu werden beginnt.

Und zu guter letzt, was hat es mit der magischen Zahl sieben auf sich? Was mit den sieben Weltwundern, den sieben Meeren, den sieben Töchtern des Atlas in den Plejaden, den sieben Menschenaltern, den sieben Stufen zur Hölle, den sieben Primärfarben, den sieben Noten der Tonleiter und den sieben Tagen der Woche? Was ist mit der siebenpunktigen Beurteilungsskala, den sieben Kategorien für das absolute Urteil, den sieben Objekten innerhalb der Aufmerksamkeitsspanne und den sieben Ziffern der Spanne des unmittelbaren Gedächtnisses? Vorläufig schlage ich vor, sich mit Urteilsäußerungen zurückzuhalten. Vielleicht steckt eine tiefere Bedeutung hinter all diesen Siebenen, die zu finden wir aufgerufen sind. Ich habe allerdings den Verdacht, daß es sich nur um eine fatale Pythagoreische Koinzidenz handelt.

Die Unterschiede zwischen unserer Fähigkeit zu absoluten Urteilen und der Fähigkeit, Dinge im unmittelbaren Gedächtnis zu behalten, resultieren aus Unterschieden in den jeweils beteiligten Arten der Informationsverarbeitung. Bei dem Versuch, ein absolutes Urteil abzugeben, versuchen wir eine Verschlüsselung von Information, d. h. wir versuchen, die Reizeingabe entsprechend früher gelernten Klassifikationen zu kategorisieren. Die Spanne des unmittelbaren Gedächtnisses jedoch ist ein Maß unserer Fähigkeit, Material zu behalten, welches schon verschlüsselt worden ist; dies bedeutet eine wesentliche Unterscheidung. Die Begrenzung der Spanne scheint von der Anzahl der items bestimmt zu werden, die wir zu behalten versuchen; die Begrenzung absoluter Urteile scheint von der Anzahl der Urteile abzuhängen, die wir abzugeben versuchen.

Zum Zeitpunkt, da etwas das unmittelbare Gedächtnis erreicht, hat es schon einen Gutteil an Verarbeitung hinter sich. Vor allem scheint es in sinnvolle Einheiten übersetzt worden zu sein. Es ist einsichtig, daß die Anzahl sinnvoller Komponenten, die wir behalten können, nicht in Beziehung zum Informationsgehalt des ursprünglichen Reizmaterials steht. Ebenso einsichtig ist, daß wir unsere zweifellos vorhandene Gedächtnisspanne durch Rekodieren oder „chunking" der items erweitern können, die wir zu erinnern versuchen. Im Grunde sollten alle sinnvollen items gleich schwer zu erinnern sein, unabhängig von der Anzahl ihrer physikalischen Attribute. Tatsächlich wäre es erstaunlich, wenn der Umfang des unmittelbaren Gedächtnisses eine Beziehung zu Reizparametern hätte. Bedeutungen von Wörtern weisen kaum eine Relation zum Lautbild oder der Gestalt dessen, was wir sprechen oder schreiben, auf (mit der besonderen Ausnahme onomatopoeischer Wörter). Warum sollte also unser Gedächtnis für diese Bedeutungen eine Beziehung zu einfachen Reizparametern haben?

Das von uns hier erörterte unmittelbare Gedächtnis ist recht verschieden vom visuellen Informationsspeicher des Kapitels 4. Der visuelle Speicher behielt ein Bild des Reizes für eine Dauer, die für die Enkodierung visueller Formen zu sinnvollen Komponenten ausreichte. In den in Kapitel 4 vorgestellten Modellen trat der Output des visuellen Kurzzeit-Gedächtnisses in einen akustischen Informationsspeicher über. Jener akustische Speicher ist das unmittelbare Gedächtnis dieses Kapitels.

Die entscheidende Frage bezüglich des unmittelbaren Gedächtnisses betrifft die Begrenzung seiner Spannweite. Warum sieben items? Warum überhaupt eine Begrenzung? Dieses begrenzte Gedächtnis ist sehr seltsam, weil es für die Menge an Material, welches wir lernen können, keinerlei obere Grenze zu geben scheint: wir sind imstande, Millionen und Milliarden von Dingen zu behalten. Wie lernen wir aber diese Millionen von Einzelheiten, wenn wir über eine derartig geringe Kapazität im unmittelbaren Gedächtnis verfügen? Diese Probleme definieren den Forschungsbereich, den man heute als „Kurzzeit-Gedächtnis" überschreibt. Das gesamte Gebiet und die es betreffenden Fragen sind nicht neu; wir werden später hören, was William James im Jahre 1890 darüber zu sagen hatte. Moderne Konzepte zu den Eigenschaften des Kurzzeit-Gedächtnisses wurden jedoch etwa zu jener Zeit entwickelt, da Miller seine Arbeit über die magische Zahl sieben verfaßte. Die Bezeichnung „Kurzzeit-Gedächtnis" dient allerdings eher dazu, einen speziellen Typ von Experimenten als einen Prozeß zu definieren, der in uns Menschen stattfindet. Bevor wir uns darum Theorien zum unmittelbaren oder Kurzzeit-Gedächtnis zuwenden (später werden wir es „Primär-Gedächtnis" nennen), wollen wir einen kleinen Umweg machen, um uns einen Überblick über zur Zeit allgemein gebräuchliche experimentelle Verfahren zu verschaffen.

Experimente zum Kurzzeit-Gedächtnis

Experimentelle Verfahren

Es gibt viele Möglichkeiten, die Erinnerung einer Vp an vorher dargebotene Reizitems zu prüfen. Während der letzten Jahre ist jedoch eine Art Standardform der experimentellen Anlage von den am Kurzzeit-Gedächtnis interessierten Forschern verwandt worden. Wir zeigen hierbei der Vp für eine festgelegte Zeitspanne einfach eine Gruppe von Reizitems in serialer Folge, item für item. Nachdem diese alle einmal dargeboten worden sind, folgt oft ein kurzer Zeitraum, während welchem die Vp eine irrelevante Aufgabe durchzuführen gebeten wird. Darauf wird mit einem Test die Behaltensleistung bestimmt.

Der Zweck der irrelevanten Aufgabe ist eine kontrollierte Verzögerung zwischen Darbietung des Reizitems und seiner späteren Überprüfung, um eine Wiederholung der items durch die Vp möglichst auszuschließen. Typische während dieser Verzögerungsperioden verwendete Aufgaben sind z. B. das schnelle Rückwärtszählen von einem willkürlichen Anfangspunkt (häufig wird das Rückwärtszählen im Abstand von drei gefordert, also z. B. 572, 569, 566 ...) oder das Nennen oder Niederschreiben von Gegenständen, die der Vp mit einer kaum zu folgenden Geschwindigkeit präsentiert werden. In vielen Experimenten wird auf die irrelevante Aufgabe vollständig verzichtet, und die spätere Darbietung von Stimulus-items übernimmt die Funktion jener für das Behalten früherer items.

Es gibt eine Vielfalt von Prüfverfahren für die Bestimmung der Behaltensmenge aus einer Reizliste, alle können aber auf zwei grundlegende Methoden reduziert werden. Bei der Methode der *Wiedererinnerung* wird die Vp aufgefordert zu sagen, was sie von den ihr gezeigten items erinnert, wobei ein Punkt für jede Übereinstimmung mit der Reizliste gezählt wird. Die andere Prüfmethode, das *Wiedererkennen,* besteht darin, daß der Vp Testitems gezeigt werden und sie entscheiden muß, ob oder ob nicht sie Teil der Reizliste waren.

Dies sind vereinfachte Abstraktionen der tatsächlichen Verfahrensweisen. Wie zu erwarten ist, bestehen viele mögliche Variationen: bei der *freien Wiedererinnerung* ist es den Vpn gestattet, so viele items wie möglich in beliebiger Reihenfolge zu erinnern; bei der *serialen Wiedererinnerung* müssen sie die items in derselben Reihenfolge wiedergeben, in der sie dargeboten wurden; bei der *geordneten Wiedererinnerung* können sie die items wiederum in beliebiger Reihenfolge angeben, müssen aber die Position oder Folge ihrer Darbietung mitteilen können; bei der *überprüften Wiedererinnerung* wird der Vp eine Art Schlüssel für das richtige item dargeboten, manchmal eine item-Verbindung, manchmal seine Lokation innerhalb der Liste, manchmal ein Nachbar-item und manchmal ein Teil des items selbst. Die Liste mit alternativen Prüfmethoden, die die Wiedererinnerung verwenden, könnte noch weiter fortgesetzt werden, wobei die Methodenaufstellung von heute durch den Scharfsinn des experimentierfreudigen Forschers von morgen erweitert wird.

Ein ähnlicher Katalog kann für Gedächtnistests zur Wiedererkennung aufgestellt werden. Die wesentlichen Variationen zentrieren sich hier aber um zwei Punkte: erstens, die Anzahl der einer Vp für jede Reizliste gegebenen Prüftests; zweitens, die Anzahl der items pro Test. Beim *einfachen Wiedererkennen* wird also ein Testitem dargeboten, und die Vp hat zu entscheiden, ob oder ob nicht es auf der Liste war. Bei *mehrfachen alternativen Situationen* werden ihr jedoch mehrere Testitems gezeigt: die Aufgabe besteht darin zu entscheiden, welches vorher dargeboten worden war. Eine Wiedererinnerungsprüfung kann als eine Form mehrfacher alternativer Gedächtnistests gesehen werden, wenn die Vp die Gruppe möglicher Antworten kennt.

Wir wollen etwas detaillierter ein typisches Experiment studieren. Zur Verdeutlichung diene uns ein Wiedererkennungs-Experiment, das folgendermaßen aufgebaut sein könnte: der Vp wird eine Liste mit Reizitems, und zwar item für item, vorgelegt. Das Ende der item-Aufstellung wird durch ein Signal angezeigt (z. B. durch einen hohen Ton). Darauf wird ein Testitem dargeboten. Die Vp weiß, daß dieses entweder ein *altes* ist, das aus der vorhergehenden Reizliste stammt, oder ein *neues* darstellt, das nicht schon dargeboten worden ist. Gewöhnlich kennt die Vp die relative Häufigkeit, mit welcher ein Test-item alt oder neu sein wird. Die Antwort geschieht durch ein *Ja* (das item war alt) oder ein *Nein* (das item war nicht alt), und nach einer Pause von wenigen Sekunden beginnt die Prozedur von vorn.

Experimentelle Probleme

Nach dem bisher Gesagten scheint es, als ob das Behalten einer Liste von dem einer anderen getrennt werden könnte. Das wäre falsch. Die meisten Experimente zum Kurzzeit-Gedächtnis werden so durchgeführt, daß man zahlreiche item-Listen einer kleinen Zahl von Vpn vorgibt. Lieber würde der Experimentator jeder Vp eine Liste darbieten und dann das Behalten jedes items auf dieser Liste überprüfen. Leider ist dies wegen zweier ziemlich offensichtlicher Gründe nicht möglich.

Erstens ist es schwierig, ein genaues Maß zu erhalten, das angibt, wieviel von einem item bei einem einzigen Versuch erinnert wird. Wir können nur rohe Schätzungen der Menge an Informationen abgeben, die nach einem einzigen Versuch von einem item haften bleibt. Mitunter kann eine Vp das vollständige item wiedererinnern, manchmal gelingt ihr nur die Erinnerung von Teilen. Es kommt weiterhin vor, daß sie alle Teile korrekt wiedererinnert, aber in der falschen Reihenfolge. Zuweilen ist die Vp sehr zuversichtlich, daß ihre Antwort richtig war, dann wieder rät sie. Aber alle diese Maße sind eben doch etwas grob, teilweise aufgrund mangelnder Präzision unserer Messungen (z. B. hinsichtlich der „Vollständigkeit" einer Antwort) und teilweise wegen fehlender adäquater Theorien.

Der zweite Grund, warum Einzellisten nicht genügend Information liefern, besteht darin, daß, wie wir in Kapitel 4 erfahren haben, der Akt der Wiedererinnerung eines items auf der Liste das Erinnern der anderen items beeinträchtigt. Wenn wir also nicht eine Technik entwickeln können, um die Erinnerungsstärke aller items im Gedächtnis gleichzeitig zu messen, müssen wir unsere Messungen auf ein einziges item bei jeder Darbietung einer Liste beschränken. Um vollständigere Information zu erhalten, benötigen wir mehr Darbietungen von Listen.

Bei der Standarddurchführung dieser Experimente wird einer Vp eine item-Liste präsentiert, das Behalten eines items auf der Liste geprüft und dann, nach einer kurzen Pause, das Verfahren wiederholt. Viele Stunden des Testens sind notwendig, um genügend Information über das Behalten jedes items zu erhalten.

Eine einzige Vp kann mitunter für eine Dauer von 50 Stunden, die sich über 25 bis 50 Einzeluntersuchungen während eines oder zweier Monate erstrecken, an einem Experiment teilnehmen. Die Wiederholungen sind bei diesem Experiment wichtig und notwendig, weil die Antworten der Vp probabilistischer Natur sind: das eine Mal erinnert die Vp ein item korrekt, ein anderes Mal nicht. Um die Antwortwahrscheinlichkeit mit einiger Genauigkeit zu messen, muß der Versuchsleiter 50 bis 100 Tests von jeder ihm wichtig erscheinenden Bedingung durchführen. Das bedeutet, daß, um die

Kurve der serialen Position für eine 10 items enthaltende Liste zu studieren, u. U. 1 000 Listen dargeboten werden müssen. Überdies sind zur Erhaltung dieser 1 000 Listen 2 000 Versuche erforderlich, wenn das Testitem insgesamt nur zu 50 Prozent ein altes darstellt. Wenn die items mit einer Geschwindigkeit von einem item pro Sekunde gezeigt werden, dauert die Darbietung der 10-item-Liste mit der Prüfung 11 Sekunden. Wenn wir für die Antwort der Vp 10 Sekunden zulassen und darauf eine Pause von 10 Sekunden vor der nächsten Liste gestatten, erfordert die Darbietung der in jenen 2 000 Listen enthaltenen 21 000 items annähernd 20 Stunden. Und hierbei handelt es sich erst um ein einfaches Experiment mit einer Vp.
In diesen Experimenten benötigen wir einen besonderen Verhaltenstyp auf seiten der Vp. Wir fordern von ihr, bis zum Zeitpunkt der Prüfung so viel wie möglich von jeder Liste zu behalten, und dann, bevor die neue Liste präsentiert wird, hat sie das Gelernte wieder zu „vergessen". Hätten wir einer Vp nur eine Liste darzubieten und ihr Behalten dieser zu messen, würden wir andere Ergebnisse erhalten. Tatsächlich scheint es klar, daß die ersten wenigen Listen, wenn sie geprüft werden, ein weit besseres Behalten ergeben, als es bei den späteren Listen der Fall ist. Hat man erst einmal eine genügende Zahl von Listen dargeboten, scheinen deren Prüfungen stabile Leistungsmaße darzustellen. Die meisten Forscher berücksichtigen bei der Datenanalyse nicht die mit den ersten wenigen Listen gewonnenen Resultate, um den Effekt dieser Anfangsperiode erhöhter Leistung klein zu halten.
Abgesehen von den offensichtlichen Schwierigkeiten, Vpn für solch ein langwieriges Experiment zu bekommen, was impliziert die Verlängerung dieser Experimente hinsichtlich der Art und Weise, wie sie solche Aufgabe angehen und ausführen? Alle diese Darbietungen haben sicher einen Einfluß auf das Behalten.
Frühere Erfahrung reduziert bei experimentellen Aufgaben bekanntlich die Stoffmenge, die behalten werden kann. Der Einfluß früher gelernten Materials auf gegenwärtiges Lernen wird als proaktive Hemmung bezeichnet. Diese darf man bei der Bewertung von Resultaten, die in Experimenten zum Kurzzeit-Gedächtnis gewonnen wurden, nicht außer acht lassen. In wenigstens einer Hinsicht hat diese starke proaktive Hemmung auch etwas Gutes. Um das zu verstehen, muß einem zunächst klar sein, daß Kurzzeit- und Langzeit-Gedächtnis tatsächlich als separate Systeme vorhanden sind. Bei dem Versuch, zwischen Kurzzeit- und Langzeitspeicher zu unterscheiden, stößt man ständig auf das Problem, wie man die Effekte dieser beiden Gedächtnissysteme voneinander trennen kann. Wenn Vpn Stoff lernen, sind sowohl Kurzzeit- als auch Langzeitspuren aktiv beteiligt, und es ist schwer zu bestimmen, welchen Anteil an der Leistung zur Zeit der Überprüfung

jeder Faktor hatte. Wenn jedoch eine einzelne Vp wiederholt geprüft wird, kann man recht sicher sein, daß sehr wenig bzw. gar kein Langzeit-Behalten vorliegt. Die Vp hat es schwer genug, ihre volle Aufmerksamkeit auf das Experiment gerichtet zu halten, ohne auch den Stoff für eine lange Zeitdauer zu lernen. Es kann gefolgert werden, daß, wenn es wirklich zwei getrennte Gedächtnissysteme gibt, ein langfristiges und ein kurzfristiges, starke proaktive Hemmung dafür sorgt, daß nur Kurzzeitspuren während der Überprüfung aktiv sind. Die in diesen Experimenten erhaltenen Funktionen können durchaus eher repräsentativ sein für eine reine Funktion des Kurzzeit-Gedächtnisses als die Ergebnisse anderer Experimente, in denen proaktive Einflüsse auf einem Minimum gehalten wurden.

Es gibt eine klare Alternative zu dem gerade beschriebenen Verfahren, in welchem einer Vp 21 000 items dargeboten wurden. Anstatt, wie oben dargestellt, einer einzigen Vp 2 000 item-Listen zu zeigen, könnten wir wenige Listen jeder aus einer großen Gruppe von Vpn anbieten. Beide Techniken haben ihre Vor- und Nachteile. Die erste, bei der mit einer einzigen Vp gearbeitet wird, bedeutet, daß unsere Ergebnisse von einer in der experimentellen Aufgabe erfahrenen Person stammen, d. h. daß diese Ergebnisse nicht notwendigerweise repräsentativ für das Durchschnittsverhalten sind. Überdies kann, wie wir erörtert haben, die Darbietung so vielen Materials die uns interessierenden Resultate verändern. Schließlich, wie können wir sagen, daß die von wenigen sehr gut geübten Vpn erhaltenen Resultate repräsentativ für alle Menschen sind?

Der zweiten Technik, bei der mit vielen Vpn für wenige Versuche gearbeitet wird, liegt die Annahme zugrunde, daß alle getesteten Individuen einander ähnlich sind, so daß die gemittelten Ergebnisse typisch für den Durchschnittsmenschen sind. Andererseits gibt es viele Beispiele von Fällen, in denen die durchschnittliche Leistung für kein einziges Individuum typisch ist. Wenn man für kurze Zeit mit Vpn arbeitet, lernen sie wahrscheinlich mit dem Fortgang des Experiments, wie die Aufgabe durchgeführt wird. Die Ergebnisse werden daher z. T. auch Lerneffekte widerspiegeln. Es ist aber möglich, experimentelle Pläne zu verwenden, die genau die Reihenfolge der Überprüfung von Vpn und Bedingungen berücksichtigen, sodaß jede experimentelle Bedingung gleichermaßen experimentellen Variablen wie z. B. Lernen ausgesetzt ist. Diese Techniken sind für einige Untersuchungszwecke wertvoll, für andere dagegen von Nachteil. Insbesondere erschweren sie die Bestimmung der mathematischen Funktion, die den Ergebnissen eines Experiments zugrunde liegt, weil die Effekte einer unbekannten (wenn auch vermutlich gleichen) Anzahl irrelevanter Variablen (Lärm) in die Ergebnisse aufgenommen wurden.

Die für Experimente jeweils zu verwendende Technik muß von der Fragestellung an die Ergebnisse und, zu einem gewissen Grad, von der persönlichen Vorliebe her entschieden werden. In den folgenden Kapiteln liegt der Schwerpunkt auf Untersuchungen, die auf wenigen über längere Zeitperioden hin studierten Vpn basieren. Diese Technik wird vorwiegend deswegen verwendet, weil wir die genaue Beschaffenheit der Prozesse kennenlernen wollen, die für die Phänomene von Gedächtnis und Aufmerksamkeit verantwortlich sind. Für die in diesem Buch erörterten Problembereiche scheint das Studium einzelner Vpn das beste experimentelle Verfahren darzustellen.

Wiederholung

Die Wiederholung ist ein äußerst wichtiger Teil des Erinnerungsaktes und sollte daher auch einen bedeutenden Bestandteil von Gedächtnistheorien darstellen. Leider haben wir bei der Definition dessen, was nun Wiederholung ist, Schwierigkeiten, ganz zu schweigen von der Beschreibung ihrer typischen Merkmale oder von Erklärungsversuchen ihrer Funktionsweise. Die Wiederholung scheint hier ein stilles, inneres Sprechen zu sein. Es gibt keine Frage darüber, daß wir zur Unterstützung unserer Erinnerung mit uns selbst sprechen, aber wie wichtig dies für das Gedächtnis ist und was noch eine Rolle hierbei spielt, ist unbekannt. Die meisten Autoren neigen zu eher zurückhaltenden Aussagen bezüglich der Wiederholung, wobei sie die Möglichkeit offen lassen, ob sie bewußt oder unbewußt, hörbar oder kaum hörbar oder überhaupt nicht dergestalt abläuft. Es scheint tatsächlich allgemeiner Praxis zu entsprechen, den gesamten hiermit zusammenhängenden Fragenkomplex unerwähnt zu lassen. In dem ersten modernen Buch über das Gedächtnis, welches nach vielen Jahren veröffentlicht wurde (Adams 1967), erschien beispielsweise das Wort „rehearsal" (Wiederholung) weder im Sachverzeichnis noch in der Inhaltsübersicht, obwohl es einige Male im Text vorkommt.

Im vorigen Kapitel (Kap. 4) erfuhren wir, wie George Sperling die subvokale Wiederholung in einen spezifischen Gedächtnismechanismus inkorporierte. In weiteren Kapiteln werden wir auf eine Erörterung einiger Implikationen dieser Vokalisation zurückkommen. Um es kurz vorwegzunehmen, der vokale Aspekt der Wiederholung impliziert, daß Material in akustischer Form erinnert wird, selbst wenn es ursprünglich in visueller Form dargeboten wurde. Für das vorliegende Kapitel braucht man sich nur zu merken, daß die Art und Weise der Wiederholung durch eine Vp die Ergebnisse von Gedächtnisexperimenten ändern kann. Wenn jemand beabsichtigt, seine Wiederholung auf die ersten items einer Liste zu konzentrieren, wird er sie besser erinnern als bei weniger intensiver Wiederholung. Da die Psychologen dazu tendierten, die Existenz einer Wiederholung zu ignorieren (mehr darüber bei der Erörterung von Mnemotechniken in Kapitel 6), haben sie sich selten die Mühe gegeben danach zu fragen, was ihre Vpn taten. Aus diesem Grund ist bei der Interpretation von Ergebnissen vieler Gedächtnisexperimente die Frage notwendig, inwieweit sie aufgrund individueller Wiederholungsstrategien der Vpn, im Gegensatz zu den grundlegenden Prozessen, zustande gekommen sind.

Theorien des Kurzzeit-Gedächtnisses

Nach neuester Sicht, was die Beschaffenheit des unmittelbaren Gedächtnisses angeht, repräsentiert es eine temporäre Speichervorrichtung, die eine kleine, begrenzte Stoffmenge behalten kann. Fast jeder Konstrukteur moderner Informationsverarbeitungs-Apparate weiß, daß temporäre Speichereinheiten an allen Stellen notwendig sind, die nach außen kommunizieren (d. h. auf allen Input-Output-Kanälen). Diese Speichereinheiten oder Puffer sind notwendig, weil sich Modus und Geschwindigkeit von Informationsprozessen innerhalb des Apparates von Modus und Geschwindigkeit unterscheiden, die die Informationsaufnahme von oder -weitergabe nach außen bestimmen. Die Gründe für die Notwendigkeit dieser Puffer bei von Menschen gefertigten Apparaturen sind von sehr allgemeiner Art; sie treffen immer zu, wenn es um die Durchführung logischer Operationen aufgrund von Informationen geht, die aus der Umwelt empfangen wurden. Sie sollten daher für lebende Organismen ebenso gültig sein wie für künstlich geschaffene. Allerdings sind logische Argumente hinsichtlich der Erwünschtheit eines Mechanismus wie des Kurzzeit-Gedächtnisses gewiß nicht Beweis seiner Existenz im menschlichen Organismus.

Wenn wir zunächst einmal akzeptieren, daß es ein spezielles Kurzzeit-Gedächtnis gibt, müssen wir noch seine Eigenschaften bestimmen. Eine der ersten detaillierten Beschreibungen des möglichen Wirkens eines Kurzzeit-Gedächtnisses stammt von dem englischen Psychologen John Brown, mitgeteilt in einer Reihe von Arbeiten, die 1958 und 1959 publiziert wurden. Er war der Auffassung, daß Material in diesem Gedächtnis mit der Zeit verblaßt, wenn nicht mit Hilfe der Wiederholung Anstrengungen zu seinem Behalten unternommen werden. Die Wiederholung, so folgerte er, läßt ein Objekt dadurch im Kurzzeit-Gedächtnis haften, daß seine Spur in fast derselben Weise erneuert wird, wie eine erneute Darbietung sie wieder beleben würde. Wird die Wiederholung jedoch nicht fortgeführt, verschwindet das Objekt langsam, genauso, wie es nach einmaliger Darbietung der Fall ist.

Die Wiederholung diente also im Kurzzeit-Gedächtnis zur zeitlichen Verlängerung, bewirkte sonst aber nichts. Wir müssen trotzdem annehmen, daß die Wiederholung eines items die Wahrscheinlichkeit seiner ständigen Speicherung, eventuell in einem anderen Gedächtnissystem, erhöht. Diese Folgerung wurde nicht von Brown betont, sie scheint jedoch eine logische Erweiterung seiner Theorie darzustellen. Tatsächlich wird jene für fast jede Gedächtnistheorie benötigt, weil manche items schließlich über sehr lange Zeitperioden hin behalten werden. Ein Gedächtnisforscher, der ein Kurzzeit-Gedächtnis-Modell vorschlagen würde, dem zufolge ja alle items wieder verschwinden, begibt sich ganz klar der Möglichkeit, die Eigenschaften eines Langzeit-Gedächtnisses zu studieren.

John Brown spezifizierte zweierlei in seiner Theorie. Zum einen ging es ihm um die Erkundung jenes langsamen Verschwindens aus dem Gedächtnis. Dieser Vorgang wurde analog dem Geschehen bei der Lärmzuführung zur Gedächtnisspur gesehen. Das Erinnerungsbild wurde mit der Zeit also immer unschärfer, wobei die Zahl der Einzelheiten, die noch erinnert werden konnten, ständig abnahm. Erinnerungsfehler nehmen mit dem Verblassen des Bildes zu, die falsch erinnerten items weisen hierbei jedoch eine Ähnlichkeit mit dem Original auf. Der andere Punkt Browns bezog sich auf die nicht wiederholte Gedächtnisspur, deren Verblassen als Folge der Zeit interpretiert wurde. Über diesen Punkt ist jüngst viel diskutiert worden, wobei von entgegengesetzter Seite die Meinung vertreten wird, daß der Zeiteinfluß auf im Gedächtnis gespeichertes Material gering ist. Es ist natürlich recht schwierig, zwei Theorien zu unterscheiden, von denen die eine das Verschwinden mit der Zeit postuliert, die andere dessen Ursache in der Interferenz sieht. Es ist nämlich nicht möglich, ein experimentum crucis durchzuführen, das von jedem akzeptiert würde. Dieses würde folgendermaßen aussehen: einer Vp würde Material dargeboten, worauf sie angewiesen würde, eine Zeitlang nichts zu tun, und danach würde ihre Behaltensleistung überprüft. Der „Interferenz-Theoretiker" würde keinerlei, der „Zeit-Theoretiker" dagegen einen nicht unwesentlichen Betrag an Vergessen vorhersagen. Der springende Punkt ist, daß es für eine Vp nicht möglich ist, „nichts zu tun". Stille Wiederholung, Nachdenken, bewußte und unbewußte Prozesse treten ständig auf. Es gibt einfach keinen Schalter, den wir nur zu drehen brauchen, um jemanden für kurze Zeit „abzustellen". Wer kann dann aber sagen, ob ein Verblassen im Gedächtnis das Resultat des Zeit -oder eines Aktivitätsfaktors ist?

Die Vergessensgeschwindigkeit bei schwach wiederholtem Stoff wurde von Lloyd und Margaret Peterson im Jahre 1959 an der Universität von Indiana ermittelt. Um die Wiederholung klein zu halten, ließen sie ihre Vpn eine

Aufgabe durchführen, die sowohl schwierig als auch irrelevant mit Hinblick auf die Gedächtnisaufgabe war. Die Aufgabe bestand darin, von einem nach Zufall ausgewählten Startpunkt rückwärts (und zwar im Dreierabstand) und in Übereinstimmung mit dem von einem Metronom gelieferten Takt zu zählen. Die Gedächtnisaufgabe selbst erforderte das Behalten einer Sequenz aus drei Konsonanten, was normalerweise keine Schwierigkeiten bereitet. In diesem Experiment jedoch stellte sich nach 18 Sekunden ein fast vollständiges Versagen ein.

Schnelles Verblassen von Material aus dem Gedächtnis kommt nur unter beschränkten experimentellen Bedingungen vor, die ein Ablenken (oder Verhindern von Wiederholung) durch spezielle Aufgaben einschließen. Dies läßt vermuten, daß der Spanne des unmittelbaren Gedächtnisses hauptsächlich durch den Wiederholungsvorgang eine Grenze gesetzt ist. Möglicherweise ist es kennzeichnend für ein Gedächtnissystem, daß die begrenzte Kapazität des unmittelbaren Gedächtnisses auf der Schwierigkeit beruht, zu viele items auf einmal zu wiederholen. Die Wiederholung könnte sowohl der Erhaltung von Material im unmittelbaren Gedächtnis dienen als auch seine Weiterleitung in einen dauerhafteren Speicher unterstützen. Diese Theorie wurde im Jahre 1965 von Nancy C. Waugh und Donald A. Norman vorgeschlagen und wird in der folgenden Arbeit ausgeführt.

Das primäre Gedächtnis*

Nancy C. Waugh und Donald A. Norman

Es ist eine wohlbekannte Tatsache, daß die längste Reihe von zusammenlanglosen Ziffern, Buchstaben oder Wörtern, die jemand nach einmaliger Darbietung genau wiedergeben kann, selten über 10 items hinausgeht. Ebenso wahr ist aber auch, daß man fast immer das letzte item in einer Reihe, egal, wie lang diese ist, wiedererinnert – aber nur, wenn dieses item direkt erinnert oder während des Intervalls zwischen seiner Darbietung und Erinnerung wiederholt werden kann. Sonst wird es sehr wahrscheinlich vergessen. Wenn wir annehmen, daß die auf ein neues item gerichtete Aufmerksamkeit die nochmalige Betrachtung

---

* Nancy C. Waugh und Donald A. Norman. Primary memory. In: *Psychol. Rev.* 1965, 72, S. 89, 92–93. Copyright 1965 by the American Psychological Asso- Wiedergabe mit Genehmigung der Autoren.

eines vorherigen ausschließt, können wir sagen, daß die Spanne des unmittelbaren Gedächtnisses zu einem großen Teil aufgrund unserer mangelnden Fähigkeit begrenzt ist, die ersten items innerhalb einer Sequenz zu wiederholen und somit zu behalten, während die nachfolgenden zu speichern versucht werden. Unsere begrenzte Gedächtnisspanne wäre dann nur ein Ausdruck unserer generellen Unfähigkeit, über zwei Dinge zugleich nachzudenken.
Warum sollte ein nicht wiederholtes item in einer Liste so rasch vergessen werden? Wird seine physiologische Spur quasi von den Spuren der ihm folgenden items überdeckt? Oder verblaßt und verschwindet diese Spur einfach innerhalb eines kurzen Intervalls, unabhängig davon, was während dieses Intervalls geschieht?

– – –

Wir nehmen hier an, daß Wiederholung einfach die Wiedererinnerung eines verbalen items bezeichnet – entweder direkt oder verzögert, leise oder äußerlich wahrnehmbar, bewußt oder unwillkürlich. Die anfängliche Wahrnehmung eines Reizes muß ebenfalls als eine Wiederholung gelten. Offensichtlich kann ein sehr deutliches bzw. ein item, das leicht zu schon einmal Gelerntem in Beziehung gesetzt werden kann, mit einem Minimum an bewußter Anstrengung behalten werden. Wir vermuten, daß andererseits relativ homogener oder nicht vertrauter Stoff mit größerem Aufwand wiederholt werden muß, soll er behalten werden. Tatsächlich werden wir uns aber nicht mit der genauen Rolle, die die Wiederholung beim Einprägungsvorgang spielt, befassen. Wir weisen einfach darauf hin, daß im gewöhnlichen, mit sprachlichem Material arbeitenden Experiment die Wahrscheinlichkeit, daß ein item in einer homogenen Liste wiedererinnert wird, mit der zur Verfügung stehenden Zeit für seine Wiederholung zu wachsen tendiert.

– – –

Umgekehrt wird nicht wiederholtes Material schnell vergessen, unabhängig von der Geschwindigkeit, mit der es dargeboten wurde. Man stelle sich vor, daß durch die Wiederholung ein kurz zuvor wahrgenommenes sprachliches item von dem einen Gedächtnisspeicher mit sehr begrenzter Kapazität in einen anderen umfangreicheren Speicher überführt wird, aus dem es sehr viel später noch abgerufen werden kann.
Wir lehnen uns bei der Benutzung der Termini *primäres* und *sekundäres Gedächtnis* (PM und SM) zur Bezeichnung der beiden Speicher an James (1890) an. James definierte die Begriffe über die Introspektion: ein Ereignis im PM ist immer bewußt sowie Teil der psychologischen

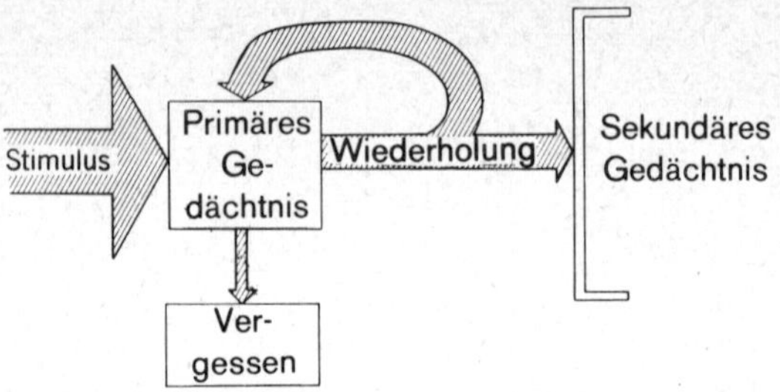

Abb. 2: Das primäre und das sekundäre Gedächtnissystem. Sämtliche sprachlichen items werden vom PM aufgenommen, wo sie entweder wiederholt oder vergessen werden. Die wiederholten items können weiter ins SM gelangen.

Gegenwart, während ein aus dem SM wiedererinnertes Ereignis eine Zeitlang nicht mehr bewußt gewesen ist und der psychologischen Vergangenheit angehört. Das PM stellt eine zuverlässige Aufzeichnung gerade wahrgenommener Ereignisse dar; das SM ist voller Lücken und Verzerrungen. James war der Ansicht, daß sich das PM über einen festen Zeitraum hin erstreckt. Wir schlagen stattdessen vor, daß es eine bestimmte Zahl von Ereignissen einschließt, unabhängig von der Zeit ihres Auftretens. Unser Ziel ist die operationale Unterscheidung zwischen dem PM und dem SM auf der Basis des im folgenden beschriebenen Modells.

Betrachten wir das allgemeine in Abb. 2 dargestellte Schema. Jedes sprachliche item, dem man seine Aufmerksamkeit zuwendet, wird vom PM aufgenommen. Wie wir gesehen haben, ist die Kapazität dieses Systems stark begrenzt. Neue items treten an die Stelle früherer; ersetzte items sind für immer verloren. Wird ein item jedoch wiederholt, verbleibt es im PM und kann ins SM gelangen. Der Einfachheit halber nehmen wir einmal an, daß die Wahrscheinlichkeit seiner Aufnahme ins SM unabhängig von seiner Position in einer Reihe und vom Zeitpunkt seiner Wiederholung ist. Es wäre also egal, ob das item unmittelbar beim Eintritt in das PM oder einige Sekunden später wiederholt würde: solange es sich im PM befindet, geschieht der Übergang zum SM mit fester Wahrscheinlichkeit.

In ihrer Diskussion legen Waugh und Norman besonderes Gewicht auf die Rolle der Wiederholung für die zeitliche Verlängerung der Materialspeicherung im primären Gedächtnis und für die Erhöhung der Wahrscheinlichkeit des Übertritts ins sekundäre Gedächtnis. Bei grammatischem Material bedeutet die Wiederholung sowohl einen serialen als auch einen verbalen Prozeß. Wenn die Wiederholung die vorgeschlagenen Funktionen hat, könnte sie den Schlüssel für die Beziehung zwischen Aufmerksamkeit und Gedächtnis darstellen. Wir sahen bereits, daß, wenn die Aufmerksamkeit auf einen Informationskanal gerichtet ist, wenig Information über die Eigenschaften des anderen Kanals behalten wird. Noch erstaunlicher ist es, daß die Vpn bei der Wiedergabe verbalen Materials wenig Behalten des gerade wiederholten Stoffes zeigen, obgleich beträchtliche Verarbeitung des Materials durch das Nervensystem stattgefunden haben muß, damit es gehört und wörtlich wiederholt wird. Könnte es sein, daß die Schwierigkeit, eine Wiederholungsaufgabe durchzuführen, die Wiederholungsmöglichkeit ausschließt, wodurch daher das längerfristige Behalten des wiedergegebenen Stoffes außerordentlich reduziert wird?

Das hier gegebene Bild des Gedächtnisses ist recht anschaulich, ist es jedoch auch richtig? Der langsame Prozeß wissenschaftlicher Erkundung wird erst nach einiger Zeit endgültige Folgerungen zulassen, unterdessen mag es aber nützlich sein, einige der zur Zeit herrschenden Meinungen zu überprüfen und einige der Probleme zu erwähnen, die durch die Einteilung des Gedächtnisses in ein sensorisches, ein primäres und ein sekundäres kaum berücksichtigt werden.

Ein experimentelles Ergebnis, welches von jeder Gedächtnistheorie erklärt werden muß, ist der durch die seriale Position bedingte Effekt bei der Wiedererinnerung. Dieser bezieht sich auf die Tatsache, daß beim Lernen einer Liste mit homogenen items diejenigen, die am Anfang und Ende stehen, am besten, die in der Mitte befindlichen am schlechtesten behalten werden. Die genaue Kurvenform für die seriale Position hängt von einer Reihe experimenteller Variablen ab, aber die Tatsache, daß Anfang und Ende einer item-Liste in erhöhtem Maße behalten werden, zeigt sich immer wieder bei vielerlei experimentellen Anordnungen. (Die Kurve für die seriale Position wird ausführlicher in Kap. 8 erörtert).

Die relative Überlegenheit von items am Ende der Liste („Endpositions-Effekt") gegenüber jenen in der Mitte kann mit dem primären Gedächtnis erklärt werden. Wenn die Liste gerade dargeboten worden ist, sind die letzten items noch im primären Gedächtnis und können sofort wiedererinnert werden. Selbst wenn die direkte Erinnerung der letzten items verhindert wird, können sie noch wiederholt werden. Da, per Definition, nach dem letzten keine items mehr gezeigt werden, ist die Wiederholung leicht verlängert und effektiver. Wenn sowohl die direkte Erinnerung als auch die Wiederholung der letzten items einer Liste verhindert werden, müßte der Endpositions-Effekt verschwinden, was auch der Fall ist.

Anfangsitems einer Liste werden desgleichen besser wiedererinnert, doch dies kann nicht so einfach wie mit dem Endpositions-Effekt erklärt werden. Waugh und Norman klammerten dieses Problem einfach aus, indem sie ihre Analyse auf items beschränkten, die hinter den ersten kamen. Wissen erhält man allerdings nicht durch Ausklammerung, und das Phänomen muß schließlich erklärt werden. Eine mögliche Erklärung, die sich mit der Annahme eines multiplen Gedächtnisses vereinbaren läßt, ist, daß den Anfangsitems einer Liste erhöhte Aufmerksamkeit gegenüber späteren geschenkt wird und sie daher mit großer Wahrscheinlichkeit in längerfristige Gedächtnissysteme überführt werden. Hiernach ist also der Effekt der serialen Position bei Experimenten zum Kurzzeit-Gedächtnis für die ersten items auf eine erhöhte Aufmerksamkeit und für die letzten auf das leichte Zurückholen aus dem primären Gedächtnis zurückzuführen. Die zur Stützung der Theorie notwendige Evidenz liefert die Tatsache, daß es möglich ist, die Kurvenform für die seriale Position in eindrucksvoller Weise durch Instruktionen an die Vp zu modifizieren. Wir können den Anfangsverlauf der Kurve abflachen, indem wir die Vp bitten, „jedem item eine gleiche Menge an Aufmerksamkeit zuzuwenden" („Richten Sie Ihre Aufmerksamkeit auf jedes dargebotene item; wird ein neues gezeigt, konzentrieren Sie sich bitte darauf und denken Sie nicht mehr an die vorigen items"). Durch geeignete Instruktionen ist es ebenso möglich, die Erinnerung an das erste item zu verstärken („Konzentrieren Sie sich ganz auf das erste item, auch wenn schon die anderen dargeboten werden„).

Nach einer anderen Theorie geschieht die Übertragung vom primären zum sekundären Speicher durch einen Aufmerksamkeits- oder Wiederholungsmechanismus, der jeweils nur ein item bearbeiten kann. Das erste in einer Liste dargebotene item erhält die volle Aufmerksamkeit des Verarbeiters. Das zweite und spätere items müssen quasi auf das erste item warten. Es bildet sich eine Schlange von items, die auf den Transfer in längerfristige Speicher warten. Je weiter zum Ende der Liste hin ein item steht, desto größer ist seine Wahrscheinlichkeit, vergessen zu werden, bevor es an die Reihe kommt.

Eine andere Art von theoretischer Erklärung für das erhöhte Behalten am Anfang stehender items ist die der proaktiven Hemmung. Das experimentelle Ergebnis ist einfach: das Behalten nimmt mit der Zahl ähnlicher *vorhergehender* Aufgaben ab. In der Regel basieren die Erklärungen für proaktive Hemmung auf einer Interferenztheorie, nach der Gedächtnisspuren von früher gelerntem Material mit den Spuren von gerade Gelerntem konfundieren. Anfangsitems einer Liste sind am wenigsten proaktiven Hemmungseinflüssen ausgesetzt.

Wie viele Gedächtnisse?

Ein häufig gehörtes Argument gegen die Existenz mehrerer verschiedener Gedächtnisarten besagt, daß ähnliche Gesetze für Vorgänge gelten, die verschiedenen Systemen zugeordnet werden. Derselbe Effekt der serialen Position hat sich sowohl in Untersuchungen des Kurzzeit- als auch des Langzeit-Gedächtnisses gezeigt, ferner dieselbe Art von proaktiver Hemmung, dieselbe Beziehung zwischen Ähnlichkeit der items und Leichtigkeit des Behaltens und weitere übereinstimmende Beziehungen für eine große Anzahl psychologischer Vorgänge. Diese Verhaltensähnlichkeiten können so interpretiert werden, daß es nur eine Art von Gedächtnis mit möglicherweise unterschiedlichen Erregungsmodi gibt. Was wir als sensorisches Gedächtnis bezeichneten, kann einfach einen schnellen Verfall von Gedächtnisspuren darstellen; was wir primäres Gedächtnis nannten, kann für einen etwas langsameren Spurenverfall stehen, und das sogenannte sekundäre Gedächtnis würde nichts anderes meinen als den noch langsameren Verfall desselben Gedächtnisses. Tatsächlich könnte einfach die Geschwindigkeit, mit der gespeicherte Information wieder verschwindet, als einer der Gedächtnisparameter gelten. Nach dieser Ansicht begehen wir einen Fehler, wenn wir unterschiedliche Verfallgeschwindigkeiten verschiedenen Gedächtnissystemen zuschrieben.

Waugh und Norman waren sich dieser Kontroverse bewußt und gaben folgende Antwort:[3]

Diskussion

An diesem Punkt möchten wir uns der generellen Frage zuwenden, ob alle sprachliche Information im selben System gespeichert wird oder ob es, wie wir hier annahmen, zwei unabhängige Gedächtnisvorgänge gibt, die das Behalten selbst über sehr kurze Zeiträume hinweg ermöglichen. Die Vertreter der Theorie eines einheitlichen Gedächtnisses, allen voran Melton (1963), haben argumentiert, daß die Wiedererinnerung nach wenigen Sekunden in sehr ähnlicher Weise von denjenigen Variablen beeinflußt wird, die jene auch über sehr viel längere Zeiträume hin bestimmen. Aus diesem Grunde sei die Unterscheidung zwischen einem kurzfristigen und einem längerfristigen Gedächtnismechanismus rein willkürlich. Folgende Tatsachen sind zur Stützung dieser Ansicht vorgebracht worden:

3 Waugh und Norman, Primary memory. *Op. cit.* S. 100—102

1. Die kurzfristige Behaltensleistung wird, ebenso wie die langfristige, besser, wenn das wiederzuerinnernde Material vor einer Prüfung oder zwischen aufeinanderfolgenden Prüfungen wiederholt wird (Hebb 1961; Hellyer 1962).
2. Das Behalten nach einer kurzen Verzögerung ist der proaktiven Hemmung ebenso unterworfen wie das Behalten nach einer langen Verzögerung (Keppel und Underwood 1962; Loess 1964). Warum, fragt der Vertreter der Theorie eines einheitlichen Gedächtnisses, sollen wir zwischen kurz- und langfristigem Behalten unterscheiden, wenn wir keinerlei quantitativen und experimentell manipulierbaren Unterschiede zwischen ihnen finden können? Diese Frage könnte einen durchaus in Verlegenheit bringen, wenn man annähme, daß die beiden Prozesse durch genau definierte, sich nicht überlappende zeitliche Grenzen voneinander getrennt wären, so daß innerhalb eines kritischen Zeitraums nach ihrem ersten Erscheinen wiedererinnerte items von dem einen System stammen müssen, über diesen Zeitraum hinaus erinnerte items dagegen von dem anderen. (Eine solche Ansicht würde interessanterweise implizieren, daß ein item für eine bestimmte Anzahl von Sekunden in einem Kurzzeit-Speicher zu verbleiben hätte, bevor es, wenn überhaupt, in einen längerfristigen Speicher überwechselte).

Was ist aber, wenn wir gar nicht fordern, daß die beiden Systeme sich gegenseitig ausschließen? In diesem Fall hängt die Wahrscheinlichkeit, daß ein item wiedererinnert wird, sowohl von der Wahrscheinlichkeit ab, daß es noch im primären Gedächtnis (PM) ist, als auch von der Wahrscheinlichkeit, daß es während der Zeit zwischen seiner Darbietung und dem Beginn der interferierenden Sequenz (oder sogar während dieser Sequenz, falls die Vp zur Wiederholung imstande ist) ins sekundäre Gedächtnis (SM) übergetreten ist. Alle diese Variablen, welche die Wahrscheinlichkeit der Wiedererinnerung eines gegebenen items aus dem SM bestimmen – dazu gehört z. B. dessen Position in einer Serie von dicht aufeinanderfolgenden Tests oder die Zahl seiner Wiederholungen –, entscheiden dann über die erfaßte Menge des nach einer kurzen Pause Erinnerten. Wir glauben aber, deutlich gemacht zu haben, daß die Wahrscheinlichkeit einer Wiedererinnerung aus dem PM nur von der Entfernung des items vom Listenende abhängt, ganz unabhängig davon, ob es auch im SM war oder nicht; und weiterhin geben wir zu bedenken, daß ein Großteil der veröffentlichten Daten zum kurzzeitigen Behalten tatsächlich die Eigenschaften beider Gedächtnissysteme widerspiegelt.

Schließlich möchten wir noch auf Folgendes hinweisen: auf das Vorhandensein einer recht zwingenden introspektiven Evidenz zugunsten zweier gesonderter Gedächtnissysteme. Das PM, so wie wir es hier definiert haben, ist am besten mit der Fähigkeit des Menschen zu veranschaulichen, wörtlich die letzten Wörter eines gehörten oder gesprochenen Satzes wiederzuerinnern, selbst wenn er kaum das von ihm oder jemand anderem Gesagte beachtet. Im Falle eines verständlichen Sprachflusses sind Fehler bei der unmittelbaren Wiedererinnerung der gerade gehörten Wörter – Auslassen, Umstellung, Ersetzung – wahrscheinlich so selten, daß man sie schon als nicht normal bezeichnen müßte. Wir sind davon überzeugt, daß das Verstehen oder die Erzeugung einer grammatischen Äußerung unmöglich wäre, wenn wir nicht diese auffallende Gedächtniskapazität besäßen. Wenn wir einen Satz allerdings zu einem späteren Zeitpunkt wiedererinnern wollen, müssen wir ihn gewöhnlich wiederholen, solange er sich noch im PM befindet.
Derselbe Effekt zeigt sich bei sinnlosen Anordnungen verbaler items. Wenn wir einer Vp eine zufällige Folge von Wörtern, Buchstaben oder Zahlen darbieten und sie auffordern, sie in beliebiger Reihenfolge zu reproduzieren, kann sie die Anzahl der wiedererinnerten items dadurch maximieren, daß sie sich direkt der letzten items „entledigt". Die meisten Vpn in derartigen Experimenten berichten, daß gerade diese zum Schluß kommenden items leicht verloren gehen, wenn sie nicht sofort wiedererinnert werden, wohingegen früher in der Liste erschienene items nach Belieben ins Gedächtnis zurückgeholt werden können, wenn sie überhaupt erinnert werden können. Nach der farbenreichen Terminologie einer solchen Vp (Waugh 1961) verbleiben die letzten items einer verbalen Serie zeitweilig in einer Art „Echo-Box", mit Hilfe derer ein müheloses Nachsprechen ermöglicht wird. Wenn eine erfahrene Vp ferner eine Liste serialer items sich einzuprägen versucht, „füllt" sie, während ihr die item-Liste vorgelesen wird, nacheinander Echo-Boxen „auf" und versucht, den Inhalt jeder zu wiederholen. Sie wird beständig einige items auslassen, wenn die Wiederholung zu lange aufgeschoben wird oder wen nsie versucht, ihre Echo-Box mit mehr items zu füllen als sie fassen kann. Wir halten es für sehr wahrscheinlich, daß die PM-Funktion die (veränderliche) Kapazität dieses Mechanismus' beschreibt. Wir weisen in diesem Zusammenhang darauf hin, daß, innerhalb eines sehr weiten Bereichs, die Sprechgeschwindigkeit nicht die Fähigkeit berührt, den Worten zu folgen – ebenso wie Unterschiede in der Geschwindigkeit, mit der sinnlose Listen mit Zahlen dargeboten werden, keine große Wirkung auf die PM-Funktion haben.

Folgerungen

Wir haben die Existenz eines Kurzzeit- oder PM-Systems zu demonstrieren versucht, welches unabhängig von einem längerfristigen oder sekundären Speicher ist. Wir zeigten hierzu, daß eine einzige Funktion, die die Wahrscheinlichkeit der Wiedererinnerung zur Zahl intervenierender items in Beziehung setzt, eine ganze Reihe scheinbar ungleichartiger Gruppen von experimentellen Ergebnissen beschreibt. Hierbei haben wir mit Bedacht die Erörterung einiger Probleme vermieden, die in unseren Analysen auftauchten. An erster Stelle steht in unserer Problemliste die Definition eines items, denn sicher ist die Annahme einer gesonderten verbalen Einheit entscheidend für unsere Theorie. Der von uns untersuchte Interferenzeffekt scheint für eine große Klasse von Einheiten und Kombinationen von Einheiten konstant zu sein – einzelne Zahlen, sinnlose Trigramme und sinnvolle Wörter. Wieviele solcher einfachen Einheiten können wir kombinieren und dennoch ein item behalten? Wird ein item durch unsere grammatischen Gewohnheiten bestimmt? Wird es durch die Dauer des verbalen Reizes bestimmt? Sind vielleicht beide Gründe für seine Bestimmung relevant? Wir wissen es nicht.

Wir haben ferner die Erörterung der möglichen Regeln vermieden, wonach im PM befindliche items durch spätere ersetzt werden. Werden items unabhängig voneinander vergessen oder hängen sie miteinander zusammen und verschwinden auch gemeinsam? Diese Frage experimentell anzugehen, mag sich als schwierig erweisen, sollte jedoch nicht unmöglich zu beantworten sein.

Schließlich besteht noch das Problem, wo in dem Prozeß der Verarbeitung einlaufender Information unser PM seinen Sitz hat. Befindet es sich im peripheren sensorischen Mechanismus? Wahrscheinlich nicht. Sperlings Arbeit (1960) deutet darauf, daß das „sensorische Gedächtnis" – um einen Ausdruck von Peterson (1963) zu benutzen – innerhalb von Millisekunden verfliegt, während wir es in unserer Analyse mit Behaltensintervallen in der Größenordnung von Sekunden zu tun hatten. Geht die Speicherung im PM der Zuordnung von Bedeutung zu einzelnen verbalen Reizen voraus? Muß ein verbaler Reiz zwecks Speicherung im PM in ein akustisches Bild transformiert werden, selbst wenn er optisch dargeboten wurde? Hinsichtlich der letzten Frage verweisen wir den Leser auf eine neuere Arbeit von Sperling (1963).

An diesem Punkt beenden wir das Kapitel, nicht etwa, weil die Fragen geklärt wären, sondern weil fast alles Erwähnenswerte gesagt worden ist.

Für weitere Arbeit benötigen wir zuvor mehr Klarheit. Es wird einen neuen experimentellen Ansatz erfordern, um die Differenzen zwischen den unterschiedlichen experimentellen Lagern zu überbrücken. Ob die eventuelle Lösung einen Kompromiß der Standpunkte oder eine völlig neue Auffassung des Phänomens Gedächtnis bringen wird, kann momentan nicht gesagt werden.
Bei normalem Fortgang des Untersuchungsgegenstandes würden wir uns als nächstem der Betrachtung des sekundären Gedächtnisses zuwenden. Doch trotz all der jahrelangen Gedächtnisforschung ist noch weniger über die dem sekundären Gedächtnis zugrunde liegenden Mechanismen bekannt als über jene des primären. Als Konsequenz werden wir, obwohl wir unsere Erörterungen jetzt auf das sekundäre Gedächtnis verlagern, hierbei anders vorgehen als bei der Behandlung des primären Gedächtnisses. Zunächst wollen wir die Organisationsregeln studieren, nach denen Information ins sekundäre Gedächtnis eingegeben und von dort wieder zurückgerufen wird. Danach (in Kap. 7) untersuchen wir, auf welche Weise die Speicherung geschieht.

Empfohlene Literatur

Die in diesem Kapitel gebrachten Diskussionen tendieren alle sehr stark dahin, daß das Gedächtnissystem einen Teil des Gesamtprozesses der Informationsverarbeitung darstellt und daß es vernünftig ist, zwischen einer primären und einer sekundären (oder einer kurz- und einer langfristigen) Gedächtnisstufe zu unterscheiden. Um die sich hieran entzündende Kontroverse zu verstehen, lese man die eher ausgewogene Darstellung in einem neueren Buch über das menschliche Gedächtnis von Jack Adams (1967), besonders die Kap. 3 und 5. Adams gibt einen Überblick über die von Vertretern der verschiedenen Standpunkte vorgebrachten Argumente, wobei alle Seiten in etwa gleichgewichtig dargestellt werden. Eine ausführliche Darstellung der herkömmlichen Standpunkte findet man in mehreren Publikationen: in den von Cofer (1961), Cofer und Musgrave (1963) und Melton (1964) herausgegebenen Symposiumsberichten und in der von Slamecka (1967) edierten Sammlung von Neudrucken, speziell in den Arbeiten von Melton (1963) sowie von Keppel und Underwood (1962). Es wird ferner auf die Erörterung der für Kap. 6 (Seite 162) empfohlenen Literatur verwiesen.
Weitere Meinungen zu dem hier angesprochenen Themenkreis werden im Kap. 8 wiedergegeben. Eine zusätzliche Erweiterung der Argumente für ein

primäres Gedächtnis brachte eine neue Serie von Untersuchungen: Norman (1966), Norman und Waugh (1968) und Waugh und Norman (1968). Zudem habe ich in der in Kap. 2 (Abb. 2) diskutierten Arbeit über den Aufmerksamkeitsmechanismus dargelegt, daß, obgleich das primäre und das sekundäre Gedächtnis durchaus separate logische Elemente mit unterschiedlichen zeitlichen Eigenschaften darstellen, sie dennoch Teil derselben physikalischen Struktur sein können (Norman 1968).

Neisser (1967, Kap. 9) geht das ganze Problem des primären Gedächtnisses (er nennt es „aktives verbales Gedächtnis") von einer anderen Seite an, indem er es als „Ausdruck einer zeitlich gestreckten akustischen Synthese" ansieht. Der interessierte Leser befaßt sich am besten mit dem gesamten Kapitel.

Dem Studierenden, der mehr über Informationstheorie erfahren möchte, werden sowohl von Arbib (1964) als auch Raisbeck (1963) recht lesenswerte Einführungen angeboten. Insbesondere Arbib befaßt sich mit Fragen, die den in diesem Buch erörterten nahe verwandt sind. Einen interessanten und neuartigen Zugang zum Gedächtnis und benachbarten Gebieten aus der Sicht eines Elektro-Ingenieurs zeigt S. Deutsch (1967) in seinem Buch auf.

Arbeiten über das Gedächtnis erscheinen gewöhnlich in folgenden experimentellen Zeitschriften:

British Journal of Psychology
Journal of Experimental Psychology
Journal of Verbal Learning and Verbal Behavior
Psychological Review
Psychonomic Science
Quarterly Journal of Experimental Psychology

6. Die Gedächtniskunst

Seit Menschengedenken ist die praktische Gedächtniskunst von Interesse gewesen. Jeder weiß, daß es normalerweise schwierig ist, sich etwas einzuprägen. Es hat jedoch zu allen Zeiten Menschen gegeben, die über besondere Techniken verfügten, mit deren Hilfe sie die Aufgabe anscheinend mit Leichtigkeit beherrschten. Wir schenken gewöhnlich diesen Techniken heute kaum mehr Beachtung, da sie auf bloßen Tricks und Sophisterei beruhen – ihre Vertreter präsentieren sich als Kabarettkünstler oder bieten ihre Dienste in zweifelhaften Annoncen an – dennoch können wir das Funktionieren dieser Techniken nicht leugnen. Wir sollten wirklich mit großer Sorgfalt Verfahren studieren, die die Einprägungsarbeit vereinfachen. Sie könnten nicht nur nützlich im Alltag sein, sondern die Geheimrezepte von Gedächtniskünstlern sollten eigentlich etwas Licht in die Organisation und die Tätigkeit der am Gedächtnisprozeß beteiligten Mechanismen bringen. Gewiß besteht eine Beziehung zwischen den Anweisungen für eine leichte Stoffaneignung und der Art und Weise, wie Informationsprozesse ablaufen.

In diesem Kapitel studieren wir einige der populären Systeme zur Verbesserung des Gedächtnisses. Zuerst wird uns die Frage beschäftigen, ob das Gedächtnis, wie gemeinhin angenommen, einfach eine Fertigkeit darstellt, die mit der Übung zunimmt. Darauf wenden wir uns dem Studium der Prinzipien zu, auf denen die Techniken für eine effiziente Einprägung beruhen. Einige dieser Prinzipien stammen aus der Literatur der Experimentalpsychologie, die meisten jedoch von bekannten Vertretern verschiedener Gedächtnissysteme. Zum Schluß des Kapitels wollen wir sehen, was überhaupt über Aufbau und Organisation des Gedächtnisses bekannt ist. Ferner interessieren uns die psychologischen Prinzipien, die hinter den Operationen populärer Gedächtnissysteme stehen.

Das Interesse für Methoden zur Gedächtnisverbesserung war lange weit verbreitet, denn ein gutes Gedächtnis kann seinem Träger für vielerlei Tätigkeiten von Nutzen sein. Wer von uns hat sich nicht schon gewünscht, über eine bessere Fähigkeit zum Behalten wichtigen Materials zu verfügen? Mit der Zeit wurde eine Reihe von Systemen zum Zwecke der Gedächtnisverbesserung entwickelt. Deren Einzelheiten sind nicht immer bekannt, denn oft hat sie ihr „Erfinder" geheim gehalten, in der Hoffnung, entweder im Vorteil gegenüber seinen Konkurrenten zu sein oder dadurch zu Geld von seinen Schülern zu kommen. Befaßt man sich aber näher mit den meisten bekannten Systemen (sowie den vermutlichen Techniken, deren sich die Praktiker geheimer Systeme bedienen), erkennt man, daß sie alle auf ähnlichen Grundsätzen basieren: wichtig sind Aufmerksamkeit und die Aneignung von Ordnungsgesichtspunkten.

Mit ihren Experimenten haben die Psychologen eine Reihe von Prinzipien entdeckt, die dem Behalten von Material zugrunde liegen. Eines der ersten Ergebnisse dieser Studien erwies sich als negativ: die allgemeine Ansicht, daß das Gedächtnis eine Fähigkeit wie etwa das Gewichtheben sei, mußte berichtigt werden. Man nahm gewöhnlich an (selbst heute glauben das noch manche), daß man für ein gutes Gedächtnis (oder gute Muskeln) einfach das Einprägen (bzw. das Gewichteheben) zu üben hätte. Das positivste Argument gegen diese Auffassung scheint von William James gekommen zu sein, der fünf Seiten seines Lehrbuches auf die Wiederlegung der Meinung verwandte, daß Gedächtnisübungen die Memorisierfähigkeit verbesserten. James war tatsächlich dermaßen beeindruckt von der Stärke seiner eigenen Argumente, daß er etwas für ihn recht Ungewöhnliches tat: er machte ein Experiment. Eifrig trainierte er sich täglich im Auswendiglernen von Gedichten. An acht aufeinanderfolgenden Tagen lernte er 158 Zeilen von Viktor Hugos *Satyr.* Dann brachte er 38 Tage damit zu, das gesamte erste Buch des *Paradise Lost* zu lernen. James glaubte, daß diese ganze Anstrengung sein Erinnerungsvermögen gewaltig verbessert hätte. Als er sich dann aber wieder Viktor Hugo zuwandte, zeigte sich, daß ihm das erneute Lernen von 158 anderen Zeilen länger als die ersten 158 Zeilen in Anspruch nahm. Anscheinend hatten seine Mühen nichts genützt. Da er diesen Ergebnissen nicht traute, ging James daran, eine ganze Reihe erstaunlich williger Freunde zu testen, die viele Wochen damit verbrachten, Gedichtzeilen zu lernen. Insgesamt ergab sich trotz dieser Mühen keine Verbesserung ihrer Fähigkeit, sich Material anzueignen.

Untersuchungen zum Einfluß von Leistungsverhalten in einer Aufgabe auf das Lernen oder das Leistungsverhalten in einer anderen werden als Studien zum Transfer bezeichnet. Die Experimente von James zum Gedächtnistraining können demnach als Experimente zum Transfer von Gedächtnisleistungen gelten. Obwohl James' Folgerung richtig war, daß Übung allein die Memorisierfähigkeit nicht verbessert, schloß er etwas voreilig, daß alles vergebliche Mühe sei. Wir wissen, daß das Erlernen von Techniken möglich ist, die beträchtlich die Gedächtnisleistungen verbessern. Übung ist jedoch nutzlos, wenn man nicht die Regeln kennt. Zum Beispiel hilft es in erheblichem Maße, Reime sowie Bilder und Assoziationen zwischen den zu lernenden

items herzustellen. Ebenso hilft es, sich zu entspannen und Vertrauen in seine eigene Fähigkeit der Einprägung zu haben.
Im Jahre 1927 wiederholte Woodrow das Jamessche Experiment mit etwas mehr Sorgfalt. Er wollte feststellen, welche Verbesserung in der Memorisierfähigkeit nach Übung mit „geeigneten Methoden der Einprägung" erzielt werden könnte. Er fand, daß Studenten, die einfach die Einprägung von Wortlisten für mehrere Stunden übten, nicht besser waren als eine Kontrollgruppe ohne Übung. Dies bestätigte also die von James gezogene Folgerung. Eine Studentengruppe jedoch, die in die geeigneten Memorisiertechniken eingeführt worden war, erbrachte sehr viel bessere Ergebnisse nach derselben Einübungszeit. Beim Gedächtnis ist also, wie fast überall, einfaches Üben „ins Blaue hinein" von geringem bzw. keinem Wert; eine Information über Regeln und Techniken erweist sich dagegen als nützlich für das Lernen.

Was wissen wir von der Gedächtniskunst?

Die Psychologen haben es meist vermieden, sich näher mit den Gedächtnishilfen zu befassen, wofür es eine Reihe von Gründen gibt. Hauptsächlich wurde vermutet, daß diese Hilfen keine neuen Techniken lieferten, sondern nur geschickte Anwendungen längst bekannter darstellten. Natürlich kompliziert der unkontrollierte Gebrauch dieser Tricks das normale Lern- oder Gedächtnisexperiment, denn jede Vp verwendet sie in unterschiedlicher Weise, wodurch eine Interpretation der Ergebnisse sehr erschwert wird. Die Experimentatoren haben daher versucht, den Gebrauch derartiger Gedächtnissysteme auszuschalten, entweder durch eine entsprechende Instruktion oder dadurch, daß die Experimente so aufgebaut wurden, daß die erfolgreiche Anwendung solcher Techniken schwierig wurde.
Wir sehen uns also dem Problem gegenüber, daß auf der einen Seite von Psychologen die vielfältigen Faktoren untersucht worden sind, die in die Bildung und das Behalten einfacher Assoziationen bei mechanischen Gedächtnisaufgaben eingehen; andererseits zeigen die Vpn bei dieser Art von Lernen die schlechtesten Ergebnisse, so daß sie Tricks und Kunstkniffe einsetzen, um den Unsinn des Psychologen in einen Sinn überzuführen, den zu erinnern ihnen am leichtesten scheint. Für die weitere Beschreibung des tatsächlichen Vorgehens der Vpn bleibt uns daher eher eine Anekdotensammlung anstelle von fundierter experimenteller Evidenz. Einen Vorteil hat dies allerdings: Anekdoten lassen sich mit sehr viel mehr Interesse lesen als die Artikel im *Journal of Experimental Psychology*.
Bevor wir uns zu dem vorschnellen Urteil hinreißen lassen, daß die Psychologen der ersten Hälfte des 20. Jahrhunderts schreckliche Ungeheuer waren,

die den Fortschritt der Wissenschaft hemmten, wollen wir uns kurz ihre Position betrachten. Kann man uns eigentlich nicht derselben Prozeduren beschuldigen, wenn wir bei der Erforschung des primären Gedächtnisses die Vpn aufforderten, ein Wiederholen zu vermeiden, wenn wir ihnen für Stunden stupides, sinnloses Material darboten und generell alles unterließen, was den Vpn hätte erlauben können, das vorgesetzte Material zu behalten? Die Antwort muß „Ja" lauten, das heißt also, daß wir entweder Heuchler sind oder aber, daß es triftige Gründe dafür gibt, die geschickten Strategien der Vpn möglichst auszuschalten.

Am besten kann man sich vielleicht durch das Studium von Untersuchungen zum primären Gedächtnis Klarheit verschaffen. Unsere grundlegende Meinung besagt, daß allen Individuen ein Speicherungsprozeß mit begrenzter Kapazität gemeinsam ist. An der Untersuchung dieses Prozesses sind wir interessiert, aber offensichtlich handelt es sich um einen Gedächtnisvorgang, der, für sich allein genommen, im Alltag eine geringe Rolle spielt. Wir alle benutzen verschiedene Methoden, um für wichtig gehaltenen Stoff von diesem begrenzten primären Gedächtnis in ein umfangreicheres sekundäres Gedächtnis zu überführen. Das bedeutet, daß jegliches effektive Memorisierverfahren den Forscher, der die Struktur des primären Gedächtnisses zu bestimmen versucht, durch jenen Überführungsprozeß in Schwierigkeiten bringt. Es ist kaum möglich zu untersuchen, auf welche Weise Material aus dem primären Gedächtnis vergessen wird, wenn es unsere Vpn im sekundären Gedächtnis behalten können. Also versuchen wir unser Möglichstes, um sicherzustellen, daß sie nicht Gebrauch von ihrer üblichen Memorisiermethode machen.

Nicht viel anders ist die Lage bei Untersuchungen zum Langzeit-Gedächtnis. Es stimmt durchaus, daß Vpn am besten lernen, wenn ihnen erlaubt wird, das dargebotene Material zu gruppieren, zu ordnen und zu verändern. Diese Gedächtnistricks sind nützlich und vielleicht sogar wesentlich für den Gedächtnisprozeß. Die eigentliche Frage aber ist, ob ein wesentlicher Unterschied zwischen den grundlegenden Faktoren mnemotechnischer Kunstkniffe und dem langweilig und öde anmutenden „rote learning" besteht, das im Laboratorium untersucht wird. Die meisten Psychologen sind nicht dieser Auffassung.

Das Studium der Mnemotechnik ist sehr schwierig. Die Vpn haben eine ganze Reihe eigener Methoden entdeckt, die sie oft selbst nicht beschreiben können. Da diese Techniken wenig konsistent verwendet werden, erscheinen die im Laboratorium gezeigten Leistungen zufällig und regellos: ein Gesetz, das dem Behalten und Vergessen zugrundeliegt, scheint nicht zu existieren. Wenn sich aber die Gedächtniskunst wirklich aus geordneten Komponenten des „rote learning" zusammensetzt, sollten wir am besten zuerst den Vorgang dieses mechanischen Lernens gesondert studieren und dann, wenn wir die grundlegenden Bestandteile von Lernen und Gedächtnis kennen, beschreiben, wie sie in den aktuellen Situationen außerhalb des Laboratoriums verwendet werden. Diese vernünftige Darstellung hat nur einen Nachteil: sie ist unbewiesen. Es könnte durchaus sein, daß die Mnemotechnik dem experimentellen Psychologen nichts Neues bietet, so groß der Nutzen für den Praktiker auch sein mag. Aber bevor wir sie nicht einer wissenschaftlichen Prüfung unterziehen, können wir nicht mit Sicherheit sagen, daß die Mnemotechnik tatsächlich nur eine ansprechende Verpackung wohl bekannter Gedächtnishilfen darstellt.

Eine Anekdote

Ein Hinweis, daß mnemotechnische Hilfen nicht einfach mit schlichten Assoziationen zusammenhängen, wurde von den drei kritischen Psychologen George Miller, Eugene Galanter und Karl Pribram in ihrem Buch *Plans and the Structure of Behavior* gegeben. In diesem Buch vertreten die genannten Autoren die Auffassung, daß der menschliche Organismus aus einer hierarchischen Organisation flexibler Entscheidungseinheiten besteht. Sie stellten ein wichtiges neues Grundkonzept vor, den Plan, den sie als „jeden hierarchischen Prozeß im Organismus" definierten, „der die Reihenfolge kontrollieren kann, nach der eine Sequenz von Operationen durchgeführt werden soll." Ein Plan stellt für einen Organismus im wesentlichen dasselbe dar wie ein Programm für einen Computer. Derartige Pläne sind relativ neu in psychologischen Theorien und bisher kaum bekannt. Welche Rolle Pläne im Erinnerungsprozeß spielen, wird in den folgenden Auszügen aus dem Kapitel 10 des erwähnten Buches erläutert.

Pläne zur Erinnerung *

George Miller, Eugene Galanter und Karl Pribram

Gewöhnlich fragt man beim Studium des Einprägungsprozesses, wie der Stoff im Gehirn quasi eingraviert wird, wie die Verbindungen zwi-

---

* George Miller, Eugene Galanter und Karl Pribram. *Plans and the Structure of Behavoir.* New York: Holt, Rinehart und Winston, 1960. S. 125, 128–129, 134–136. Copyright 1960 by Holt, Rinehart und Winston. Mit Genehmigung des Verlags.

schen seinen Teilen gelernt bzw. aufgedrückt, verstärkt oder konditioniert werden. In den üblichen Antworten werden u. a. die Übungsmenge, die positiven Wirkungen von Erfolg, die fördernden oder hemmenden Effekte der Ähnlichkeit zwischen Stoffteilen oder zwischen verschiedenen Stoffen, die Bedeutungshaftigkeit oder andere auf früherem Lernen basierende Transferursachen angeführt. Niemand, dem die experimentellen Daten bekannt wären, würde bezweifeln, daß alle diese Faktoren wichtig für die Bestimmung der Schnelligkeit und der Fähigkeit eines Menschen sind, eine bestimmte Symbolfolge mühelos dem Gedächtnis anzuvertrauen. Der Grund dafür, daß wir uns noch einmal diesem reichlich bearbeiteten Feld zuwenden und hier noch etwas „herauszuholen" versuchen, ist, daß ein wichtiger Aspekt des Einprägungsvorganges weitgehend unberücksichtigt geblieben zu sein scheint.

— — —

Memorisieraufgaben im psychologischen Laboratorium verlangen von der Vp, daß sie lernt, wie man eine bestimmte Sequenz von Lautäußerungen produziert, die man normalerweise nie von sich gäbe, die keinerlei Bedeutung haben und die man nie mehr verwenden kann. Die mechanische Einprägung von Reihenmaterial ist eine komplizierte trickreiche Angelegenheit, die, wenn sie einmal beherrscht wird, eine durchaus besondere Fertigkeit darstellt. Der Grundgedanke ist hier, daß eine derartige Fertigkeit nur dann mit Erfolg einsetzbar ist, wenn ihr ein Plan zugrunde liegt, wie wir ihn erörtert haben. Wenn uns die Vp von all den phantasiereichen und unwahrscheinlichen Verbindungen berichtet, die sie benutzen mußte, so teilt sie uns damit etwas über die Art und Weise mit, wie sie zwecks Kontrolle ihrer Leistung während der Testperiode einen Plan entwickelte.

An diesem Punkt nun würden wir äußerst leicht über zwei verschiedene Arten von Plänen, die bei der mechanischen Einprägung eine Rolle spielen, in Verwirrung geraten. Auf der einen Seite versucht die Vp die Aufstellung eines Plans, der die Wiedergabe der sinnfreien Silben in der richtigen Reihenfolge ermöglicht. Gleichzeitig mit der Entwicklung eines Plans zur Unterstützung ihrer Einprägung aber muß sie eine Strategie zur Erstellung des Wiedererinnerungs-Planes wählen. Eine Vielfalt von Möglichkeiten steht der Vp für die Einprägung offen. Eine besteht beispielsweise darin, die sinnfreien Silben in Wörter zu übersetzen, dann die Wörter zu Sätzen und/oder Bildern zusammenzusetzen und gegebenenfalls die Sätze und Bilder in eine Geschichte zu bringen, falls die Länge der Liste eine derartige Planung höherer Ordnung erfordert. Einen weiteren brauchbaren Plan kann das reine Einpauken ohne Über-

setzung darstellen, eventuell unterstützt durch rhythmisches Gruppieren, bis die Liste wie die Buchstaben des Alphabets heruntergesagt werden kann. Oder man benutzt einen Trick unter Zuhilfenahme der Vorstellung – man stellt sich jede Silbe an einer anderen Stelle im Zimmer lokalisiert vor, sieht dann einfach dorthin und liest sie bei Bedarf ab. Es gibt eine ganze Reihe solcher Strategien für das Lernen, und sie sollten sorgfältig untersucht werden. Die Autoren glauben jedoch, daß die Durchschnittsperson, wenn sie das erste Mal eine Liste mit sinnfreien Silben vorgesetzt bekommt, etwas Ähnliches unternimmt, wie es oben dargestellt wurde.
Sofern man nicht über irgendeine Art von Plan zum Lernen verfügt, geschieht nichts. Vpn, die Hunderte von Malen sinnfreie Silben gelesen haben, lernten fast nichts, wenn sie nicht wußten, daß später ihre Wiedererinnerung überprüft wurde. Damit eine Liste eingeprägt wird, muß eine Vp jenes geheimnisvolle Etwas besitzen, das sich „Lernintention" nennt. Ist sie gegeben, folgt die Ausführung unter langsamem, aber ständigem Willensanstieg.

– – –

Die ablehnende Haltung experimentell arbeitender Psychologen gegenüber Erinnerungshilfen ist noch stärker ausgeprägt als jene gegenüber den Wortassoziationen ihrer Vpn; derartige Hilfen stellen unsaubere Tricks dar, die übelwollenden Zigeunern und Rummelplatz-Zauberern vorbehalten sind. Ein Ergebnis dieser Einstellung ist es, daß Psychologen fast nichts über die bemerkenswerten Gedächtniskunststücke wissen, die so leicht auszuführen sind, wenn man einen Plan bereit hat. Anekdoten nützen zwar nicht der Wissenschaft, sie erleichtern jedoch mitunter die Verständigung – wir werden uns daher kurz auf ein völlig unwissenschaftliches Nebengleis begeben.
Vor einiger Zeit weilte eines Abends ein Kollege bei uns zu Besuch, ein Sozialpsychologe mit weitem Interessenbereich, und während der Unterhaltung kamen wir auf Pläne zu sprechen. „Aber was genau ist denn ein Plan?" erkundigte er sich. „Wie können Sie behaupten, daß das *Memorisieren* von Plänen abhängig ist?" „Wir werden es Ihnen beweisen", antworteten wir. „Hier ist ein Plan, den Sie zur Einprägung benutzen können. Behalten Sie zunächst, daß:

one is a bun,
two is a shoe,
three is a tree,
four is a door,

five is a hive,
six are sticks,
seven is heaven,
eight is a gate,
nine is a line, and
ten is a hen."

„Sie wissen, daß, obgleich es hier erst halb-elf ist, meine Uhr auf halb-zwei weist. Ich bin wirklich müde und werde Ihnen bestimmt Ihr Experiment verderben."

„Machen Sie sich keine Sorgen, so wichtig ist uns die Sache nicht." Wir hielten ihn an seinem Rockaufschlag fest. „Versuchen Sie sich einfach zu entspannen und erinnern Sie den Reim. So, jetzt haben Sie teil am Plan. Der zweite Teil geht folgendermaßen: wenn wir Ihnen ein Wort nennen, müssen Sie eine scherzhafte oder bizarre Assoziation mit dem ersten Wort in Ihrer Liste bilden, und das mit allen zehn Wörtern, die wir Ihnen mitteilen."

„Lassen Sie sich doch sagen, es wird bestimmt nicht klappen. Ich bin furchtbar müde", erwiderte er.

„Keine Angst", antworteten wir, „erinnern Sie nur den Reim und bilden Sie dann die Assoziation. Hier sind die Wörter:

1. ashtray,
2. firewood,
3. picture,
4. cigarette,
5. table,
6. matchbook,
7. glass,
8. lamp,
9. shoe,
10. phonograph."

Die Wörter wurden einzeln nacheinander vorgelesen, wobei nach jedem Wort gewartet wurde, bis er zu verstehen gab, daß er die Assoziation hätte. Die Bildung einer Verbindung dauerte durchschnittlich etwa fünf Sekunden. Nach dem siebten Wort bemerkte er, er sei sicher, die ersten sechs Wörter schon wieder vergessen zu haben. Wir aber machten beharrlich weiter.

Nach einmaligem Durchgang der Liste warteten wir ein bis zwei Minuten, damit sich unser Bekannter sammeln und ihm einfallende Fragen stellen konnte. Darauf fragten wir: „Wie lautet Nummer acht?"

Er guckte erstaunt, und dann überflog ein Lächeln sein Gesicht. „Kaum glaublich“, sagte er, „es ist ‚Lampe‘“.
„Und welche Nummer ist ‚Zigarette‘?“ Er lachte jetzt laut und gab dann die richtige Antwort.
„Und das völlig ohne Schweiß und Anstrengung“, sagte er.
Wir demonstrierten ihm weiter, daß er wahrhaftig jedes Wort richtig nennen konnte, und fragten dann: „Glauben Sie, daß das Memorisieren einfach in einer Zunahme der Reaktionsstärke besteht, die mit der Wiederholung der Wörter sich quasi akkumuliert?“ Ohne zu antworten, schaute er uns nur verwundert an.

Man mag sie nennen, wie man will – Pläne, Tricks, Gedächtniskunststücke – auf jeden Fall unterstützen sie die Erinnerungsfähigkeit. Wir wollen einige dieser Tricks etwas detaillierter untersuchen und sehen, was wir damit anfangen können. Hierzu müssen wir die experimentelle Psychologie verlassen und uns den Anzeigen in Zeitschriften, billigen Buchläden und anderen ähnlichen Literaturquellen zuwenden. Populäre Schriften über die Gedächtniskunst müssen unsere vorrangige Informationsquelle darstellen, weil, wie wir gesehen haben, die Fachliteratur sorgfältig dieses ganze Gebiet ausgespart hat. Es existieren Hunderte von Büchern über Methoden zur Verbesserung des Gedächtnisses. Sie unterscheiden sich größtenteils hinsichtlich der Geschicklichkeit ihrer Darstellung und der dogmatischen Bestimmtheit, mit der ihre „Geheimnisse“ präsentiert werden. Aber obwohl es leicht ist, ihren Stil zu belächeln, wäre es unklug, ihren Inhalt zu leugnen.

Mnemotechniken

Ein Vergleich der vielen Techniken zur Verbesserung des Gedächtnisses, die von ihren verschiedenen Verfechtern angeboten werden, zeigt, daß alle Systeme recht viel gemeinsam miteinander haben. Das Vorherrschen gemeinsamer Merkmale läßt uns tatsächlich vermuten, daß diese Methoden durchaus etwas für sich haben, obgleich das Durchforsten der Literatur nach Gedächtnissystemen an die Suche der Alchimisten nach dem Rezept für Schießpulver in alten Büchern erinnert. Der Alchimist erklärt uns, daß das Geheimnis in der pulverisierten Froschzunge läge (gewonnen bei Vollmond). Doch wenn wir genau hinschauen, können wir auch Holzkohle, Schwefel und Salpeter entdecken. Wir wollen sehen, ob wir etwas Ähnliches bei den Mnemotechniken finden. Bei allen Gedächtniskünsten wird versucht, den zu lernenden Stoff mit einem früher gelernten Ordnungsschema in Beziehung zu setzen. Im Prinzip gibt es viele Möglichkeiten, diese Beziehung aufzustellen, in der Praxis jedoch verläßt man sich vorwiegend auf einige wenige Standardtechniken.

Reime

Gedächtnishilfen in metrischer Form sind populär, denn sie ermöglichen die Koppelung von sonst völlig beziehungslosen Einzelteilen in einem rhythmischen Schema. Reime eignen sich besonders gut zur Aufstellung von Reihen-Beziehungen, weil, wenn sie gut konstruiert sind, jeder Fehler in der Reihenfolge bei der Wiedererinnerung der items den Reim zerstört. Wir finden daher den Gebrauch von Reimen dann, wenn die Schwierigkeit der Einprägung auf der Schwierigkeit beruht, die richtige Reihenfolge zu lernen.

I before e
except after c

oder

Thirty days hath September,
April, June and November.

Die beiden Beispiele zeigen, daß es nicht schwer ist, die Buchstaben i und e zu lernen bzw. die Tatsache, daß von den 12 Monaten der eine 28 Tage, einige 30 und einige 31 Tage haben. Die Schwierigkeit entsteht, wenn man die Reihenfolge und die genaue Verbindung, die zwischen den items besteht, erlernen soll. Der Reim setzt eine leicht lern- und anwendbare Ordnungsregel fest. In gewissem Sinn dienen Reime (wie die meisten mnemotechnischen Hilfen) ihrem Zweck sogar zu gut: wer sich auf sie verläßt, kann nur mit Mühe etwas Bestimmtes erinnern (z. B., wieviele Tage der Oktober hat), ohne sich auch den ganzen Reim vorzusagen.

Die „Loci-Methode“

Eine besondere, aber erstaunlich wirkungsvolle Methode besteht darin, sich vorzustellen, daß die verschiedenen zu lernenden items an mehreren Orten (loci) lokalisiert sind. Durch das Hinschauen wird das Objekt quasi wieder-

gefunden und die Erinnerung ist wieder vorhanden. „Wenn also beispielsweise die Jahreszahl der Erfindung der Druckkunst (1436) behalten werden sollte, würde man sich ein Buch oder sonstiges Druckerzeugnis vorstellen und dieses im 36. Quadrat oder der 36. Gedächtnisstätte des 4. Raumes des 1. Hauses des historischen Stadtteils lokalisieren" (Mitchell 1910).
Die Geschichte der Loci-Methode wird in einem neueren Buch des englischen Historikers Frances A. Yates mit dem Titel *The Art of Memory* dargestellt. Die Verwendung von Mnemotechniken hat eine wichtige Rolle bei der Entwicklung der Philosophie und Architektur von der griechischen Zivilisation bis hinein ins Elisabethanische England gespielt. Obwohl die Methode eine lange Geschichte hat, scheint es am sinnvollsten, sie in ihrer Originalform darzubieten, zunächst als Anekdote über den griechischen Dichter Simonides und dann als formales System in den allerersten Lehrbüchern. Eine grundlegende Beschreibung erfährt die Loci-Methode von Yates auf den ersten Seiten des genannten Buches.

Die Gedächtniskunst der Griechen *

Frances A. Yates

Auf einem von einem Adligen aus Thessalien namens Scopas gegebenen Festessen trug der Dichter Simonides von Ceos ein lyrisches Stück zu Ehren seines Gastgebers vor, wobei er auch eine Passage zum Lobe von Castor und Pollux einfügte. Scopas teilte darauf verärgert dem Dichter mit, daß er ihm nur die Hälfte der für das Loblied vereinbarten Summe bezahlen würde und der andere Teil von den Zwillingsgöttern beglichen werden müßte, denen der Dichter die eine Hälfte seines Vortrags gewidmet hätte. Etwas später wurde Simonides die Botschaft überbracht, daß zwei junge Männer draußen warteten, die ihn sprechen wollten. Er erhob sich von der Festtafel und begab sich hinaus, gewahrte jedoch niemanden. Während seiner Abwesenheit stürzte das Dach des Festsaales ein, erschlug Scopas und alle Gäste und begrub sie unter den Trümmern; die Leichen waren derartig entstellt, daß die Angehörigen, die sie für das Begräbnis abholen wollten, nicht imstande waren,

---

* Aus: *The Art of Memory.* Frances A. Yates. Mit Genehmigung von The University of Chicago Press und Routledge & Kegan Paul Ltd. S. 1–3, 6–10.

sie zu identifizieren. Simonides jedoch erinnerte sich daran, an welchen Plätzen sie an der Tafel gesessen hatten und konnte daher den Verwandten die notwendige Auskunft geben. Die unsichtbaren Retter, Castor und Pollux, hatten auf freundliche Weise für den ihnen gewidmeten Teil des Lobgesanges bezahlt, indem sie Simonides rechtzeitig vor dem Einsturz von der Tafel fortgelockt hatten. Diese Erfahrung nun verdeutlichte dem Dichter die Prinzipien der Gedächtniskunst, deren Erfinder er gewesen sein soll. Er merkte nämlich, daß seine Erinnerung der Plätze, an denen die Gäste gesessen hatten, ihm die Identifizierung der Körper ermöglicht hatte, und ihm wurde klar, daß eine richtige Anordnung wesentlich für ein gutes Gedächtnis ist.

> Er schloß daraus, daß, wer diese Fähigkeit (des Gedächtnisses) üben will, sich geeignete Stellen erwählen und eine anschauliche Vorstellung von den Dingen, die er behalten wolle, machen müsse. Die Vorstellungsbilder müsse er dann an den Stellen aufbewahren, sodaß also die Anordnung dieser auch die Anordnung der Dinge konserviert und die Bilder der Dinge diese selbst bezeichnen. Wir bedienen uns dann der Stellen und Bilder als einer Wachstafel, auf welcher die Buchstaben geschrieben stehen[1].

Die anschauliche Erzählung der Erfindung der Gedächtniskunst durch Simonides wird von Cicero in seinem Werk *De oratore* wiedergegeben, als er das Gedächtnis als einen von fünf Bestandteilen der Rhetorik erörtert; die Geschichte hat als Einführung eine kurze Beschreibung der als Gedächtnishilfen gedachten *Stellen* und *Bilder (loci* und *imagines),* die von den römischen Rednern benutzt wurden. Zwei weitere Beschreibungen der klassischen Gedächtnishilfen, außer der von Cicero gegebenen, sind uns überliefert, beide wiederum in Abhandlungen zur Rhetorik, wenn das Gedächtnis als Teil dieser erörtert wird; die eine befindet sich in der anonymen Schrift *Ad C. Herennium libri IV,* die andere in Quintilians *Institutio oratoria*[2].

Die erste grundlegende Tatsache, die der an der Geschichte der klassischen Gedächtniskunst Interessierte nie aus dem Auge verlieren darf, ist, daß diese Kunst eine Technik der Rhetorik darstellte, mit deren Hilfe der

---

1 Cicero. De oratore, II, xxxvi S. 351–4 (S. Cicero 1942).

2 Die hier zugrunde liegenden Übersetzungen stammen aus der Loebschen Klassikerausgabe, insbesondere *Rhetorica ad Herennium* (1954), Cicero (1942) und Quintilianus (1921). Yates hat die Übersetzungen mehrfach leicht verändert: „im Hinblick auf buchstabengetreue Wiedergabe der tatsächlichen Terminologie der Gedächtniskunst anstelle von Begriffsumschreibungen“ (Yates 1966, S. 1).

Redner sein Gedächtnis verbessern konnte, was ihn dann dazu befähigte, lange Reden aus dem Gedächtnis mit unfehlbarer Genauigkeit zu halten. Und als Bestandteil der Rhetorik, für welche jene unfehlbaren Führer in allen menschlichen Tätigkeitsbereichen, die großen Alten der Antike, Regeln und Vorschriften zur Verbesserung des Gedächtnisses niedergelegt hatten, durchzog die Gedächtniskunst die Jahrhunderte europäischer Tradition, während derer sie nie vergessen wurde, was erst in vergleichsweise neuerer Zeit geschah.

Unschwer begreift man die allgemeinen Prinzipien der Gedächtniskunst. Der erste Schritt war die Einprägung einer Folge von *loci* oder Stellen. Die gebräuchlichste, wenn auch nicht einzige Art eines derartigen Systems legte die Architektur zugrunde, und die klarste Beschreibung des Prozesses stammt von Quintilianus[3]. Zur Bildung einer Folge von Stellen oder Lokalisationen im Gedächtnis hat man sich seiner Ansicht nach ein Gebäude vorzustellen, so geräumig und variabel wie möglich, mit dem Vorhof, dem Wohnzimmer, den Schlafräumen und Gästezimmern, nicht zu vergessen den Statuen und Ornamenten als Dekorationen. Die Bilder, mit deren Hilfe eine Rede aus dem Gedächtnis gehalten werden soll – als Beispiel für solche Bilder nennt Quintilianus einen Anker oder eine Waffe –, werden dann in der Vorstellung auf jene Stellen plaziert, die man sich vorher als Bestandteile des Gebäudes eingeprägt hatte. Sobald hiernach nun die Fakten aus dem Gedächtnis abgerufen werden müssen, werden die Stellen nacheinander aufgesucht und die aufbewahrten Teile von ihren Wächtern zurückbeordert. Wir müssen uns vorstellen, daß der Redner der Antike während seiner Rede in Gedanken sein Gebäude durchwanderte und von den eingeprägten Stellen die vorher plazierten Bilder abhob. – Auf diese Weise wurde sichergestellt, daß die einzelnen Punkte der Rede in der richtigen Reihenfolge erinnert wurden, da diese durch die Sequenz der Lokalisationen im Gebäude festgelegt waren.

– – –

Im folgenden versuche ich den Inhalt des Abschnittes über das Gedächtnis in *Ad Herennium* wiederzugeben, wobei ich mich bemühen will, den brillianten Stil des Autors zu treffen. Zwischendurch wollen wir kurz über das Mitgeteilte nachdenken.

Das künstliche Gedächtnis besteht aus Orten und Bildern *(Constat igitur antificiosa memoria ex locis et imaginibus),* eine durch die

---

3 Quintilianus. *Institutio Oratoria,* XI, ii. S. 17–22

Jahrhunderte hindurch gebräuchliche Definition. Ein *locus* ist eine vom Gedächtnis leicht zu behaltende Lokalisation wie beispielsweise ein Haus, ein von Säulen umgebener Raum, eine Ecke, ein Gewölbe und dergleichen. Bilder sind Formen, Merkmale oder Abbilder (*formae, notae, simulacra*) dessen, was wir erinnern wollen. Wenn wir uns etwa die dem Pferd, dem Löwen oder dem Adler zugehörige Gattung wieder ins Gedächtnis zurückrufen wollen, müssen wir deren Bilder auf bestimmten *loci* plazieren.

Die Gedächtniskunst ist einer inneren Aufzeichnung vergleichbar. Wem die Buchstaben des Alphabets bekannt sind, kann das ihm Diktierte niederschreiben und das Geschriebene vorlesen. Desgleichen kann der in der Gedächtniskunst Bewanderte Gehörtes lokalisieren und aus dem Gedächtnis abrufen. „Denn die Lokalisationen ähneln sehr Wachstafeln oder Papyrus, die Bilder den Buchstaben, die Aufstellung und Anordnung der Bilder dem Manuskript und das Abrufen ist dem Lesen vergleichbar."

Wenn wir viel Stoff behalten wollen, müssen wir für eine große Anzahl von entsprechenden Stellen sorgen. Es ist wesentlich, daß diese in einer Reihenfolge angeordnet sind und in dieser behalten werden, so daß wir von einem beliebigen *locus* in der Reihe aus beginnen und von hier sowohl nach hinten als auch nach vorn gehen können. Angenommen, wir sähen mehrere Bekannte in einer Reihe vor uns stehen, wäre es uns ziemlich egal, ob wir, wenn wir ihre Namen nennen sollten, mit der am Anfang, am Ende oder in der Mitte stehenden Person anfangen sollten. Ebenso ist es mit den Gedächtnis-*loci*. „Sind diese in einer Reihenfolge angeordnet, so wird sich zeigen, daß wir, durch die Bilder wieder daran erinnert, mündlich wiedergeben können, was wir den *loci* anvertraut haben, wobei wir von einem beliebigen *locus* in beliebiger Richtung fortschreiten."

Die Bildung der *loci* ist von größter Bedeutung, denn dieselbe Gruppe von *loci* kann wieder und wieder für die Erinnerung verschiedenen Materials verwendet werden. Die mit ihnen zwecks Behalten einer Reihe von Dingen verbundenen Bilder verblassen und werden ausgelöscht, wenn kein weiterer Gebrauch von ihnen gemacht wird. Die *loci* jedoch verbleiben im Gedächtnis und können wieder benutzt werden, indem andere Bilder für einen anderen Stoff an die Stelle der früheren gesetzt werden.

Um sicher zu gehen, daß wir uns bei der Erinnerung der Reihenfolge der *loci* nicht irren, sollte man jeden fünften *locus* mit einem Erkennungsmerkmal versehen. Wir können beispielsweise den fünften *locus* mit einer goldenen Hand markieren und den zehnten mit dem Bild eines

Bekannten namens Decimus besetzen. Dann können wir fortfahren, bei jedem fünften *locus* weitere derartige Markierungen anzubringen.

Die Bildung von *loci* sollte besser an einem verlassenen und einsamen Platz stattfinden, da vorübergehende Menschenmengen die Eindrücke leichter verwischen. Der an dem Erwerb einer klaren und genau bestimmten Reihe von *loci* interessierte Student wird sich daher ein unbewohntes Gebäude erwählen, in dem er sich Lokalisationen einprägen kann.

Gedächtnis-*loci* sollten sich nicht zu stark ähnlich sein. Zu viele Säulenhallen sind zum Beispiel nicht günstig, denn ihre Ähnlichkeit stiftet Verwirrung. Jene sollten von mittlerer Größe sein, denn wenn sie zu groß sind, bleiben die ihnen verbundenen Bilder verschwommen, sind sie zu klein, wird die Zusammenstellung mit Bildern überladen. Sie dürfen nicht zu strahlend erleuchtet sein, da sonst die auf sie plazierten Bilder glitzern und blenden. Ferner dürfen sie nicht zu dunkel sein, oder die Schatten verdecken die Bilder. Die Abstände zwischen den *loci* sollten ein Mittelmaß nicht überschreiten, vielleicht um dreißig Fuß sein, „denn wie das äußere Auge, so ist das innere, geistige Auge weniger leistungsfähig, wenn man das betrachtete Objekt zu nahe an jenes heran oder zu weit von ihm weg bewegt."

Jemand mit relativ großer Erfahrung kann sich leicht mit so vielen geeigneten *loci* ausstatten, wie es ihm beliebt, und selbst jemand, der glaubt, daß er nicht über genügend gute *loci* verfüge, kann hier für Abhilfe sorgen. „Denn der Geist umfaßt jeglichen Bereich und kann dort nach Belieben die Festsetzung eines Ortes bestimmen." (D. h., daß die Gedächtniskunst die „fiktiven Lokalisationen" verwenden kann, wie sie später genannt wurden, im Gegensatz zu den „realen Lokalisationen" der gewöhnlichen Methode".)

Nach den Regeln für die Lokalisationen nun zu kurzem Nachdenken innehaltend, muß ich sagen, daß mich an ihnen am meisten die erstaunliche, in ihnen enthaltene visuelle Präzision fasziniert. In einem klassisch geübten Gedächtnis kann der Abstand zwischen den *loci* gemessen werden, selbst die Beleuchtung der *loci* hat man berücksichtigt. Und die Regeln schließen mit dem Blick auf einen vergessenen, einst anerkannten Brauch. Wer ist jene Person, die langsam in dem einsamen Gebäude daherschreitet und in Abständen nachdenklich einhält? Es ist ein Student der Rhetorik bei der Zusammenstellung von Gedächtnis-*„loci"*.

„Genug ist über Lokalisationen gesagt worden", fährt der Autor von *Ad Herennium* fort, „jetzt wenden wir uns der Theorie der Bilder zu". Es werden dann die Regeln für Bilder gebracht, deren erste beinhaltet,

daß es zwei Arten von Bildern gebe, eine für „Dinge“ (res), die andere für „Wörter“ (verba). Das bedeutet, das „Gedächtnis für Dinge“ liefert Bilder als Erinnerungshilfe für einen Beweis, einen Begriff oder ein „Ding“; das „Gedächtnis für Wörter“ dagegen braucht Bilder für jedes einzelne Wort.
Ich unterbreche hier den Autor kurz, um den Leser daran zu erinnern, daß für den Studenten der Rhetorik „Dinge“ und „Wörter“ eine absolut präzise Bedeutung hinsichtlich der fünf Teile der Rhetorik besaßen. Diese fünf Teile werden wie folgt von Cicero definiert:

Inventio bedeutet das Auffinden wahrer Dinge (res) oder solcher, die der Wahrheit ähnlich sind, um jemandes Sache plausibel zu machen; dispositio ist die Stoffgliederung gemäß der Ordnung der so entdeckten Dinge; elocutio (Darstellung) bezieht sich auf die Angemessenheit geeigneter Wörter für die aufgefundenen (Dinge); memoria (hier: Memorieren; Anmerkung des Übersetzers) ist die klare Wahrnehmung der Dinge im Geiste; pronuntiatio (Vortrag) meint die Mäßigung der Stimme und des Körpers, um der Würde der Dinge und der Wörter Rechnung zu tragen[4].

„Dinge“ stellen also den Hauptinhalt der Rede dar; „Wörter“ sind die Sprache, in welche dieser Inhalt gekleidet ist. Erstreben Sie ein künstliches Gedächtnis, um nur die Reihenfolge der Begriffe, Argumente und „Dinge“ Ihrer Rede zu behalten? Oder wollen Sie sich jedes einzelne Wort in dieser in der richtigen Reihenfolge einprägen? Der erste Typ eines künstlichen Gedächtnisses wird als *memoria rerum,* der zweite als *memoria verborum* bezeichnet. Der Idealfall, wie er oben von Cicero definiert wurde, wäre der Besitz einer „zuverlässigen Wahrnehmung im Geiste“ sowohl von Dingen als auch von Wörtern. Das „Gedächtnis für Wörter“ ist jedoch viel schwerer als das „Gedächtnis für Dinge“; die schwächeren unter den Rhetorik- Studenten des Autors von *Ad Herennium* scheuten offensichtlich die Einprägung eines Bildes für jedes einzelne Wort, und sogar Cicero selbst räumte ein, wie wir später sehen werden, daß das „Gedächtnis für Dinge“ ausreiche.
Wir kehren zurück zu den Regeln für Bilder. Die Regeln für Lokalisationen wurden schon dargestellt. Es handelte sich hier um die Frage, welche Art von Lokalisationen für die Einprägung gewählt werden sollte. Wie sehen die Regeln aus, die sich auf die Frage nach den für die Einprägung geeigneten Bildern an den entsprechenden Stellen beziehen?

4 Cicero. *De inventione,* I, vii, 9. (s. Cicero 1949).

Wir kommen nun zu einer der seltsamsten und erstaunlichsten Passagen der Abhandlung, nämlich zur psychologischen Begründung, die der Autor für die Wahl von Gedächtnisbildern gibt. Wie kommt es, fragt er, daß manche Bilder so kräftig und scharf und so geeignet für die Erweckung der Erinnerung sind, während andere so schwach und farblos sind, daß sie das Gedächtnis kaum stimulieren? Wir müssen dies ergründen, um zu wissen, welche Bilder zu vermeiden und welche anzustreben sind.

Es ist die Natur selbst, die uns lehrt, was wir zu tun haben. Wenn wir im Alltag unbedeutende, gewöhnliche und banale Dinge sehen, behalten wir sie in der Regel nicht, weil nichts Neues oder Staunenswertes den Geist erregt hat. Sehen oder hören wir jedoch etwas außergewöhnlich Verachtenswertes, Unehrenhaftes, Unübliches, Großes, Unglaubliches oder Lächerliches, behalten wir es wahrscheinlich über lange Zeit hin. Ebenso vergessen wir gewöhnlich die Dinge, die unserem Auge und Ohr nahe sind, während wir Begebenheiten aus unserer Kindheit oft am besten behalten. Für dies alles kann es keinen anderen Grund geben, als daß gewöhnliche Dinge leicht aus dem Gedächtnis entschwinden, während die auffallenden und eindrucksvollen länger dort verbleiben. Ein Sonnenaufgang, der Sonnenlauf, ein Sonnenuntergang sind für niemanden etwas Besonderes, weil Sie etwas Alltägliches sind. Aber eine Sonnenfinsternis setzt uns wegen ihrer Seltenheit in Staunen und beeindruckt uns sogar mehr als eine Mondfinsternis, die häufiger auftritt. Die Natur zeigt uns also, daß es nicht das gewöhnliche Ereignis ist, über das sie sich uns offenbart, sondern ein neues oder eindrucksvolles Vorkommnis. Lassen wir die Kunst darum die Natur nachahmen, auf daß jene finde, was diese verlangt, und deren Anweisungen folge. Denn was Erfindungsgabe angeht, gehört die Natur niemals zum Schlußlicht, wohingegen die Erziehung niemals vorn liegt; vielmehr entstehen alle Dinge aus natürlichem Talent, und die Endziele werden durch Disziplin erreicht.
Wir sollten also solche Bilder verwenden, die dem Gedächtnis am längsten verhaftet bleiben. Und dies wird uns gelingen, wenn wir möglichst eindrucksvolle Ähnlichkeiten herstellen; wenn wir nicht mit zu vielen oder undeutlichen, sondern aktiven Bildern arbeiten (*imagines agentes*); wenn wir ihnen außergewöhnliche Schönheit oder einzigartige Häßlichkeit zuordnen; wenn wir einige von ihnen verzieren, beispielsweise mit Kronen oder purpurnen Gewändern, sodaß die Ähnlichkeit für uns deutlicher ist; oder wenn wir sie irgendwie entstellen, indem wir zum Beispiel das eine blutbefleckt oder schlammbeschmutzt oder mit roter Farbe besudelt erscheinen lassen, so daß das Äußere noch auffälliger ist, oder indem wir bestimmte komische Effekte in unsere Bilder legen, denn auch das wird dazu verhelfen, sie rascher wiederzuerinnern. Die Dinge, die wir, wenn real, leicht erinnern, behalten wir ebenso ohne Schwierigkeiten, wenn sie Fiktionen sind. Folgendes ist jedoch wesentlich: wieder und wieder im Geiste alle die originalen Lokalisationen zwecks Auffrischung der Bilder schnell zu überfliegen[5].

---

5 *Ad Herennium,* III,xxii.

Unser Autor hat klar erkannt, daß das Wecken von Emotionen durch diese auffallenden und ungewöhnlichen Bilder, seien sie schön oder häßlich, komisch oder abstoßend, eine Gedächtnishilfe darstellt. Ferner wird deutlich, daß er die Bilder mit menschlichen Gestalten füllen will, die Kronen oder Purpurgewänder tragen, mit Blut oder Farbe besudelt sind oder in eine dramatische Handlung eingespannt sind, also in irgendeiner Form aktiv sind. Wir fühlen uns in eine außergewöhnliche Welt versetzt, wenn wir mit dem Schüler der Rhetorik die einzelnen Stellen besuchen und uns dort solche recht sonderbaren Bilder vorstellen. Quintilians Anker und Waffe sind, obwohl viel weniger eindrucksvoll, leichter zu verstehen als das seltsam bevölkerte Gedächtnis, welches uns der Verfasser des *Ad Herennium* vorstellt.

Man sieht unschwer ein, warum die loci-Methode das Einprägen der Reihenfolge von Ereignissen unterstützt, wenn der Weg, den man bei der Suche der gespeicherten items zu verfolgen hat, logisch oder vertraut ist. Das Prinzip ist ähnlich dem beim Reimen angewandten: die äußere Struktur der geplanten Gedächtnishilfe erfordert eine ganze bestimmte Ordnung. Es ist allerdings schwer verständlich, wieso das Plazieren von Objekten auf vorgestellte Lokationen die Erinnerung der Objekte selbst erleichtern sollte. Dies ist genau das psychologische Problem, das durch die Einführung der Gedächtniskunst aufgeworfen wurde. Es läßt sich leicht sagen, daß diese Tricks einfach geschickte Anwendungen altbekannter psychologischer Vorgänge darstellen. Andererseits kann man durchaus veranschaulichen, wie diese psychologischen Vorgänge tatsächlich verwendet werden. Es ist allerdings interessant festzustellen, daß die in *Ad Herennium* niedergelegten Regeln eine Reihe von Techniken betonen, deren Gebrauch von heutigen, experimentell arbeitenden Psychologen außer Frage gestellt wird: Bei der einen sind es die wiederholten („. . . im Geiste . . . schnell zu überfliegen".), bei einer anderen die besonderen und isolierten items, die am besten erinnert werden.

Analytische Substitutionen

Eine beliebte Technik für das Erlernen langer item- oder Zahlenlisten stellt die Umwandlung von Zahlen in Laute, von Lauten in Wörter und von Wörtern in Sätze dar. Die Urheberschaft für dieses System scheint bei Stanislaus Mink von Wenussheim (auch als Winckelmann bekannt) zu lie-

gen, der ein Schema für die Darstellung von Zahlen durch Konsonanten im Jahre 1648 entwickelte. Winckelmanns Schema ist offensichtlich die Basis für jedes später entstandene Gedächtnissystem, obwohl ihm nur von wenigen Menschen Glauben geschenkt wurde. Eine Weiterentwicklung dieser Methode, welche in den neunziger Jahren des vorigen Jahrhunderts in London und Washington Anerkennung fand (jedoch auch Ablehnung und Prozesse brachte), stammte von Loisette[6].
Loisette schlug drei grundlegende Methoden vor, mit deren Hilfe der Benutzer seines Systems willkürliche items einander in Beziehung setzen konnte:

1. *Einschließung (inclusion):* Verschiedene items können sich hinsichtlich Bedeutung oder Gehalt oder Klang überlappen.
2. *Ausschließung (exclusion):* Ein Wort kann das andere ausschließen, oder beide Wörter beziehen sich zwar auf ein und dieselbe Sache, besitzen jedoch entgegengesetzte Positionen mit Bezug auf jene.
3. *Übereinstimmung (concurrence):* Eindrücke oder Vorstellungen können zufällig gemeinsam erscheinen.

Loisettes System beinhaltet die Herstellung von Beziehungen zwischen allen items, die über verschiedene (und mitunter recht gewollte) Anwendungen dieser 3 Grundprinzipien gelernt werden sollen.
Zahlen lassen sich schwerer als Wörter lernen, weswegen Loisette eine spezielle Technik für jene vorschlägt, nämlich seine „eigene" (geringfügige) Modifikation des Winckelmann-Schemas. Im folgenden nun ein Auszug aus Loisettes Schrift. Man beachte, daß die Substitution von Zahlen durch Buchstaben nur für diejenigen erforderlich ist, denen nicht die Einprägung der Zahlen über die an sich primäre Anwendung der drei Gedächtnisregeln gelang.

---

6 Obwohl die *Encyclopaedia Britannica* (siehe Mitchell 1910) dem Deutschen Winckelmann die Erfindung des Zahlen-Konsonanten-Alphabets im Jahre 1648 zuschreibt, wurde die Grundidee in ihrer modernen Form offensichtlich zuerst von dem französischen Mathematiker Pietro Herigon im Jahre 1634 entwickelt (Persönliche Mitteilung von M. N. Young). Eine umfassende Erörterung der Geschichte und Techniken der Gedächtniskunst geben die Ausführungen (beginnend mit *Mnemotecnica*) in der *Enciclopedia Universal Illustrada, Europeo-Americana* (Madrid: Espasa-Calpe, S. A. Vol. 35, S. 1148—1159). Siehe auch *Herigon, Pietro* and *Wickelmann, Johann Justus* in Young (1961).
Im folgenden benutze ich zur Illustration des Zahlen-Konsonanten-Systems Auszüge aus Loisette und zwar in erster Linie deshalb, weil von den mir zugänglichen Schriften seine Abhandlung am meisten Vergnügen beim Lesen bereitete.

Analytische Substitutionen *

Professor A. Loisette

Eine Methode für das Behalten von Zeitangaben und Zahlen

Die folgende Zahlen-Übung soll jenen dienen, die noch nicht das Numerische Denken gemeistert haben. Der Schüler wird dessen praktischen Wert schätzen, sobald er über den Schlüssel zu seiner Beherrschung verfügt.
Dieser wird auf den nächsten Seiten erläutert, und man wird sehen, wie leicht verständlich und erstaunlich interessant er ist.
Die ganze Sache ist in wenigen Worten geschildert. Zahlen als solche stellen Abstraktionen dar und sind schwer zu behalten. Um ihr Vergessen zu erschweren, übersetzen wir sie in Wörter oder Wortgruppen, die leicht zu erinnern sind und stets sofort die Zahlen, für die sie stehen, *wiedergeben.*
Wir wollen die Ziffern 1, 2, 3, 4, 5, 6, 7, 8, 9 und 0 durch bestimmte *Konsonanten* darstellen. Da den Vokalen (a, e, i, o, u, y) sowie dem w *kein numerischer* Wert zugeordnet wird, verwandeln wir Zeitangaben oder Zahlen in übersetzungsfähige Wörter, die uns immer genau die Ziffern angeben, für die sie stehen.
Da wir durch diesen einfachen Vorgang alle Zeitangaben und Zahlen mit *absoluter Sicherheit* erinnern können, wird der Schüler mit Freude hören, daß er das Verfahren bei nur einmaligem *aufmerksamem* Durchlesen erlernen kann.
Die Fragen am Ende jeder Seite stellen für ihn eine wertvolle Hilfe zur Überprüfung seiner Kenntnisse und der Richtigkeit seiner Überlegungen dar.
Die Null sowie die neun Ziffern werden durch die folgenden *Konsonanten* bzw. *ihren Laut- oder Aussprachecharakter repräsentiert:*
0 (Null) durch s, z oder weiches c wie in cease, 1 durch t, th oder d, 2 durch n, 3 durch m, 4 durch r, 5 durch l, 6 durch sh, j, ch oder weiches g wie im ersten g bei George, 7 durch ein hartes g wie in Gorge, ein k, ein hartes c wie in cane, ein q oder ng, 8 durch f oder v und 9 durch b oder p.

---

* A. Loisette. *Assimilative Memory or How to Attend and Never Forget.* New York: Funk and Wagnalls Co. 1896. S. 66–67 und 74–76

Genügend Übungsmöglichkeiten für die Übersetzung der Konsonantenklänge von Wörtern in Zahlen oder von Zahlen in Konsonantenklänge werden im folgenden gegeben. Wenn der Leser die obigen Konsonanten-Equivalente in Verbindung mit dem in Tabellenform gedruckten Zahlenalphabet auf Seite 153 zu *behalten* imstande ist, kann er sofort das Buch weiter durchgehen. Falls er noch nicht so weit ist, muß er sorgfältig und gewissenhaft die folgenden Abschnitte studieren, denn, einmal gelernt, treten keine weiteren Schwierigkeiten mehr auf.

Das Zahlenalphabet dieser Übung gibt die konsonantischen Werte der Null und der neun Ziffern in den senkrechten Spalten wieder, so daß sich in der Null-Spalte beispielsweise das *s*, das *z* und das *weiche c* finden, unter 9 das *b* und *p* gedruckt sind, unter 6 *sh, j, ch* und das *weiche g.* Nur wer ein erstklassiges natürliches Gedächtnis besitzt, kann die den Konsonanten entsprechenden Zahlen aus dieser Tafel lernen. Hat er sie auf diese Weise gelernt, muß der Schüler dennoch die Übersetzung von Wörtern eifrig üben. Denn auch den außergewöhnlich begabten Schülern wird empfohlen, die folgenden Beispiele zu studieren.

Zuerst sollte man lernen, *welche* Konsonanten hier für die Null (0) sowie die 1, 2, 3, 4, 5, 6, 7, 8, und 9 stehen bzw. sie repräsentieren. Man sollte stets daran denken. daß wir die Vokale für die Wörter zwar brauchen, ihnen (a, e, i, o, u) und dem w und dem y jedoch *keinerlei Zahlenwert* zuordnen.

DIE NULL (0) WIRD DURCH DIE KONSONANTEN S, Z, UND EIN WEICHES C (WIE IN *cease*) REPRÄSENTIERT.

Der Zahlenwert von „sew" ist also gleich 0 bzw. wird durch eine 0 repräsentiert, denn S = 0, und der Vokal „e" und der Konsonant „w" besitzen *keinen Zahlenwert.* Dem Schüler wird jetzt also sofort klar sein, daß *S*ay = 0, *S*ee = 0, Ea*s*e = 0, I*s* = 0, *Z*oe = 0 und *S*ei*z*e = 00, *S*i*z*e = 00 und *S*au*c*e = 00 bedeuten.

1. Überschätzt man eventuell die Bedeutung dieser Übung? 2. Wann erkennt der Schüler ihren praktischen Wert? 3. Wo wird dieser Schlüssel vermittelt? 4. Sind Zahlen schwer zu behalten? 5. Wie erschweren wir ihr Vergessen? 6. Wie werden die Zahlen repräsentiert? 7. Welchen Buchstaben ist kein numerischer Wert zugeordnet? 8. Was beinhalten die Fragen am Fuß jeder Seite?

Diese erste Regel kann auch auf folgende Weise eingeprägt werden:

Wenn der Großbuchstabe S in zwei Teile geschnitten und die untere Hälfte an die obere Hälfte angesetzt würde, gäbe das eine Null (0). *So kann man leicht behalten, daß das S die 0 repräsentiert.* Das weiche C wie zum Beispiel in *cease* klingt genau wie das S und sollte daher für dieselbe Zahl, nämlich die 0, stehen; und das Z ist insofern eng mit dem S verwandt, als es *von denselben Sprechorganen in derselben Stellung* wie beim S *gebildet wird,* nur daß es einen Unterton darstellt, während man das S als einen geflüsterten Buchstaben bezeichnen könnte. Daneben sollte das Z deshalb die 0 repräsentieren, weil mit ihm das Wort Zero (Null) beginnt – und ebenso sollte das weiche C für die 0 stehen, da das Wort cipher (= ebenfalls „Null" im Englischen; Anmerkung des Übersetzers) mit dem weichen C beginnt. *Bei der Übersetzung eines Wortes in Zahlen verwandeln wir stets S, Z und weiches C in Null (0); für die Umwandlung von Zahlen in Buchstaben übersetzen wir eine Null (0) immer in S, Z oder weiches C.*

DIE 1 WIRD DURCH DIE KONSONANTEN „T", „TH" und „D" REPRÄSENTIERT.

Toy = 1. Da „t" für 1 steht und o und y Vokale sind und somit keinen Zahlenwert besitzen, *muß* der numerische Wert von Toy 1 sein.

Thee = 1, *Thou* = 1, *Day* = 1, *Dew* = 1, *This* = 10, *Thus* = 10, *Does* = 10, *Ties* = 10, *Toes* = 10, *Deed* = 11, *Doth* = 11, *To-day* = 11, *Tattoo* = 11, *Tut* = 11, *Toad* = 11, *Tied* = *11, Sat* = 01, *Said* = 01, *Seat* = 01, *Days* = 10, *Toys* = 10, *These* = 10, *Those* = 10.

„t" steht für 1, weil es mit *einem* Abwärtsstrich geschrieben wird. „h" besitzt keinen Zahlenwert, außer wenn es mit „s" oder „c" in sh und ch verbunden wird. „th" *muß* darum die 1 repräsentieren, und desgleichen d, das mit „t" verwandt ist. Wir übersetzen also "t„, „th" und

1. Was tun wir stets, wenn wir ein Wort in Zahlen übersetzen? 2. Durch welche Buchstaben wird die Zahl 1 dargestellt? 3. Warum steht „t" für 1? 4. In welchem Fall besitzt der Buchstabe „h" einen Zahlenwert? 5. Wodurch ist 2 repräsentiert? 6. Warum? 7. Wie stellen wir 3 dar? 8. Warum? 9. Durch welchen Konsonant wird die 4 repräsentiert? 10 Warum?

„d“ mit der Zahl 1, und wenn wir die 1 durch Buchstaben darstellen wollen, übersetzen wir sie in t, th oder d.

– – –

Zur Erleichterung gebe ich das in Tabellenform dargestellte Zahlenalphabet.

0	1	2	3	4	5	6	7	8	9
S	t	n	m	r	l	sh	g^{hart}	f	b
	th								
						j	k	v	p
Z	d								
							c^{hart}		
						ch			
C^{weich}							q		
						g^{weich}			
							ng		

Sobald der Schüler das Zahlenalphabet gemeistert hat, wird er mit größter Befriedigung und Nutzen voranschreiten. Ist es ihm nicht gelungen, sollte er noch einmal sorgfältig das Vorangegangene durchgehen, damit er dann in der Gewißheit, auf keine Schwierigkeiten mehr zu stoßen, fortschreiten kann.

Wie man Wörter findet,
mit welchen man Zeitangaben und Zahlen übersetzt.

Es ist ein einfacher und leichter Vorgang; wenn man genau weiß, welche Konsonanten für jede der Zahlen stehen, schreibt man einfach neben die in Wörter zu verwandelnden Zahlen die Konsonanten, die jene repräsentieren; indem man dann beliebige Vokale benutzt, findet man durch Probieren heraus, welche Wörter die Zahlen übersetzen können. Nehmen wir an, wir wollten wissen, welche Wörter das Gründungsjahr von Jamestown, Va., 1607, übersetzten. Man setzt die Zahlen wie folgt untereinander und schreibt dann rechts von jeder Zahl die entsprechenden Konsonanten:

1 = t, th, d.
6 = sh, j, ch, hartes g (wie in gem).
0 = s, z, weiches c (wie in cease).
7 = hartes g, k, hartes c, q und ng.

Durch Probieren findet man bald beispielsweise folgende Wortgruppen, die die Jahreszahl 1607 repräsentieren: „A *Dutch Song*", „*Dash* a *Sack*", „*To* wa*sh* a *Sock*", „*The Choosing*", „*The Chasing*", „*Touches* a *Key*" etc.
Versuchen wir es mit dem Datum der Annahme der Verfassung der Vereinigten Staaten, 1787. Wir schreiben wiederum die Zahlen untereinander und setzen t, th und d neben die 1; hartes g, k, hartes c, q und ng neben die 7; f und v neben die 8; hartes g, k, hartes c, q und ng neben die 7 und finden schnell passende Wörter zur Übersetzung: „*To give* a *Key*", „*The giving*", „*The quaffing*", „*The Coughing*" etc.
In allen Fällen muß man sich genau nach den vorher gegebenen Regeln und Erklärungen richten. Etwas Übung macht es überflüssig, die Zahlen und die sie repräsentierenden Konsonanten niederzuschreiben. Aber zunächst muß man, wie oben geschildert, einige Mühen auf sich nehmen, um Genauigkeit zu erzielen.
Man versuche es mit 1636, dem Gründungsjahr des Harvard College: Man erhält „*Dash* a *midge*", „*The chum* age", „*Teach much*", „*To show my joy*" etc.
Die Jahreszahl 1701 – Gründung des Yale College – ergibt: „*Took* a *seat*", „*The cost*", „*The quest*", „*The cast*", „A *tax due*" oder „*Took* a *city*" etc.

Manchmal werden nur die ersten Konsonanten von Wörtern verwendet. Comenius, pädagogischer Reformer (things before words, pictured illustrations etc.) und mährischer Bischof, wurde im Jahr 1592 geboren: (1) *Th*ings (5) We*l*l (9) *P*ictured (2) *N*ow. Er starb 1671: A (1) *T*eaching (6) *Ch*urchman (7) *G*ave (1) Ou*t*.

1. Wie wäre Ihre Vorgehensweise? 2. Was muß man in allen Fällen tun? 3. Wozu befähigt sie etwas Übung? 3. Was muß man tun, um als erstes die Genauigkeit zu sichern? 5. Übersetzen Sie eine Jahreszahl entsprechend der hier angegebenen Methode? Würden die Wörter „taxes due" auch das Gründungsjahr des Yale College (1701) angeben? 7. Wenn nicht, nennen Sie den Grund. 8. Könnten Sie Ihr Geburtsdatum in ein Wort oder eine Wortgruppe übersetzen? 9. Übertragen Sie die Geburts- und Todesjahre der von Ihnen am meisten bewunderten historischen Persönlichkeiten in Wörter bzw. Wörtergruppen. 10. Halten Sie diese für eine spätere Überprüfung schriftlich fest.

Loisette fährt weiter und weiter fort, aber die Technik ist klar. Offensichtlich ist Loisettes (bzw. richtiger gesagt, Winckelmanns) Schema, was all die komplizierten Regeln betrifft, im Prinzip dem von Miller, Galanter und Pribram illustrierten „one is a bun, two is a shoe" — Schema gleich. Diese Systeme scheinen wirklich zu funktionieren, allerdings unter gehörigem anfänglichen Zeit- und Arbeitsaufwand, den das Erlernen des Systems zunächst einmal erfordert. Beispielsweise meint der Autor eines neueren Buches über die Verbesserung des Gedächtnisses Folgendes zum Zahlen-Konsonanten-System[7]:

Wenn man das System erlernt und beständig übt, erlangt man Routine bei der Übersetzung und Interpretation der Übersetzungen. Eine Entscheidung darüber, ob man das System erlernen und verwenden soll, ist möglich, indem man einige Zahlen wählt, die man behalten will – z.B. die eigene Nummer der Kranken- oder Sozialversicherung, die eigene Kontonummer und ein oder zwei wichtige Telefonnummern – und dann 1. sieht, ob man sie in Wörter oder Wortgruppen übersetzen kann, um 2. zu entscheiden, ob man die Übersetzungen leichter als die Nummern behält.

Was Verabredungen betrifft, so ist es wahrscheinlich besser, sich beispielsweise das Treffen am 16. April um 4 Uhr nachmittags im Kalender zu notieren als es im Kopf zu behalten, von wo der Termin dann leicht entschwindet.

Zur Durchführung von Gedächtnistricks mit Zahlen ist die Übersetzungsmethode nützlich. Normalerweise wird man diese jedoch eher als zwar interessant, aber wenig hilfreich betrachten.

Dieses Buch von James D. Weinland, einem emeritierten Professor für Marktpsychologie, gibt undogmatisch und mit einem Versuch, jede Methode mit den Ergebnissen der experimentellen Psychologie in Beziehung zu setzen, die Prinzipien der meisten Gedächtnissysteme wieder. Noch wichtiger ist, daß Weinland die Grenzen jeder Technik aufzeigt, was man selten in populärwissenschaftlichen Publikationen findet.

Was an den Gedächtnissystemen verbessert denn nun unsere Memorisierfähigkeit? Allen Systemen gemeinsam scheint die Betonung des Ordnungsprinzips zu sein. Man kann die Dinge anscheinend nicht einfach so memori-

---

7 James W. Weinland. *How to Improve Your Memory.* New York: Barnes and Noble 1957. Copyright 1957 by Barnes and Noble, Inc. Mit Erlaubnis des Verlags.

sieren, wie sie auftreten. Man muß den Stoff ordnen, in sinnvolle Strukturen gruppieren, seltene und bizarre Assoziationen bilden und ihn dann nach einem formalen regelrechten Plan im Gedächtnis unterbringen. Wenn sich der Stoff visuell nicht veranschaulichen läßt und Assoziationen nicht möglich sind, muß er mit Hilfe von Schlüsselwörtern oder analytischen Substitutionen transformiert werden, bis sich Bilder verwenden lassen.
Die Betonung der Struktur gespeicherten Materials, sei sie durch rhythmische Techniken, formal gelernte Erinnerungs-„loci" oder eine besonders lebendige Vorstellungsfähigkeit gebildet, weist darauf hin, daß die Schwierigkeit, sich Material einzuprägen, mehr mit seiner Wiedergewinnung als seiner Speicherung zu tun hat. Wäre die Informationsspeicherung das Problem, würde man kaum Interesse daran haben, eine Gedächtnismethode zu verwenden, welche die zu speichernde Informationsmenge vergrößerte. Doch jede von uns untersuchte Technik scheint gerade dies zu tun. In der gesamten Literatur werden wir kein System finden, das den Stoff zu kondensieren und zu vereinfachen versucht: jedes System erhöht durch Zusätze die Information. Damit ist impliziert, daß die Organisation eine wichtige Rolle bei der Wiedergewinnung des Stoffes spielt. Warum wohl?

Organisation und Gedächtnis

Die Wiedergewinnung von Material aus einem großen Kapazitätssystem wie unserem Langzeit- oder Sekundärgedächtnis muß einen Prozeß darstellen, der sich ziemlich von jenem der Wiedergewinnung aus einem kleinen Kapazitätsspeichersystem wie dem Primärgedächtnis unterscheidet. Bei jedem großen Gedächtnis wird eine Zufallssuche nach dem Inhalt unpraktisch. In der Tat nutzt das Wissen allein, daß die gesuchte Information im Gedächtnis gespeichert ist, nichts. Die Notwendigkeit eines Organisationsschemas kann man gut an dem Problem illustrieren, vor das sich eine umfangreiche Bücherei gestellt sieht. Wenn ein Buch falsch in den Regalen steht, ist es so gut wie verloren. Es spielt überhaupt keine Rolle, daß sich das Buch in Wirklichkeit in der Bücherei befindet; steht es nicht an seinem richtigen Platz, bleibt es einer normalen Suche verborgen. Genauso ist es mit dem menschlichen Gedächtnis: selbst wenn die gewünschte Information vorhanden ist, bleibt sie nutzlos, solange sie unerreichbar ist. Auf welche Weise durchsuchen wir unser Gedächtnis nach einer konkreten Sache, von der wir wissen, daß sie sich dort befindet? Das Problem ist, an die richtigen Verbindungen zum Zielobjekt zu kommen; sobald dies einmal geschehen ist, fließt alles Übrige von allein.

Wenn wir es mit sprachlichem Material zu tun haben, sind Assoziationen durch die semantische Struktur der items leicht möglich. Wir haben allerdings schon erfahren, daß unsere Fähigkeit, verbalen Stoff nach einmaliger Darbietung uns einzuprägen, durch die auf der magischen Zahl 7 beruhenden Gesetzmäßigkeiten auf einige wenige Wörter beschränkt zu sein scheint. Besteht die Möglichkeit, verbales Material so zu ordnen, daß diese Beschränkung aufgehoben wird?

In einer Reihe neuer Gedächtnisstudien wurde die Rolle der Organisation beim Lernen sprachlichen Materials betont. Diese Arbeiten scheinen uns mit dem Mechanismus einer geeigneten und effizienten Organisation ein Bindeglied zwischen den Beschränkungen des Primärgedächtnisses und der riesigen Kapazität des Sekundärgedächtnisses zu liefern. Die Grundidee entstammt Millers Vorstellung, daß, obwohl wir nicht mehr als sieben (plus oder minus zwei) Dinge gleichzeitig zu lernen imstande scheinen, jedes dieser Dinge reichhaltig an Struktur und Bedeutung sein kann.

Ein ziemlich generelles Prinzip scheint sich herauszuschälen: man gruppiert und kategorisiert die Objekte, die man zu lernen beabsichtigt. Beweise für dieses Prinzip finden wir überall. Telefonnummern werden in kleinere Sequenzen unterteilt. Die Monatsnamen teilt man entsprechend den vier Jahreszeiten auf. Kinder bilden ganz von allein Sing-Sang-Rhythmen von Wortketten oder Texten, die sie behalten wollen. Man beachte z. B., auf welche Weise ein Alphabet gelernt wird, das für ein Kind eine lange ziemlich willkürliche Buchstabenfolge darstellt. Kinder können, wie es scheint, über endlos lange Zeit hin Buchstaben hersagen, bevor sie alle Buchstaben zusammenhaben, aber sie tun dies auf eine nette und durchaus vernünftige Art und Weise. Sie benutzen einen Reim, der die 26 Buchstaben in 3 Gruppen teilt, deren jede aus 2 Elementen besteht, deren jedes wiederum 2 Einheiten besitzt, die sich jede aus 1 bis 4 Buchstaben zusammensetzen. Das sieht dann folgendermaßen aus: [(ab — cd) (ef — g)] [(hi — jk) (lmno — p)] [(qrs — tuv) (w — xyz)]. Gib tes ein besseres Beispiel für die gerade aufgeführten Prinzipien: Rhythmus ist vorhanden, Reim ist vorhanden, und keine einzige Gruppe ist zu umfangreich, um die Kapazität des Primärgedächtnisses zu überschreiten. Zweifelt jemand daran, das Alphabet auf diese Weise gelernt zu haben? Ist jemand der Ansicht, er kenne das Alphabet als eine Gesamtheit, als schön geordnete Einheit? Dann sage man es einmal rückwärts auf und beachte, ob die Stellen, an denen man stolpert, nicht mit den Einschnitten zwischen den Gruppen, die man einst benutzte, übereinstimmen.

Gruppieren, kategorisieren, zu Einheiten zusammenfassen: diese Prinzipien zeigen sich selbst an einem der am wenigsten vermuteten Orte, dem experimentellen Laboratorium. Langsam wird man sich darüber klar, daß

Vpn von den items, die sie zu lernen versuchen, Gruppen bilden. Bousfield (1953), Bousfield und Cohen (1955) sowie Bousfield und Sedgewick (1944) bemerkten eine Zusammenfassung von Wörtern bei deren Wiedererinnerung durch ihre Vpn. Tulving (1962, 1964) hat die Antwortstrategien untersucht, deren sich Vpn bedienen, die Reihen unzusammenhängender Wörter lernen. Er findet, daß jene die Wörter in eine Ordnung bringen und daß diese Ordnungen, sobald sie einmal gebildet sind, für den Rest des Experiments eine Tendenz zur Erhaltung zeigen. Das bedeutet, daß, wenn eine Vp mehrere der auf der Liste stehenden Wörter, die sie zu lernen versucht, einmal gruppiert hat, sie dazu neigt, sie immer gemeinsam wiederzuerinnern, unabhängig davon, wie die Wörter vom Versuchsleiter vermischt worden sind. Darüber hinaus baut sich das Lernen neuer Wörter auf den früher erworbenen Strukturen auf.

Die vermutlich unvermeidbare allgemeine Folgerung ist, daß Material ohne eine bestimmte Struktur nicht leicht erlernbar ist. Sofern die Struktur nicht schon vorhanden ist, muß sie entweder durch die von der Vp geleistete Kategorisierung oder durch Anwendung eines formalen Systems von Gedächtnisregeln geliefert werden. Überdies scheint die im sekundären Gedächtnis verwendete Organisationsstruktur von den Beschränkungen des primären Gedächtnisses bestimmt zu werden. Diese Grundsätze erscheinen klar, doch spielen sie eine geringe Rolle in den Theorien der meisten Psychologen. Organisationsfaktoren werden in Erörterungen über das Gedächtnis zum überwiegenden Teil ziemlich rasch abgetan. Eine der Ausnahmen scheinen die letzten Arbeiten von George Mandler (1967 a, 1967 b) über Organisation und Gedächtnis darzustellen. Mandler hat die von Vpn benutzten Kategorisierungen direkt untersucht und findet, daß er die erinnerte Stoffmenge durch Eingriffe in die Organisationsstruktur des Materials beeinflussen kann. Er faßt seinen zugrundeliegenden theoretischen Standpunkt folgendermaßen zusammen:

> Wenn eine Vp relativ umfangreiche Wortgruppen lernen soll, enthält der Prozeß offensichtlich zwei getrennte Vorgänge: Ein Kurzzeit- oder Primärgedächtnis, welches die Wörter unmittelbar nach dem Output erinnern läßt; und ein organisiertes Gedächtnis, welches in typischer Weise frühere Wörter der Liste einschließt.

— — —

Da das gegenwärtige Problem nicht beim Kurzzeit- oder unmittelbaren Gedächtnis im Sinne einer Wiedergewinnung von items aus einem temporären oder Puffer-Speicher zu suchen ist, ist es sehr wahrscheinlich, daß der Wert der pro „chunk" zu erinnernden items unter sieben liegt; zu Arbeitszwecken und im Lichte einiger unserer folgenden Ergebnisse scheint ein Wert von 5 ± 2 angemessener zu sein.

Um kurz zu wiederholen: eine gegebene Wortgruppe wird vom menschlichen Organismus kategorisiert, und, falls die Länge der Liste eine Organisation in größerem Umfang erfordert, werden die Kategorien der Reihe nach in übergeordneten Kategorien angeordnet (Mandler 1967a, S. 332—333. Copyright 1967 by American Press. Mit Genehmigung).

Wenn wir diese Bemerkungen auf die Veröffentlichungen über Gedächtnissysteme übertragen, sehen wir, daß die Stärke von Systemen zur Gedächtnisverbesserung aus einem sehr einfachen Prinzip resultieren kann: sie reduzieren lange, unzusammenhängende Stoffreihen auf kurze, miteinander verbundene Gruppen. Derartige Systeme liefern uns die Regeln und Techniken für die Verkürzung der zu lernenden Sequenz und das Auffinden von Bedeutung, selbst wo keine zu sein scheint.
Sehr häufig wird den mnemotechnischen Systemen vorgeworfen, daß durch sie die zu lernende Materialmenge vergrößert wird. Das ist sicher bis zu einem gewissen Grad richtig. Sämtliche Systeme erfordern das Lernen von Reimen, Assoziationen oder Bildern zusätzlich zum eigentlichen Stoff, an dessen Behalten man interessiert ist. Aber die Zusätze können in Wirklichkeit einer Abnahme der tatsächlichen Stoffmenge gleichkommen, die gelernt werden muß. Der Gedächtnisumfang des Menschen wird durch die Anzahl der sinnvollen items begrenzt, nicht durch physikalische Variablen wie die Anzahl von Wörtern oder Bildern. Eine Technik zur Gedächtnishilfe führt daher eher zu einer Verminderung der Zahl sinnvoller Einheiten in dem zu lernenden Material. Äußerlich gesehen, ist eine Folge aus vier Ziffern kürzer als eine bildliche Darstellung, in der diese vier Ziffern sinnvoll angeordnet sind. Wenn wir sie jedoch zu lernen versuchen, haben wir uns vier Dinge einzuprägen; wenn wir das Bild behalten wollen, ist nur eines zu lernen, nämlich die Anordnung.
Wir können das Gesagte durch einen Blick auf bestimmte Beispiele verdeutlichen, die uns aus den zitierten Arbeiten zur Verfügung stehen. Das Schlüsselwortsystem, veranschaulicht durch die Transformationsregel, daß „one is a bun, two is a shoe . . .", ist ein gutes Beispiel für eine Technik, die die zu erinnernde Sequenz nur verlängern kann. Gemäß der Regel werden Ziffernfolgen in Satzfolgen transformiert, jedoch unter Einhaltung einer genauen Eins-zu-eins-Equivalenz. Somit muß sich jede Verbesserung der Gedächtnisleistung, die aus dieser Regel resultiert, aus der aus den Wörtern zusammengesetzten Bedeutung ergeben, nicht aus einer Reduktion der Menge der zu lernenden items.
Das Zahlen-Konsonanten-System (von Winckelmann, dargestellt im Auszug von Loisette) ist als Technik zur Gedächtnisverbesserung dem Schlüsselwortsystem überlegen, weil jenes es sowohl ermöglicht, einer Ziffernfolge Bedeutung zu verleihen als auch gleichzeitig die vorhandene Zahl der items zu verringern, die gelernt werden müssen. In seinem Artikel über die magische

Zahl 7 (Kap. 5) diskutiert Miller beispielsweise ein Experiment von Sidney Smith über eine Methode, die die Verschlüsselung einer item-Kette in eine kürzere erlaubt. Smith ließ seine Vpn Sequenzen von Binärziffern lernen, wobei jede aus drei Binärziffern bestehende Gruppe in eine Oktalzahl zu enkodieren war. Auf diese Weise konnten die Vpn die Anzahl der behaltbaren Binärziffern fast verdoppeln. Das Zahlen-Konsonanten-Schema benutzt ein ähnliches Prinzip für die Reduzierung der Anzahl der zu behaltenden Elemente, geht dann aber einen wichtigen Schritt weiter: es fügt der item-Kette Bedeutung bei.

Man überlege, wie man sich wohl folgende Sequenz von Binärziffern einprägen sollte: 001100001001100001101010001111111100000. Sie überschreitet bei weitem unsere Gedächtnisspanne. Wir können Smith's Trick anwenden und eine Verschlüsselung in Oktalziffern vornehmen: 1411415217740 (s. S. 107). Diese stellt eine bedeutend kürzere Sequenz dar, ist jedoch noch immer zu lang, um leicht eingeprägt zu werden. Wenn wir aber jetzt die Zahlen-Konsonanten-Transformation einsetzen, erhalten wir *trttrtlntkkrs*. Nach kurzem Überlegen erkennen wir sicher, daß wir diese Buchstaben in die equivalente Folge *trd drt ln tng grs* verwandeln können. Diese Konsonantensequenz führt uns nun zu dem Wortbild eines *tired dirty lion eating grass*. Somit haben wir 39 Binärzahlen auf 13 Oktalziffern reduziert, 13 Oktalziffern auf 5 Wörter und schließlich 5 Wörter auf ein Bild. Dieses mnemotechnische System hat seinen Vorteil (für den geübten Praktiker), weil es die zu lernende Stoffmenge bedeutend reduziert. Andererseits erfordert es beträchtlichen Aufwand, erstens, was die Übungszeit zum Lernen der Regeln angeht, und zweitens hinsichtlich ihrer Anwendung. Obiges Beispiel einer Technik zur Gedächtnisverbesserung nimmt vermutlich etwas von ihrem Reiz, es sollte jedoch auch die Stärke derartiger Techniken illustrieren.

Zusammenfassend läßt sich sagen, daß die für effizientes Lernen wichtige Organisation zwei Formen hat. Die eine bezieht sich auf die Organisation innerhalb des menschlichen Speichersystems, die andere auf jene des Stoffes, der gelernt werden muß: Bildung von Gruppen und Kategorisierung. Wenn wir Regeln für eine wirksame Gedächtniseinprägung aufzustellen hätten, könnten sie etwa folgendermaßen aussehen:

1. *Kleine Grundeinheiten:* Der zu lernende Stoff muß in kleine, in sich geschlossene Abschnitte unterteilbar sein, mit nicht mehr als vier oder fünf Einzelteilen in jedem Abschnitt.
2. *Innere Organisation:* Die Abschnitte müssen so organisiert sein, daß die verschiedenen Teile in einer logisch einwandfreien Struktur zusammenpassen.

3. *Äußere Organisation:* Es muß eine Beziehung zwischen dem einzuprägenden und dem schon gelernten Stoff hergestellt werden, damit beide gut zusammenpassen.

Die verschiedenen von uns studierten Gedächtnissysteme stellen planmäßige Techniken zur Verfügung, um jegliches Material in Ordnungen zu bringen, welche diesen drei Regeln unterliegen. Die bekannten Eigenschaften des menschlichen Gedächtnisses weisen auf die Gründe für diese Prinzipien hin. Um sie kurz zusammenzufassen: das Erfordernis, Material in kleinen Gruppen zu kategorisieren, scheint sich aus der begrenzten Kapazität des Primär-Gedächtnisses zu ergeben. Die Notwendigkeit eines logischen Ordnens der Abschnitte (Kategorien oder „chunks") resultiert aus der großen Schwierigkeit, Ordnungsbezüge zu lernen. Die Notwendigkeit reicher Assoziationen mit früher gelerntem Material scheint ein Erfordernis des Wiedergewinnungsvorgangs zu sein. Denn gut gelernte Assoziationen liefern bei der Suche nach Vergangenem im Gedächtnis die Ausgangsbasis für die Wiedererinnerung.

Wir sind jetzt in der Lage, einen generellen Grundsatz für alle zu formulieren, die ihr Gedächtnis verbessern wollen. Will man sich etwas einprägen, sollte man am besten, anstatt sich blindlings auf den Stoff zu stürzen und ihn endlos zu wiederholen, zunächst seine Gesamtbedeutung und Struktur kurz zusammenfassen, dann bestimmen, welche Beziehung zu schon Bekanntem besteht und schließlich den Stoff in eine kleine Gruppe logischer Unterabschnitte teilen.

Bei dieser Vorgehensweise verwendet man automatisch eine Reihe psychologischer Prinzipien, die bekannterweise die Lernleistung verbessern. Das Verfahren erfordert, daß dem Stoff volle Aufmerksamkeit zugewandt wird; ferner macht es ein teilweises Lernen des Ganzen und ein teilweises Lernen über die Teile nötig; es liefert Komponenten von genügend geringer Größe, um als ein „chunk" gelernt zu werden; und es liefert die Struktur, um sowohl die Einzelteile miteinander in Beziehung zu setzen als auch das Ganze mit dem früher Gelernten zu integrieren.

Das Studium der Gedächtnissysteme hat etwas Neues ergeben, sei es auch nur die Tatsache, daß heute jene Prinzipien studiert werden, die die Gedächtnissysteme in den vergangenen 2000 Jahren betont haben. Ob die Mnemotechniken in fundamentalerer Weise, als hier vorgeschlagen, Prinzipien verwenden, die sich von den uns schon bekannten unterscheiden, kann nicht entschieden werden, bevor wir sie nicht unter den kontrollierten Bedingungen des Laboratoriums untersuchen.

Empfohlene Literatur

Über die Wirkungsweise der Gedächtnishilfen ist gegenwärtig wenig Neues gesagt worden, obwohl erste schwache Forschungsanzeichen in dieser Richtung zu registrieren sind. Das neu geweckte Interesse kann auf den Einfluß des Buches *Plans and the Structure of Behavior* von Miller, Galanter und Pribram zurückgeführt werden. Der interessierte Leser sollte also auf jeden Fall hier mit der Lektüre beginnen. Das 10. Kapitel ist am wichtigsten, aber auch der Rest des Buches ist durchaus von Interesse. Zurzeit stellen die wenigen veröffentlichten Studien über die Gedächtnishilfen wenig mehr als Demonstrationen ihrer positiven (und auch negativen Effekte) dar. Wir müssen damit einfach vorlieb nehmen, bis genügend konkrete Fakten gesammelt sind, um uns die Bestimmung der zugrunde liegenden Strukturen zu ermöglichen.

Die Organisation des Gedächtnisses spielt wahrscheinlich die entscheidende Rolle für die Bedeutung der Mnemotechniken. Organisation ist erforderlich für die Wiedergewinnung, und sofern neu gelerntes Material nicht genau mit dem alten integriert wird, ist eine Wiedererinnerung sehr fraglich. Untersuchungen der Organisationseigenschaften des Gedächtnisses sollten zu wesentlichen Verständniserleichterungen führen. Derartige Untersuchungen müßten ferner auf Menschen beschränkt sein: wenn wir die allgemeinen Grundsätze erkennen, die dem Einsatz eines umfassenden Gedächtnisses zugrunde liegen, werden sie sowohl auf menschliche als auch auf Maschinensysteme anwendbar sein. Für die Erörterung eines Teils der Literatur über großräumige Gedächtnissysteme (sogenannte Informations- und „data management"-Systeme) kann sich der Leser im letzten Teil von Kapitel 8, S. 161–176 (und dem empfohlenen Schrifttum am Schluß dieses Kapitels) orientieren.

Viele der recht zahlreichen Arbeiten über die Organisation des menschlichen Gedächtnisses werden in Veröffentlichungen von Mandler (1967 a und b) diskutiert. Mandlers Artikel sollte man nicht nur wegen ihres Inhalts lesen, sondern auch, weil die dort enthaltenen Referenzen den Leser an die übrige Literatur heranführen. Besonders relevant sind Arbeiten von Bousfield und Sedgewick (1944), Bousfield (1953), Cofer (1965), Cohen (1963), Katona (1940) sowie die von Tulving (1962, 1964) und Tulving und Pearlstone (1966).

Tulving hat zu beweisen versucht, daß die Wiedergewinnung den Schlüssel zum Gedächtnis darstellt und diese wiederum von der Verfügbarkeit abhängig ist. Weiterhin meint Tulving, daß zwischen dem primären und sekundären Gedächtnis kein anderer Unterschied besteht als hinsichtlich der Verfügbarkeit; gerade dargebotene items besitzen einen leicht verfügbaren

Signalreiz für die Wiedergewinnung, denn von allem im Gedächtnis gespeicherten Material traten sie zuletzt auf. Offensichtlich ist die Wirkung dieses Signalreizes auf die allerletzten items beschränkt. Tulving glaubt, daß, wenn wir Verfechter eines separaten Kurzzeit-Gedächtnisses den Verlust neu erworbener Information untersuchen, wir in Wirklichkeit den Verlust der Verfügbarkeit jenes items studieren, insbesondere den Verlust der Relevanz des Signalreizes „zu allerletzt dargebotene items".
Zwei Standardwerke, die ausführliche Zusammenfassungen der Literatur und Referenzen bieten, sind die von McGeoch und Irion (1952) sowie von Woodworth und Schlosberg (1958, speziell die Seiten 743–746).
Die für das Studium der Gedächtniskunst und Organisation relevanten Zeitschriften sind dieselben wie die für Kapitel 5 genannten, weswegen sie hier nicht noch einmal aufgeführt sind.

7. Was wird gespeichert?

Bis jetzt haben wir eine Vielzahl von Phänomen und Mechanismen, die mit Aufmerksamkeit und Gedächtnis verbunden sind, kennengelernt und erörtert. Aber eine grundlegende Frage haben wir vermieden: was wird denn nun gespeichert? Leider gibt es hierauf keine Antworten. Eine andauernde Veränderung muß im Nervensystem eintreten, damit Information im Sekundärspeicher erhalten bleibt, ob jene jedoch durch zusätzliche neue Nervenverbindungen, durch chemische Veränderung der Molekularstruktur, durch Wechsel der Schwellenniveaus an den Nervenübergängen oder einen anderen Mechanismus verursacht wird, ist noch ein unbekanntes, gleichwohl heiß debattiertes Problem. Es ist in der Tat noch nicht einmal bekannt, wo die Information innerhalb des Nervensystems verschlüsselt wird; hat die Erinnerung an ein spezifisches Ereignis ihren spezifischen neurologischen Sitz oder dehnt sie sich als eine Konfiguration nervöser Aktivität aus? Diese Grundprobleme harren zur Zeit noch ihrer eventuellen Lösung.

Das Studium von Fehlern

Auch wenn wir nicht viel über die physiologische Repräsentation der Gedächtnisspur sagen können, ist es uns möglich, die logischen Eigenschaften gespeicherten Materials abzuleiten. Hierzu ist eine Neuformulierung unserer Frage notwendig. Wir könnten uns über die logische Organisation der Speicherung Gedanken machen, denn einige der Eigenschaften gespeicherten Materials können unabhängig von den speziellen physiologischen Mechanismen gefolgert werden, die hier möglicherweise eine Rolle spielen. Der erfolgversprechendste Weg ist vielleicht das Studium der Arten von Fehlern, die bei der Wiedergewinnung von Information aus dem Gedächtnis gemacht werden. Wir vermuten, daß ein Fehler dann auftritt, wenn die gespeicherte Repräsentation eines items nur teilweise wiedergewonnen worden ist, entweder, weil der Rest der Spur sich zeitweilig unseren Auffindungsversuchen entzogen hat, oder weil er aus dem Speicher verschwunden ist. Der erinnerte Rest kann uns aber einiges über die Organisation des Gedächtnisses sagen. Wir können die Beziehung des wiedererinnerten Materials zum Original

überprüfen: welche physikalischen Merkmale sind noch erhalten? welche psychologischen Merkmale? welche Verzerrungen treten auf?
In diesem Kapitel studieren wir typische Interpretationsbeispiele dieser Analysenart, wobei wir hoffen, mehr ihre Anwendung und Tauglichkeit zu beschreiben und zu illustrieren, als eine vollständige Antwort auf die Hauptfrage dieses Kapitels zu liefern. Trotzdem werden wir nicht völlig ohne Ergebnisse bleiben. Indem wir mit dem Kurzzeit-Gedächtnis für einfache Objekte beginnen, darauf zum Langzeit-Gedächtnis für einzelne Wörter übergehen und mit dem Langzeit-Gedächtnis für Geschehenes schließen, gehen wir in fast umgekehrter chronologischer Reihe vor wie die Forschung auf diesem Gebiet.

Akustische Verwechslungen

Eine einfache Frage, die in Beziehung zu den Untersuchungen zum Wiedererkennen von Mustern zu sehen ist, wovon in Kapitel 3 die Rede war, betrifft die Art und Weise, wie einfache Objekte im Speicher repräsentiert sind. In welcher Form verschlüsseln wir beispielsweise Buchstaben des Alphabets? Wenn wir Buchstaben in einer Form analog ihrem visuellen Bild speicherten, könnten wir vermuten, daß bei einem Undeutlichwerden der Gedächtnisspur die in der Form ähnlichen Buchstaben (wie z. B. P und F) miteinander verwechselt werden könnten.
In den 60er Jahren führte R. Conrad am Applied Psychology Research Unit in Cambridge, England, eine Reihe von Experimenten durch, um die Fehlerarten zu studieren, die bei Aufgaben zum Kurzzeit-Gedächtnis gemacht werden, wofür visuell dargebotene Buchstaben als die zu erinnernden items verwendet wurden. (Conrad 1959, 1962, 1964; Conrad und Hull 1964). Conrad hatte mehrere Experimente durchzuführen. Zuerst mußte er zeigen, daß die in seinen Experimenten beobachteten Fehler vom Gedächtnis, weniger vom Wahrnehmungssystem, verursacht wurden. Zweitens hatte er die Art der durch Ausfälle im Gedächtnis verursachten Verwechslungen zu bestimmen. Drittens mußte er das Speicherschema auffinden, welches zu den erhaltenen Fehlern führte.
Conrad konnte zeigen, daß falsch erinnerte items akustisch mit den Originalitems in Beziehung standen, selbst wenn das Material optisch dargeboten worden war. Die gespeicherte Repräsentation hatte also einen Bezug zur gesprochenen. Es scheint, daß die Wiederholung verbalen Materials ein akustischer (oder gesprochener) Prozeß ist, wobei das Gedächtnis eher für das Wiederholte als für das tatsächlich Dargebotene zuständig ist. Conrads

Resultate haben eine wichtige Rolle bei der Entwicklung von Gedächtnistheorien gespielt, wie wir in früheren Kapiteln gesehen haben und wie es noch einmal im nächsten Kapitel deutlich wird.
Die in diesen Experimenten angewandten Methoden sind durchaus vertretbar, aber die Interpretation der Ergebnisse ist keineswegs so einfach. Die Ausgangsgröße stellt die Matrix der Verwechslungen dar: die Aufstellung der relativen Frequenz, mit der jeder mögliche Buchstabe mit jedem anderen möglichen verwechselt worden ist. Wenn es eine Beziehung zwischen Speicherung und visueller Form der Buchstaben gäbe, würden wir erwarten, daß dar Buchstabe „E" manchmal als ein „F" und der Buchstabe „C" als ein „S" erinnert würde. Tatsächlich jedoch erinnern wir ein „E" oftmals als „C" und ein „F" als ein „S". Obwohl es sehr leicht ist, die aufgrund von Verwechslungen zwischen akustischen Repräsentationen von Buchstaben sich ergebende Matrix von der die visuellen Repräsentationen betreffenden zu unterscheiden, sind andere Unterscheidungen weitaus schwerer zu treffen. Besteht z. B. eine engere Beziehung zwischen der gespeicherten Repräsentation von Buchstaben und dem tatsächlichen Lautbild gesprochener Buchstaben – eine akustische Repräsentation – oder zwischen jener und den Bewegungen oder motorischen Befehlen zur Lautäußerung – eine artikulatorische Repräsentation? Der Unterschied zwischen artikulatorischer und akustischer Repräsentation ist sehr wesentlich bei der Aufstellung von Theorien zur Sprachwahrnehmung. Zur Unterscheidung dieser Repräsentationen müßten wir item-Klassen erstellen, die sich hinsichtlich eines Aspekts, beispielsweise Artikulation, voneinander unterschieden, wenig jedoch hinsichtlich eines anderen wie etwa ihres Lautbildes.
Obwohl feine Unterscheidungen schwer über eine Analyse der im Gedächtnis stattfindenden Verwechslung zu treffen sind, verspricht die Methode dennoch sehr guten Erfolg bei der Bestimmung einer ganzen Reihe von Merkmalen gespeicherten Materials. Kürzlich wurde dieser Ansatz bei der Untersuchung der linguistischen Bestandteile gesprochener Laute (Wickelgren 1965 a, 1966 a) verwendet, ferner bei der Bestimmung, wie items in einer Serie gespeichert und miteinander verbunden werden (Conrad 1965; Wickelgren 1965 b, 1966 a, b, c), und für die Unterscheidung der Eigenschaften der Kurz- und Langzeit-Speicherung (Baddeley 1966).
Eine Möglichkeit, das Kurzzeit- vom längerzeitigen Gedächtnis zu unterscheiden, bietet die Fehlerform. Conrads Ergebnisse basierten auf direkten Prüfungen des Materials. Die akustischen Verwechslungen rühren daher vom Kurzzeit- oder Primär-Gedächtnis her. In späteren Experimenten (z. B. Baddeley 1966) ist aufgezeigt worden, daß das Langzeit-Gedächtnis durch semantische, jedoch nicht durch akustische Ähnlichkeit der gelernten items beeinflußt wird. Die akustische Verschlüsselung scheint also ein temporäres

Phänomen zu sein, das auf das Primär-Gedächtnis beschränkt ist. Im Langzeit-Gedächtnis gespeichertes Material hat offenbar eine gründlichere Analyse hinter sich, so daß die semantischen Eigenheiten Vorrang vor den akustischen haben.

Um kurz zusammenzufassen: wenn wir ein Wort hören oder sehen, muß die physikalische Form in eine physiologische Repräsentation überführt und darauf in ihre sinnvollen Komponenten entschlüsselt werden. Conrads Experimente implizieren, daß wir während des Dekodierprozesses für das einlaufende item dieses zeitweilig in akustischer Form speichern. Irgendwann zu Beginn des Prozesses müssen wir ein Bild des aktuellen physikalischen Wortes besitzen, sei es anfangs visuell oder akustisch. Später, im Primär-Gedächtnis, wird es in eine akustische Form umgewandelt und noch später, im Sekundär-Gedächtnis, wird die Bedeutung festgestellt, wahrscheinlich mit Hilfe des Kontextes: dem vorhergehenden und folgenden Material.

Das Problem des „Auf-der-Zunge-liegens"

Was geschieht, wenn wir umgekehrt vorgehen, d. h. ein zu sprechendes oder schreibendes Wort erzeugen? In diesem Fall beginnen wir mit der Bedeutung oder dem Kontext und versuchen dann das Wort im sekundären Gedächtnis zu finden. Dieser Prozeß geht großenteils schnell und automatisch vor sich. Wir sprechen und schreiben spontan, ohne uns genau darüber bewußt zu sein, wie jedes einzelne Wort erhalten wurde. Manchmal treffen wir jedoch auf Schwierigkeiten, die recht lästig sein können, die aber andererseits von großem Wert sind, wenn wir verstehen wollen, wie einzelne Wörter gespeichert werden. Eine besonders ärgerliche Erscheinung, die allerdings ausgezeichnet für den Einblick in die Funktionsweise des Wiedergewinnungsprozesses aus dem Sekundärspeicher geeignet ist, tritt auf, wenn uns ein Wort quasi teilweise zur Verfügung steht. In dieser besonderen Situation suchen wir ein bestimmtes Wort im Gedächtnis. Doch obwohl wir sicher sind, daß uns das gesuchte Wort bekannt ist, können wir es uns nicht ins Bewußtsein rufen; wir sagen dann, daß uns das Wort „auf der Zunge liegt".

Der am meisten frustrierende Aspekt an der geschilderten Situation ist deren mitunter äußerst lange Zeitdauer, die andererseits für den Experimentalpsychologen gerade ihren Wert ausmacht: er hat genügend Zeit zur Verfügung, um herauszufinden, was vor sich geht. Zwei Psychologen an der Harvard University, Roger Brown und David McNeill, legten die Ergebnisse ihrer Untersuchungen zum Zustand des „Auf-der-Zunge-Liegens" ihren Hypothesen über die Organisation des menschlichen Gedächtnisses zugrunde. Für ihre Untersuchungen mußten Brown und McNeill zunächst eine experimentelle Technik vorbereiten, um ihre Vpn in jenen speziellen Zustand zu bringen. Dann hatten sie eine Methode zur Überprüfung dessen zu entwickeln, was tatsächlich von den Wörtern bekannt war, welche die Vpn in ihrem Gedächtnis gefunden zu haben meinten, aber nicht wiederzugeben imstande waren. Brown und McNeill beschreiben ihre Untersuchung folgendermaßen.

Das Phänomen des „Auf-der-Zunge-liegens*

Roger Brown und David McNeill

William James schrieb im Jahre 1890: „Nehmen wir an, wir versuchten, einen vergessenen Namen wiederzuerinnern. Unser Bewußtsein befindet sich dabei in einem eigenartigen Zustand. Es ist dort eine Lücke vorhanden, die jedoch äußerst aktiv ist. Sie enthält quasi die geisterhafte Gestalt des Namens, die uns in eine bestimmte Richtung winkt und uns für kurze Augenblicke glauben läßt, dem Ziel nahe zu sein, um uns dann ohne den ersehnten Begriff zurückzulassen. Wenn uns falsche Namen in den Sinn kommen, bewirkt diese in einzigartiger Weise präzise Lücke deren sofortige Ausschaltung, weil sie nicht hineinpassen. Und die durch das eine Wort bedingte Lücke empfindet man keineswegs wie die Lücke eines anderen, obwohl beide als völlig inhaltsleer erscheinen mögen – notwendigerweise, um als Lücken bezeichnet zu werden."
Der Zustand des „Auf-der-Zunge-Liegens" („tip of the tongue": TOT) beinhaltet die Unfähigkeit, sich an ein Wort zu erinnern, welches einem durchaus bekannt ist. Hat man schließlich das gesuchte Wort, so war es entweder das Ergebnis einer erfolgreichen Wiedererinnerung oder eines Wiedererkennens, das ohne zusätzliche Übung auftritt, wenn die Wiedererinnerungsbemühungen fehlgeschlagen sind. Die Klasse von Fällen, die durch die Verbindung von Bekanntsein und erfolgloser Wiedererinnerung definiert ist, kann als groß bezeichnet werden. Der von James

---

* Roger Brown und David McNeill. The „tip of the tongue" phenomenon. *J. Verb. Learn. Verb. Behav.*, 1966, 5, S. 325–337. Copyright 1966 by Academic Press. Mit Genehmigung der Autoren und des Verlags.

beschriebene TOT-Zustand scheint eine kleine Unterklasse darzustellen, in der die Wiedererinnerung einen hohen Wahrscheinlichkeitsgrad besitzt.
Mehrere Monate lang beobachteten wir uns selbst auf TOT-Zustände hin. Nicht dazu imstande, den Namen einer Straße ins Gedächtnis zu rufen, in der ein Verwandter wohnt, dachte einer von uns an *Congress*, *Corinth* und *Concord*, schaute dann nach der Adresse und erkannte, daß der gesuchte Name *Cornish* war. Die eingefallenen Wörter haben mit dem gesuchten Wort (dem „Zielwort") gewisse Eigenschaften gemeinsam; alle vier beginnen mit *Co*; alle sind zweisilbig und alle haben die Hauptbetonung auf der ersten Silbe. Aufgrund dieser Erfahrung stellten wir uns, sobald wir in den TOT-Zustand fielen, direkte Fragen hinsichtlich der Anzahl von Silben im Zielwort, dessen Anfangsbuchstaben etc.

Brown und McNeill entwickelten eine experimentelle Technik zur Herbeiführung des TOT-Zustandes bei ihren Vpn. Die Methode war einfach: Die Vpn erhielten die Definition eines ungewöhnlichen englischen Wortes und wurden dann gebeten, das Wort selbst zu nennen. In einem ersten Experiment an neun Vpn schien sich das Vorgehen als erfolgreich zu erweisen. Um Brown und McNeill zu zitieren:

In 57 Fällen zeigte sich tatsächlich ein TOT-Zustand bei den Vpn. Die Anzeichen dafür waren untrüglich; sie schienen gewöhnlich in leichter Unruhe zu sein, wie kurz vor einem Niesen, und war das Wort gefunden, war auch ihre Erleichterung nicht zu übersehen. Während der Suche nach dem Zielwort gab uns die Vp alle ihr einfallenden Wörter an. Sie teilte freiwillig mit, daß manche von ihnen dem Hören nach dem Zielwort ähnelten, jedoch nicht der Bedeutung nach; bei anderen war sie umgekehrt sicher, daß sie sich in der Bedeutung, aber nicht im Lautbild ähnlich waren. Der Vl (Versuchsleiter) unterbrach die Pein der Vp mit zwei Fragen:
(a) Wieviele Silben enthält das Zielwort?
(b) Wie lautet dessen Anfangsbuchstabe?
Auf die erste Frage waren die Antworten in 47 Prozent aller Fälle richtig, bei der zweiten Frage waren es 51 Prozent korrekte Antworten.

Die Methode wurde dadurch verbessert, daß aus den Vpn noch mehr Information über ihre genaue Kenntnis des Zielwortes herausgeholt wurde, während sie sich im TOT-Zustand befanden. Bei einer Prüfung von 56 Vpn war es möglich, mit diesem experimentellen Verfahren 360 „TOT-Fälle" zu erhalten. Von diesen lieferten 233 Fälle brauchbare Daten. Brown und McNeill analysierten ihre Daten nach dem Typ der Teilinformation, die

ihre Vpn zu geben imstande waren: Silbenzahl, Anfangsbuchstabe, Silbenbetonung, Buchstaben an verschiedenen Stellen, Suffixe und andere Merkmale.
Die erste Charakterisierung der Daten lautete, daß, „wenn eine vollständige Wiedererinnerung eines Wortes zu einem gegebenen Zeitpunkt nicht möglich ist, jedoch als bevorstehend empfunden wird, man häufig den allgemeinen Worttyp richtig erinnern kann; ein Wiedererinnern der *Gattung (generische Wiedererinnerung)* kann gelingen, wenn das Zurückrufen eines bestimmten Wortes fehlschlägt." Nach Beendigung der vollständigen Analyse der Daten konnten Brown und McNeill folgende Übersicht über ihre experimentellen und theoretischen Folgerungen zusammenstellen[2].

Folgerungen

Wenn die vollständige Wiedererinnerung eines Wortes nicht erfolgt ist, aber nicht mehr fern scheint, ist eine genaue Wiedererinnerung auf der Gattungs-Ebene wahrscheinlich. Generische Wiedererinnerung vom Typ *abstrakte Form* ist ersichtlich aus der Kenntnis der Silbenzahl im Zielwort sowie aus der Lokation der ersten Betonung. Generische Wiedererinnerung vom *partiellen* Typus ist zu erkennen an der Kenntnis der Buchstaben im Zielwort. Diese Kenntnis zeigt einen u-förmigen serialen Positions-Effekt, da sie für den Schlußteil eines Wortes besser als für den Mittelteil und etwas besser für Anfangs- als für Endpositionen ist. Die Genauigkeit dieser Art von Wiedererinnerung ist größer, wenn die Vp dem Zielwort nahe ist (die vollständige Wiedererinnerung steht bevor), als wenn es weit entfernt liegt. Wer die generische Wiedererinnerung erprobt hat, kann die relative Ähnlichkeit zum Ziel der ihm begegnenden Wörter beurteilen, und diese Urteile beruhen auf den Merkmalen von Wörtern, die in partieller und abstrakter Form die Wiedererinnerung ausmachen.

Diskussion

Die über die generische Wiedererinnerung ermittelten Fakten sind für Theorien der Sprachwahrnehmung, des Lesens, des Satzverstehens und der Organisation des Gedächtnisses von Bedeutung. Wir haben hier nicht alle Implikationen berücksichtigt. In diesem Abschnitt wagen wir

---

2 R. Brown und D. McNeill. *Op. cit.* S. 333—336

uns zunächst an ein Modell des TOT-Prozesses und versuchen dann, die Existenz eines „Gattungs-Gedächtnisses“ zu erklären.

Ein Modell des Prozesses

Nehmen wir an (mit Katz und Fodor 1963, sowie vielen anderen), daß unser Langzeit-Gedächtnis für Wörter und Begriffsbestimmungen in das funktionale Äquivalent eines Wörterbuchs eingeordnet sei. In richtigen Wörterbüchern sind die Stichwörter alphabetisch geordnet und haben ihren festen Platz. Eine derartige Anordnung ist zu einfach und zu wenig flexibel, um als Modell für ein geistiges Wörterbuch zu dienen. Wir wollen annehmen, daß die Wörter auf Lochkarten anstatt auf Seiten eingetragen und die Karten entsprechend den verschiedenen Merkmalen der Wörter gelocht werden. Bei normalen Karten aus festem Papier ist es möglich, jede nach einem gemeinsamen Merkmal gelochte Untergruppe aus dem Gesamtstoß herauszufinden, indem man einen Metallstab durch das entsprechende Loch steckt. Wir wollen wiederum annehmen, daß es ein schnelleres Äquivalent dieser Wiedergewinnungstechnik im Gedächtnis gibt.

Das Modell soll in Form eines einzigen Beispiels beschrieben werden. Wenn das Zielwort *sextant* war, hörten die Vpn folgende Definition: „Ein Navigationsinstrument zur Messung von Winkeldistanzen auf See, besonders der Höhe der Sonne, des Mondes und der Gestirne“. Diese Definition erzeugte einen TOT-Zustand in 9 von insgesamt 56 Vpn. Die Wörter mit ähnlicher Bedeutung (similar meaning: SM) waren u. a.: *astrolabe, compass, dividers* und *protractor.* Die ähnlich klingenden (similar sound: SS) Wörter hießen z. B.: *secant, sextet* und *sexton.*

Das Problem beginnt eher mit einer Definition als mit einem Wort, so daß man als Vp in umgekehrter Weise, als sonst üblich, in seinem Wörterbuch nachzuschlagen hat, d. h. aber so, wie es bei einem gewöhnlichen Wörterbuch nicht möglich ist. Mit Lochkarten ist es dagegen nicht unmöglich, vorausgesetzt, die Karten sind nach bestimmten semantischen Merkmalen gelocht worden. Vielleicht sind das die semantischen „Markierer“ (markers), die Katz und Fodor (1963) in ihrer Abhandlung über das Verstehen von Sätzen postulieren. Wir wollen uns vorstellen, daß es irgendwie möglich ist, aus der Definition eine Anzahl von Markierungszeichen zu extrahieren, und daß diese in obigem Fall die folgenden sind: „Navigation, Instrument, etwas, das mit Geometrie zu tun hat.“ Für jedes dieser Merkmale durch die Löcher gesteckte Metallstäbe könnten etwa eine Sammlung folgender Stichwörter herausfischen:

astrolabe, compass, dividers, protractor. Diese erste Wiedergewinnung in Antwort auf die Definition muß eine semantische Grundlage haben und wird daher nicht das Erscheinen solcher SS-Wörter wie *sextet* und *sexton* erklären.

Es gibt im Wesentlichen vier Arten, wie ein Ergebnis bei der ersten Wiedergewinnung erhalten werden kann, und diese entsprechen den vier Fällen, die für die Vpn im TOT-Experiment auftreten können. Wir wollen annehmen, daß eine Definition jedes wiedergewonnenen Wortes in „seiner Karte" eingetragen ist, und daß es möglich ist, die Input-Definition mit den Definitionen auf den Karten zu vergleichen. Das erste mögliche Ergebnis ist, daß *sextant* zusammen mit *compass, astrolabe* und den anderen erwähnten Begriffen erinnert wird und daß die Definitionen genügend spezifisch sind, so daß die für *sextant* eingetragene Definition eine Übereinstimmung mit dem Input anzeigt, nicht jedoch alle anderen. Dies ist der Fall der korrekten Wiedererinnerung; die Vp hat ein Wort gefunden, auf welches die Definition paßt und welches damit das gesuchte Wort ist. Die zweite Möglichkeit ist, daß *sextant* sich nicht unter den ins Gedächtnis zurückgerufenen Wörtern befindet und zudem die für die wiedergewonnenen Wörter eingetragenen Definitionen so ungenau sind, daß eine von ihnen (z. B. die Definition für *compass*) eine Übereinstimmung mit dem Input anzeigt. In diesem Fall glaubt die Vp, das Zielwort gefunden zu haben, was in Wirklichkeit nicht stimmt. Die dritte Möglichkeit ist, daß *sextant* sich nicht unter den erhaltenen Wörtern befindet, die hierfür eingetragenen Definitionen jedoch genügend spezifisch sind, so daß keine von ihnen eine Übereinstimmung mit dem Input anzeigt. In diesem Fall ist die Vp nicht im Besitz des Wortes und ist sich darüber im Klaren. Die drei genannten Ergebnisse, deren keines einen TOT-Zustand repräsentiert, kommen am häufigsten vor.

Im TOT-Fall muß die erste Wiedergewinnung eine Karte mit der Definition von *sextant* einschließen, wobei das Wort selbst jedoch unvollständig eingetragen ist. Die Karte könnte z. B. die folgende Information über das Wort enthalten: zwei Silben, Anfangsbuchstabe s, Endbuchstabe t. Die entsprechende Eintragung auf einer Lochkarte würde lauten: S — — T. Eine unvollständige Eintragung dieser Art meint vielleicht James, wenn er von der „in einzigartiger Weise präzisen Lücke" spricht, und vielleicht haben wir es hier mit der Grundlage für generische Wiedererinnerung zu tun.

Die Vp mit einer richtigen Definition, die mit dem Input übereinstimmt, und einem unvollständigen Worteintrag, weiß, daß sie das Wort kennt, und hat das Gefühl, fast in seinem Besitz zu sein, es eben auf der Zunge liegen zu haben. Wird sie aufgefordert, die Silbenanzahl und den Anfangsbuchstaben zu schätzen, sollte sie in dem von uns angenommenen Fall dazu imstande sein. Desgleichen müßte sie SS-Wörter produzieren können. Die beim unvollständigen Eingang erscheinenden Merkmale (zwei Silben, Anfangsbuchstabe s, Endbuchstabe t) können als Basis für eine zweite Wiedergewinnung verwendet werden. Die durch die Kombination aller drei Merkmale definierte Untergruppe von Karten würde Karten für *secant* und *sextet* enthalten. Bei Nichtberücksichtigung eines Merkmals könnte *sexton* dieser Gruppe hinzugefügt werden.

Für welche der erwähnten Tatbestände gibt es nun eine Erklärung? Wir wissen, daß die Vpn, wenn sie ein Zielwort nicht erinnert hatten, eine Unterscheidung zwischen dem Zielwort lautähnlichen (SS-Wörter) und bedeutungsähnlichen (SM-Wörter) Wörtern treffen konnten. Die Grundlage für diese Unterscheidung im Modell scheint die Unterscheidung zwischen der ersten und der zweiten Wiedergewinnung zu sein. Zugehörigkeit zur ersten erhaltenen Untergruppe definiert SM-Wörter und Zugehörigkeit zur zweiten Untergruppe SS-Wörter.

Wir wissen, daß die Vp, wenn sie mehrere SS-Wörter produziert, aber nicht das Zielwort wiedererinnert hatte, die SS-Wörter mitunter nach ihrer Ähnlichkeit mit dem Zielwort in eine genaue Rangordnung bringen konnte, wofür das Modell eine Erklärung erlaubt. Wenn der unvollständige Eintrag für *sextant* drei Wortmerkmale enthält, sollten SS-Wörter, die nur eines oder zwei dieser Merkmale (z. B. *sexton*) haben, als dem Zielwort weniger ähnlich beurteilt werden als alle drei Merkmale enthaltenden SS-Wörter (z. B. *secant*).

Wenn nun ein SS-Wort alle Merkmale des unvollständigen Eintrags besitzt (wie *secant* und *sextet* in unserem Beispiel), wodurch wird verhindert, daß es fälschlicherweise für das Zielwort gehalten wird? Warum glaubten die Vpn mit der Lösung *sextet* nicht, daß das Wort „richtig" sei? Wegen der Definitionen. Die Form entspricht allen Erfordernissen des unvollständigen Eintrags, aber die Definitionen stimmen nicht überein.

Der TOT-Zustand endete oft mit dem Wiedererkennen; d. h. es gelang der Vp zwar nicht, das Wort wiederzuerinnern, aber wenn es der Vl nannte (*sextant*), erkannte sie es als das gesuchte Wort. Hierfür gibt es nach dem Modell folgende Erklärung. Nehmen wir an, es gäbe im Gedächtnis nur den unvollständigen Eintrag S — — T plus die Definition. Der Vl sagt nun, daß ein Wort namens *sextant* existiere, auf das die in Frage stehende Definition zutrifft. Dieses Wort *sextant* genügt dann allen der Vp zugänglichen Bedingungen; es hat die richtige Silbenzahl, den richtigen Anfangsbuchstaben, den richtigen Endbuchstaben und es

wird als mit der richtigen Definition versehen bezeichnet. Das Resultat ist Wiedererkennen.
Die vorgeschlagene Erklärung hat einige überprüfbare Implikationen. Nehmen wir an, der VI würde, wenn die Wiedererinnerung nicht möglich wäre, nicht das richtige Wort *sextant,* sondern ein erfundenes wie *sekrant* oder *saktint* vorlesen,, welches dem unvollständigen Eintrag ebenso wie *sextant* selbst gerecht würde. Verfügte die Vp für ihre Entscheidung über nichts weiter als den unvollständigen Eintrag sowie die glaubwürdige Information des VI, müßte sie die erfundenen Wörter ebenso „wiedererkennen" wie *sextant.*
Die obige Darstellung stimmt allerdings nicht mit der Intuition überein. Unsere intuitive Vorstellung von Wiedererkennen ist nämlich, daß die nicht nennbaren Merkmale tatsächlich gespeichert, jedoch weniger zugänglich als die erinnerten Merkmale sind. Um bei unserem Beispiel zu bleiben, wir glauben, daß die nicht erinnerbaren Merkmale von *sextant,* die Buchstaben zwischen dem ersten und dem letzten, auf der Karte eingetragen, aber weniger „lesbar" als die erinnerten Merkmale wären. Wir könnten uns vorstellen, daß sie nur schwach und in kleinen Buchstaben gedruckt wären. Wenn dann aber der VI das Wort *sextant* ausspricht, erkennt die Vp die weniger gut lesbaren Teile ihres Eintrags und, da der Gesamteintrag mit dem Wort des VI übereinstimmt, erkennt sie es. Diese Art von Wiedererkennen sollte „ausschließlicher" als die zuvor beschriebene sein. *Sekrant* und *saktint* würden hier abgelehnt werden.
Wir prüften zwar nicht die Wirkung erdachter Wörter und wissen nicht, wie sie aufgenommen worden wären, aber unter den Ergebnissen des durchgeführten Experiments findet sich eines, welches stark die „Theorie des schwachen Eintrags" stützt. Vpn im TOT-Zustand erinnerten sich nämlich mitunter des Zielwortes ohne jegliche Hilfe. Die Theorie des unvollständigen Eintrags läßt eine solche Möglichkeit nicht zu. Wenn wir einmal annehmen, daß der Eintrag nicht S — — T sei, sondern eher wie S*ex tan*T (wobei die kursiv und klein gedruckten Buchstaben den Teil des schwachen Eintrags repräsentieren) aussähe, müssen wir noch erklären, wie es kommt, daß die schwach eingetragenen und anfangs nicht zugänglichen mittleren Buchstaben im Falle der Wiedererinnerung bewußt gemacht worden sind.
Vielleicht ist die Funktionsweise folgendermaßen: Die zuerst erinnerten Merkmale wirken, wie wir vorgeschlagen haben, auf eine Wiedererlangung einer Gruppe von SS-Wörtern hin. Wann immer ein SS-Wort (wie beispielsweise *secant*) mittlere Buchstaben enthält, die dem schwach eingetragenen Teil des Zielwortes entsprechen, ist der Zugang zu jenen

schwach eingetragenen Buchstaben gesichert. Der Vergleich bringt die fehlenden Teile zum Vorschein, ähnlich wie eine Erwärmung mit Zitronensaft Geschriebenes wieder sichtbar werden läßt. Mit anderen Worten, wenn *secant* erhalten wurde, findet eine Hervorhebung des Zieleintrags statt, so daß aus *Sex tan*T SE*x t*ANT wird. Der Wiedererhalt von *sextet* deckt die übrigen Buchstaben auf und die Vp erinnert das vollständige Wort – *sextant.*

Es ist jetzt möglich, ein bisher noch ungeklärtes Ergebnis des TOT-Experiments zu verstehen. Vpn, die schließlich zu einer Wiedererinnerung kamen, verfügten, bevor sie das Zielwort gefunden hatten, über mehr richtige Information über dieses als jene, deren TOT-Zustand durch ein Wiedererkennen beendet wurde. Mehr richtige Information bedeutet, daß weniger Merkmale durch Verdopplung in SS-Wörtern aufgedeckt zu werden brauchen, was also heißt, daß mit größerer Wahrscheinlichkeit alle wesentlichen Merkmale innerhalb kurzer Zeit gefunden werden.

Bei dem oben Gesagten wird vorausgesetzt, daß jedes Wort nur einmal im Gedächtnis eingetragen ist, nämlich auf einer einzigen Karte. Es gibt noch eine weitere Möglichkeit. Nehmen wir einmal an, es gäbe Eintragungen für *sextant* auf mehreren verschiedenen Karten. Sie könnten alle unvollständig sein, jedoch an verschiedenen Stellen, oder auch nur einige brauchten unvollständig zu sein und eine oder mehr dagegen vollständig. Die einzelnen Karten wären dann für verschiedene semantische Markierungen und vielleicht für verschiedene Assoziationen gelocht, so daß der wiedererinnerte Eintrag mit der Wiedergewinnungs-Regel variieren würde. Bei dieser Konzeption ist die Annahme einer schwachen Eintragung überflüssig. Der Unterschied zwischen gewöhnlich wiedererinnerten Merkmalen wie dem Anfangs- und Endbuchstaben und Merkmalen, die schwer erinnert oder vielleicht nur wiedererkannt werden, kann auf andere Weise erklärt werden. Die leichter zugänglichen Merkmale sind auf mehr Karten eingetragen bzw. die Karten, auf denen jene erscheinen, sind für mehr Markierungen gelocht; sie sind im wesentlichen in ein umfassenderes Assoziationsnetz eingelassen.

Der Grund für eine Wiedererinnerung der Gattung

Das erwachsene menschliche Gehirn speichert Wörter sowohl in Form visueller als auch akustischer Ausdrücke, wobei zwischen beiden komplizierte Übersetzungsregeln bestehen. Die generische Wiedererinnerung umfaßt Buchstaben (oder Phoneme), Affixe, Silben und Betonungs-

angabe. Im folgenden werden wir nur die Buchstaben (lesbare Formen) erörtern und werden versuchen, einen ganz bestimmten Effekt zu erklären – den serialen Positionseffekt bei der Wiedererinnerung von Buchstaben. Wie weit die Erklärung geht, ist noch unbestimmt.
Der Sachverhalt ist in einem kurzen Überblick geschildert. Die englische Sprache ist so konstruiert, daß sich ein Wort von allen übrigen gewöhnlich nicht auf die einfachste Weise unterscheidet, d. h. daß für eine Unterscheidung mehr als ein einziger Buchstabe in einer bestimmten Position eine Rolle spielt. Folglich ist es *möglich*, Wörter wiederzuerkennen, auch wenn man nicht die vollständige Buchstabensequenz vor sich hat. Es scheint also, daß wir nicht die komplette Sequenz speichern, wenn wir es nicht müssen. Wir achten hauptsächlich auf die Anfangs- und Endbuchstaben und speichern diese. Die Folge von Aufmerksamkeit und Speicherung läßt die Wortenden bevorzugen, da diese mehr Information enthalten als die Wortmitten. Ein unvollständiger Eintrag ermöglicht wohl das Wiedererkennen, wenn aber Wörter produziert (oder wiedererinnert) werden sollen, müssen sie voll gespeichert werden. Bei den meisten Wörtern ist es dann also notwendig, den mittleren Buchstaben seine Aufmerksamkeit zuzuwenden. Da Endbuchstaben immer stärker beachtet werden, müßten sie immer mit größerer Klarheit eingetragen bzw. deutlicher miteinander verbunden sein als in der Mitte stehende Buchstaben. Ist eine Wiedererinnerung erforderlich, und zwar von Wörtern, die, wie in unserem Experiment, der Vp nicht sehr vertraut sind, müßten die Endbuchstaben, im Gegensatz zu den mittleren, oft erreichbar sein.
Zur Bildung sprechbarer Sequenzen verwendet die englische Sprache, wie alle Sprachen, nur einen geringen Bruchteil ihrer Kombinationsmöglichkeiten. Würde eine Sprache alle möglichen Phonem- oder Buchstabensequenzen benutzen, könnten ihre Wörter zwar kürzer sein, sie wären aber gegenüber Fehlkonstruktionen sehr viel anfälliger. Die Veränderung eines einzigen Buchstaben hätte den Empfang eines anderen Wortes zur Folge. Tatsächlich ist es jedoch so, daß die meisten Veränderungen gar kein Wort ergeben; beispielsweise: *textant, sixtant, sektant.* Unsere Wörter sind hoch redundant und ziemlich unzerstörbar.

Das von Brown und McNeill beschriebene Gedächtnismodell nimmt an, daß Wörter an spezifischen Lokationen im Gedächtnis gespeichert würden. An jeder Lokation befinden sich besondere „Markierer", welche den semantischen Gehalt und die Assoziationen der Wörter spezifizieren. Brown und McNeill schlagen in ihrem Modell vor, daß die zur Übersetzung von der akustischen Repräsentation jedes Wortes zur semantischen Repräsentation notwendige Information auch in jeder Speicher-Lokation enthalten sei. Die Interpretation eines Wortes erfordert weniger Information über dieses als seine Erzeugung, hauptsächlich, weil der Interpretationsprozeß nur genügend Information über das Wort verlangt, um es von allen anderen Möglichkeiten zu unterscheiden. Ein Informationsmangel über die Wortmitte hindert nicht notwendigerweise das Verstehen von gesprochenen Wörtern. Der Erzeugungsprozeß dagegen macht eine vollständige Spezifikation des ganzen Wortes notwendig, wenn wir nicht manche Wörter aussprechen wollen, indem wir Anfang und Ende betonen, aber den Mittelteil nur unklar murmeln.

Es ist interessant, daß Brown und McNeill über die visuellen Eigenschaften von Wörtern im TOT-Zustand keinerlei Information erhielten. Dies könnte natürlich ein Artefakt ihrer Untersuchungsmethode sein, aber wahrscheinlicher ist es, daß dies in der Natur des Gedächtnissystems selbst liegt. Gewiß können wir die Ergebnisse von Conrads Experimenten folgendermaßen interpretieren: Sie weisen darauf hin, daß Wörter normalerweise eher akustisch als visuell im Speicher repräsentiert sind. In diesem Sinn sind dann die Resultate der Untersuchungen zum Problem des Auf-der-Zunge-liegens völlig konsistent mit allen anderen von uns studierten Untersuchungen. Irgendwo müssen aber trotzdem visuelle Repräsentationen von Wörtern vorhanden sein, denn anderenfalls könnten wir sie weder lesen noch schreiben. Ferner muß sich die visuelle Repräsentation im sekundären Gedächtnis befinden und muß von dem Mechanismus benutzt werden, der, welcher auch immer es sei, visuelle in akustische Bilder übersetzt, vermutlich bei der Übertragung von Wörtern aus dem visuellen Informationsspeicher zum Primärgedächtnis. Natürlich ist nicht für alle Wörter eine Speicherung visueller Bilder notwendig. Wir müssen nur die Regeln speichern, die uns sagen, wie man die eine Form in die andere umwandelt. Angesichts der Komplexität der Orthographie allerdings – die Regeln enthalten eine große Anzahl von Ausnahmen und Sonderfällen – scheint es wahrscheinlicher, daß einige Rechtschreibe- und Ausspracheregeln für jedes Wort gespeichert sind. Auf jeden Fall ist es offensichtlich, daß wir irgendwo Regeln oder Bilder für die visuelle Übersetzung von Wörtern gespeichert haben, nur haben wir fast keinen Beweis für sie. Bisher sind unsere Erkenntnisse auf akustische Phänomene beschränkt geblieben.

Erinnern oder Rekonstruieren?

Wir wenden uns jetzt einem komplexeren Gegenstand zu: der Speicherung komplexer Ereignisse. Die folgende Arbeit, unsere letzte, hätte an sich zuerst kommen sollen, da sie in die Techniken einführt, die einen Schluß von den Fehlertypen der Vpn auf die Eigenschaften des Gedächtnisses zuläßt. Die Untersuchungen wurden in den 20er und 30er Jahren von Sir Frederic Bartlett in Cambridge, England, durchgeführt. Bartlett bediente sich einer Vielzahl experimenteller Methoden, deren bekannteste die Methode der wiederholten Reproduktion war. Hierbei wurden die Vpn gebeten, sich mit einer Erzählung, einer mehrdeutigen Prosapassage oder einer Zeichnung zu befassen. Nach variierenden Zeitintervallen wurden sie aufgefordert, das dargebotene Material zu reproduzieren. Durch wiederholtes Testen seiner Vpn hoffte Bartlett, „etwas über die typischen Veränderungen zu erfahren, die von durchschnittlichen Individuen mit wachsender Zeitspanne in erinnertes Material gebracht werden."

Bartlett fand, daß Genauigkeit der Wiedergabe eher die Ausnahme als die Regel war. Seine Vpn schienen ihren Stoff stärker zu rekonstruieren, als ihn wirklichkeitsgetreu zu erinnern. Ein Ergebnis hiervon war, daß die Darstellungen von Bildern, die sie als „Erinnerungen" wiedergaben, oft die Originalversion ziemlich verzerrten. Wenn die Vpn aufgefordert wurden, Material nach sehr langen Zeitintervallen aus dem Gedächtnis wiederzugeben (Bartlett nennt dies „long distance remembering"), war der „Konstruktions-Prozeß" besonders deutlich. Alles, was von dem Originalmaterial übrigzubleiben schien, waren „isolierte, jedoch auffallende Einzelheiten". Und selbst dann wurden die Einzelheiten nur erinnert, wenn sie in die vorgefaßten Meinungen der Vpn paßten.

Bartlett schlägt die Erklärung vor, daß wir erinnern, indem wir eine Organisation von Dingen im Rahmen unserer Erfahrungen vornehmen. Erinnern wird eher als ein Rekonstruktionsprozeß, weniger als ein Gedächtnisvorgang gesehen. Daraus folgt, daß unser Organisationsplan in wesentlichem Maße auf der Integration von gegenwärtiger mit vergangener Erfahrung beruht. Mitunter fällt es uns schwer, beide in Einklang zu bringen, so daß wir dann oft das erinnern, was wir wahrzunehmen erwarteten und nicht, was wir tatsächlich wahrnahmen.

Bartlett baute diese Ansichten in seiner Theorie des Erinnerns aus. Einer seiner wichtigsten Beiträge war eine Erörterung der Organisation, der gespeichertes Material unterworfen wird, was Bartlett als *schema* bezeichnet. Seine Ansichten unterscheiden sich ziemlich von denen, die wir in diesem Buch behandelt haben. Während wir uns andauernd den Kopf über die Beschaffenheit der Gedächtnisspur und die Genauigkeit, mit der sie tatsächliche Ereignisse repräsentiert, zerbrochen haben, glaubt Bartlett, daß eine Gedächtnisspur eine relativ untergeordnete Rolle bei der Erinnerung von Ereignissen spielt. Wir haben das Behalten einfacher items wie z. B. isolierter englischer Wörter studiert. Bartlett untersuchte die Erinnerungsfähigkeit an komplexem, anekdotischem Material.

Er fand, daß, wenn seine Vpn Geschichten zu erinnern versuchten, die er ihnen zu lernen gegeben hatte, ihre Versionen kürzer waren, die Ausdrucksweise moderner und die ganze Nacherzählung zusammenhängender und konsequenter war als das Original. Diese Fehler wuchsen mit der Zeit an, während sich jedoch die Länge der erinnerten Geschichte nicht notwendigerweise änderte. Es wurde hier also einiges hinzuerfunden oder, um es mit Bartlett zu sagen, es fand ein „konstruktives Erinnern" statt. Ferner waren sich seine Vpn oft nicht dessen bewußt, daß sie mehr erfanden als erinnerten, denn oft war gerade der neu geschaffene Teil derjenige, der der Vp am meisten gefiel und dessen sie sich am sichersten war.

Diese Ergebnisse passen recht gut in das von uns entwickelte Gebäude zur Untermauerung der Leistung von Organisation und Gedächtniskunst. Es ist, als ob wir unserem Gedächtnis allzu Neues oder Besonderes nicht so ohne weiteres einverleiben können: derartiges muß allmählich eingeführt, langsam in den alten Bezugsrahmen eingebaut werden. Unsere Aufgabe wird dadurch vereinfacht, daß wir in vielen Fällen, anstatt alles über einen neuen Stoff zu lernen, einfach zu lernen haben, wie dieser zu etwas bereits Bekanntem in Beziehung steht. Das Problem hierbei ist, wie Bartlett auf so dramatische Weise gezeigt hat, daß es nach einem bestimmten Zeitabschnitt nicht möglich ist zu behalten, was tatsächlich geschah — der Gedächtnisinhalt verschwimmt nach vergangener Erfahrung.

Bartlett bezeichnet als ein *schema* „eine aktive Organisation vergangener Reaktionen oder Erfahrungen". Verschiedene schemata vereinigen sich zu einer aktiven, geordneten Einstellung, wobei alle durch gemeinsame Faktoren miteinander verbunden sind. Nach Bartlett erinnern wir nicht, indem wir die feste Spur eines Gedächtnisbildes aktivieren, sondern wir reaktivieren vielmehr eine ganze Masse von Bildern, wir kräftigen die relevanten schemata und erschaffen von neuem das Ereignis, welches wir wiederzubeleben versuchen. Bei dieser Methode können wir allerdings Irrtümern verfallen, indem wir zu viel verändern. Wir erinnern dann eventuell das, was gewöhnlich war oder was eigentlich sein sollte, anstelle des wirklich Gewesenen.

Nach heutiger Terminologie würden wir Bartletts schema eine Regel nennen. Wir sagen damit, daß eine Menge komplexen Verhaltens durch Regeln gesteuert wird, nicht durch Übung. Für diese Sichtweise müssen wir der modernen linguistischen Theorie dankbar sein (erinnern wir uns der Wörter einer Unterhaltung oder bilden wir, was gesagt worden sein muß, aufgrund unserer Erinnerung der Bedeutung neu?), aber im vorliegenden Zusammenhang sind Regeln und schemata ein und dasselbe. Bartlett läßt die Gedächtnisspur fast außer acht, obgleich er nicht ganz auf sie verzichten kann, denn sobald wir etwas Neues lernen, muß, unabhängig davon, wie stark verflochten es mit früher gelernten Ereignissen ist, dem Gedächtnis etwas Neues hinzugefügt werden. Dieses Etwas bezeichnen wir als Gedächtnisspur. Bartletts Ergebnis, daß Erinnerung hauptsächlich Rekonstruktion ist, stützte sich auf Untersuchungen mit sehr komplexen Geschichten und Bildern als Testmaterial. Einige der Geschichten, die er seinen Vpn zu lernen gab, waren so verwickelt und ungewöhnlich, daß es nicht erstaunt, daß nur die Schlüsselmerkmale behalten wurden. Selbst diese wurden aber mitunter falsch erinnert. Bei so schwierigem Material ist es nicht sehr überraschend, daß viel von dem, was die Vpn aus dem Gedächtnis zu erinnern schienen, in Wirklichkeit erfunden und rekonstruiert war, um mit dem noch übriggebliebenen Kern übereinzustimmen. Dennoch ist es erstaunlich, daß Bartletts Vpn anscheinend keinen Unterschied zwischen erinnertem Material und solchem machten, das sie rekonstruiert haben mußten. Wie viele unserer eigenen Erinnerungen an vergangene Ereignisse sind wohl gespeichert anstatt über partielle Information erschlossen zu sein?

Dieser Problembereich muß noch stärker erforscht werden. Es wäre nützlich, das Erinnerungsvermögen für reale Ereignisse zu überprüfen; für einfache optische Szenen; für motorische Bewegungen; für realistische dramatische Begebenheiten. Viele Spieler behaupten, sich der genauen Ereignisfolge während eines Spiels erinnern zu können. Es würde uns weiterhelfen, wenn man einmal feststellte, wieviel hiervon einer wirklichen Erinnerung und wieviel einer Rekonstruktion zuzuschreiben ist. Eines wissen wir sicher: Es gibt Experten, die bei Aufgaben oft ein besseres Gedächtnis für Geschehenes haben als andere Menschen. Diese offensichtliche Gedächtnisüberlegenheit kann trotzdem täuschen, denn der Experte weiß nicht nur, worauf er die Aufmerksamkeit konzentrieren soll, sondern ihm sind auch die grundlegenden Beschränkungen der Situationen bekannt. So kann er komplexe Ereignisse mit sehr wenig Information genau rekonstruieren, indem er einfach nicht plausible Geschehnisse ausschließt. Experten und Nichtexperten unterscheiden sich wohl am meisten hinsichtlich der von ihnen erinnerten Teilgebiete, nicht aber hinsichtlich der Quantität: der eine erinnert die wichtigen Dinge, ein anderer die unwichtigen.

Wir sind jetzt soweit, daß wir einige typische Merkmale des Gedächtnissystems zusammenfassen können. Zuvor müssen wir allerdings noch einen Punkt näher behandeln. In den meisten der von uns betrachteten Untersuchungen wurde verbales Material verwendet, d. h. der Stoff, den unsere Vpn zu lernen hatten, bestand aus Buchstaben, Zahlen oder Wörtern. Somit müßten sich unsere Folgerungen hauptsächlich auf Situationen anwenden lassen, wo die Struktur der Sprache dem Dekodieren von und dem Gedächtnis für Ereignisse dient. Es gibt gute Gründe für die Annahme, daß beispielsweise die häufig gemachte Feststellung einer akustischen Enkodierung eher ein grundlegendes Merkmal linguistischer Analyse als des Gedächtnisses selbst darstellt, obwohl natürlich beide eine enge Beziehung aufweisen. Wie groß der Anteil linguistischer Operationen an unseren Leistungen ist, bleibt unbekannt, aber man sollte hier besser vorsichtig sein, wenn man die gegenwärtigen Interpretationen des menschlichen Gedächtnisses abschätzt.

Einige Experimentatoren haben das Formgedächtnis untersucht, wobei sie sich an den Fehlern und Verwechslungen orientierten, die von den Vpn bei ihrem Versuch gemacht wurden, Bilder zu verschiedenen Zeitpunkten nach ihrer Darbietung zu reproduzieren. Obgleich die Ergebnisse dieser Arbeiten etwas unbefriedigend sind, haben sie einen Wert für jeden, der das Studium der in diesem Kapitel vorgestellten Problembereiche fortsetzen möchte. Einen gründlichen Überblick über einen Großteil dieser Arbeiten erlaubt der Aufsatz Rileys (1962).

Das gegenwärtige Bild sieht etwa folgendermaßen aus: Für Material, welches ins visuelle System eintritt, gibt es einen sensorischen Speicher von sehr begrenzter Kapazität, *einen visuellen Informationsspeicher.* Hier gespeichertes linguistisches Material wird dann in eine akustische Form verschlüsselt und in einem *akustischen Informationsspeicher* oder *Primär-Gedächtnis* bewahrt. Die Kapazität des primären Gedächtnisses wird durch die Zahl der vorhandenen items begrenzt. Einzelne items können durch häufige Wiederholung, d. h. durch eine Reaktivation ihrer akustischen Eigenschaften, im Primär-Gedächtnis gehalten werden.

Akustisch dargebotenes Material scheint mehr oder weniger direkt zum Primär-Gedächtnis zu gelangen. Die Eigenschaften eines dem visuellen Informationsspeicher analogen sensorisch-akustischen Speichers sind kaum bekannt. Wir wissen noch nicht einmal, ob ein solcher überhaupt existiert.

Zur Speicherung von Material im *sekundären Gedächtnis* muß es in die vorhandene Organisation integriert werden: es muß zu den vorhandenen schemata passen. Die Arbeiten Bartletts zeigen, wie stark die Organisation von schon im sekundären Gedächtnis befindlichen Material die Menge und Art der Speicherung neuen Materials beeinflußt. Es ist klar, daß, als eine Regel, einfache Bilder von Ereignissen nicht gespeichert werden. Die Diskussion in Kapitel 6 über Organisation und Systeme der Gedächtnisverbesserung macht deutlich, was für die Einpassung neu erworbener Information in vernünftige schemata geschehen muß. Wir können Gedächtnissysteme formal interpretieren als Techniken zur Organisation und Einordnung zusammenhanglosen Materials ins Gedächtnis, so daß eine spätere Rekonstruktion möglich ist.

Brown und McNeill schlagen eine Struktur für das Wortgedächtnis vor, in welchem wir ein auf den wichtigen Merkmalen basierendes „Wörterbuch" bilden. Manche äußeren Merkmale von Wörtern, wie besonders Länge, Anfang und Endung, werden stärker beachtet als andere und somit besser behalten. Die Wahl der Merkmale ist nicht zufällig. Es ist ein allgemein bekanntes psychologisches Phänomen, daß man das Ende einer Sache zuerst lernt. Zudem scheint die englische Sprache wegen ihrer Organisationsstruktur gut geeignet, dieses Verhalten zu verstärken: je länger ein Wort, desto besser können wir es aufgrund seiner Länge und seiner Endung erkennen, ohne etwas vom Mittelteil zu kennen.

Brown und McNeill weisen darauf hin, daß wir den geringsten Informationsbetrag zu lernen scheinen, der uns die Benutzung von Wörtern gestattet. Wenn wir natürlich einige Merkmale eines Wortes nur schlecht lernen, können wir zwar das Wort bei Bedarf eventuell wiedererkennen, jedoch nicht imstande sein, es zu rekonstruieren, falls erforderlich. Dies könnte bei Bartletts Vpn der Fall gewesen sein. Sie konnten nicht (oder wollten nicht) sein Testmaterial *verbatim* memorisieren. Sie verschlüsselten nur das, was sie für die wichtigen Aspekte des Materials hielten oder was leicht zu den schon vorhandenen schemata paßte. Bartletts Vpn hätten vielleicht besser abgeschnitten, wenn ihr Wiedererkennen des Materials geprüft worden wäre. Sie sollten sich jedoch erinnern, so daß eine teilweise Rekonstruktion des Gelernten für sie nahelag.

8. Gedächtnis - Modelle

In diesem Kapitel untersuchen wir Modelle des Gedächtnissystems, die präziser als die verbalen Beschreibungen der vorangegangenen Kapitel sind. Die Präzision wird entweder durch die Mathematik oder Computer-Programmierung erreicht. Sie ist jedoch von geringem Nutzen, wenn nicht die den Modellen zugrunde liegenden Annahmen richtig sind. Leider steckt, wie die vorigen Kapitel deutlich gemacht haben, die Beschreibung von Vorgängen wie Empfindung, Wahrnehmung, Aufmerksamkeit und Gedächtnis noch in den Kinderschuhen. Daraus folgt, daß man bei einem formalen Modell am besten untersucht, wie sich eine spezielle Näherungsmethode für ein spezifisches Problem bewährt. Wir müssen also viele verschiedene Modelle prüfen, deren meiste nicht ohne weiteres miteinander verglichen werden können, da sie verschiedene Ziele haben und unterschiedliche Annahmen machen. Das Ziel dieses Kapitels ist es eher, die möglichen Techniken aufzuzeigen als alle Lösungsversuche zusammenzufassen. Wir befassen uns nur mit wenigen ausgewählten Modellen, um der Vielfalt der verwendeten Techniken Rechnung zu tragen.

Grundsätzliche Überlegungen

Wir beginnen mit der Aufstellung eines Modells, indem wir uns über die grundlegenden Operationen, die wir studieren wollen, klar werden. Dann versuchen wir, die Implikationen oder Voraussagen dieser Operationen abzuleiten. Eine Vorgehensweise besteht darin, eine verbale Voraussage zu machen, die logischen Implikationen durchzudenken und die Form der erwarteten Ergebnisse zu formulieren. Dies muß stets der erste, von jedem Untersucher zu berücksichtigende Schritt sein, der allerdings für das schließlich fertige Modell nicht befriedigt, hauptsächlich, weil verschiedene Leute unterschiedliche Interpretationen auf verbale Aussagen geben.
Ein genaueres Vorgehen stellt die Übersetzung der theoretischen Annahmen in mathematische dar. Darauf werden die mit Hilfe der Mathematik getroffenen Voraussagen bearbeitet, wonach man versucht, die mathematischen Ergebnisse wieder in Verhaltensbeschreibungen zurückzuübersetzen. Diese Methode der mathematischen Modellbildung ist präzise und frei von Fehl-

interpretationen. Ihre Stärke liegt in den detaillierten quantitativen Voraussagen vieler Verhaltensaspekte. Ein gutes Modell kann mit wenigen einfachen Aussagen viel Beweiskraft in sich vereinen. Die Schwäche dieses Ansatzes ist es, besonders in der Psychologie, daß die Übersetzung vom beobachteten Verhalten zur mathematischen Umschreibung oft recht gezwungen wirkt. Überdies müssen in der Regel viele vereinfachende Annahmen getroffen werden, um eine mathematisch lösbare Form zu bewahren. Die hier verwendeten vereinfachenden Annahmen sind in vielen anderen wissenschaftlichen Bereichen außer der Psychologie gebräuchlich – Annahmen über Anfangswerte und die Effekte vergangener Ereignisse, Annahmen über Symmetrie und die Interaktionen verschiedener Systeme sowie Annahmen über Zeit-Invarianz und Linearität – und die resultierenden Probleme sind größtenteils die gleichen (Eine Diskussion dieser Probleme in der Physik gibt Heisenberg 1967).

Eine andere Möglichkeit, die charakteristischen Merkmale eines Modells zu studieren, besteht darin, es zwecks Simulation des zu untersuchenden Verhaltens einzusetzen. Das heißt, daß man, sofern die grundlegenden theoretischen Operationen bekannt sind, konsequenterweise einfach jede von diesen in der richtigen Reihenfolge anwendet.

Der Simulator ahmt also quasi das Versuchsobjekt nach und produziert somit eine unzweideutige Äußerung des vorausgesagten Verhaltens. Bisher waren derartige Simulationen nicht ohne Schwierigkeiten durchzuführen, weil selbst ein einfaches Modell mit begrenzter Anzahl von Annahmen Hunderte möglicher Kombinationen dieser Annahmen und Hunderte möglicher Reizbedingungen besaß, wodurch sich Zehntausende von möglichen Vorhersagen ergaben. Das Heraussuchen aller möglichen Interaktionen des Modells war zu anstrengend, um vollständig ausgeführt zu werden. Mit dem Aufkommen moderner Digital-Rechner und besonders mit der Entwicklung ausgefeilter Programmiersprachen kann heute eine Simulation sehr komplexer Prozesse in recht kurzer Zeit durchgeführt werden.

Simulation ist einer mathematischen Analyse insofern überlegen, als die Anzahl und die Art der zum Testen eines Modells notwendigen Annahmen sehr verringert sind. Allerdings hat die Simulation ihre eigenen typischen Probleme. Man stelle sich beispielsweise vor, wie wir ein typisches Problem mit Hilfe von Computer-Simulation und durch die Aufstellung eines mathematischen Modells angehen müssen. Betrachten wir ein Modell, das angibt, daß unter bestimmten Bedingungen eine Vp zu ihrer Antwort durch Raten kommt. In einem mathematischen Modell könnten wir die Ratewahrscheinlichkeit durch die Variable g darstellen. Die Lösung des Problems wäre eine Gleichung mit deutlicher Abhängigkeit von g, unabhängig von dem speziellen numerischen Wert, den es in einem besonderen Fall zufällig haben mag. Um also zu entscheiden, was passieren würde, sollte die Vp plötzlich die Ratewahrscheinlichkeit für die Antwort verdoppeln, sehen wir uns die Schlußgleichung an und haben das Ergebnis. Bei der Simulation sieht die Sache etwas anders aus. Simulationen müssen, wenigstens zur Zeit noch, an spezifischen Fällen durchgeführt werden. Es muß hierbei also ein bestimmter numerischer Wert für die Rate-Wahrscheinlichkeit benutzt werden. Weiterhin muß, um zu sehen, wie Änderungen der Rate-Wahrscheinlichkeit das Verhalten verändern, ein spezifischer neuer Wert angenommen und der ganze Prozeß dem Computer für eine neue Simulation eingegeben werden.

Im folgenden wollen wir nun mehrere Beispiele studieren. Hierbei soll keineswegs ein umfassendes Bild von Gedächtnismodellen geliefert werden. Es sollen vielmehr repräsentative Beispiele für die Richtung gegeben werden, in welcher der Theorienbildungsprozeß fortschreiten wird. Die diskutierten Arbeiten sind durchweg neueren Datums, denn es gehört zum Wesen der Wissenschaft, daß die Lebensdauer jeglicher Theorie begrenzt ist.

Eine Computer-Simulation

Wir beginnen am besten mit der Beschreibung einer Simulation eines fundamentalen Phänomens in den Experimenten zum Gedächtnis und zum verbalen Lernen: der serialen Positionskurve. Das erste Modell, „Eine Theorie des serialen Positionseffekts" von Edward Feigenbaum und Herbert Simon (1962), illustriert mehrere Dinge. Zunächst werden hier die von Vpn benutzten Strategien betont sowie der Versuch unternommen, die Auswirkungen dieser Strategien direkt in das Modell zu inkorporieren. Ferner stellt dieses eine ausgezeichnete Illustration der Techniken der Computer-Simulation ganz allgemein dar.

Das Ziel dieser Autoren ist es, das Verhalten zu demonstrieren, das aus wenigen einfachen Annahmen über die Art und Weise, wie der Mensch Information verarbeitet, resultiert. Sie zeigen auf, wie wenige derartige Annahmen über Informationsverarbeitung ganz von selbst auf eine grundlegende experimentelle Tatsache hinführen: den serialen Positionseffekt. Es handelt sich hierbei um ein Modell von hohem Abstraktionsniveau. Vermutlich werden wir eines Tages ein detaillierteres Modell erstellen können, um zu beschreiben, wie die hier postulierten Arten der Informationverarbeitung sich aus grundlegenderen Mechanismen entwickeln. Dann wird sogar ein noch genaueres Modell möglich sein, welches angibt, auf welche Weise diese Mechanismen aus elementareren Strukturen entstehen, und so mag es weitergehen, *ad infinitum*.

Bevor wir mit dem Simulationsversuch von Feigenbaum und Simon beginnen, sollten wir klugerweise einen kleinen Umweg machen, um einiges zum Verständnis wichtige Material über das hier untersuchte psychologische Phänomen zu verarbeiten. Die wichtigste Grundlage stellt eine Studie serialer Positionskurven von John W. McCrary, Jr. und Walter S. Hunter (1953) dar. In dieser Arbeit weisen McCrary und Hunter auf einige wichtige Eigenschaften der serialen Positionskurve hin, die, wie sich herausstellt, den erfolgreichen Ablauf des Simulationsprozesses bedingen.

Das hier interessierende Experiment ist das der geordneten Wiedererinnerung. Der Vp wird eine Wortliste (jeweils nur ein Wort) gezeigt, die sie in derselben Reihenfolge der Wörter wiedergeben muß, wie sie sie gesehen hat. Dieses Verfahren wird so lange wiederholt, bis die Vp die ganze Liste gelernt hat. Gewöhnlich wird das Verfahren modifiziert, so daß kein eigentlicher Unterschied zwischen Darbietungsversuchen und Wiedererinnerungsperioden durch den Einsatz einer Antizipationsmethode besteht. Wenn die Vp ein Wort sieht, wird sie gebeten, das nächste zu erinnern. Darauf wird dieses dargeboten, und die Vp muß das nun folgende wiedergeben. Das geschieht solange, bis die Treffer absolut richtig sind. Betrachten wir nun die Anzahl der Fehler, die eine Vp beim Lernen jedes einzelnen items macht, bevor sie die gesamte Liste meistert, sehen wir, daß die Ergebnisse eine glockenförmige Verteilung ergeben, eine Funktion, die gewöhnlich als serialer Positionseffekt bezeichnet wird. Das bedeutet, daß die meisten Fehler in der Listenmitte gemacht werden, aber nur wenige an den beiden Listenenden. Diese serialen Positionskurven sind fast *ad nauseum* von Psychologen studiert worden, wobei jeder vorstellbare Aspekt des Experiments variiert wurde. Mc Crary und Hunter weisen darauf hin, daß alle Ergebnisse eine bemerkenswerte Konsistenz zu haben scheinen, wenn man sie nur richtig betrachtet. Die Prozentzahlen für die Gesamtfehler, die bei jeder serialen Position auftreten, sind identisch, unabhängig davon, welche der vielen Variationen des Experiments gerade geprüft wird. Diese auffallende Ähnlichkeit von Funktionen ließ Feigenbaum und Simon nach dem gemeinsamen Faktor in allen Experimenten suchen. Sie zielten hiermit nicht nur auf Beschreibung der Daten, sondern auch auf die Konstruktion eines Modells, das zu unseren Vorstellungen über die zugrunde liegenden Prozesse paßte. Insbesondere versuchten sie, hierbei Merkmale wie die offensichtliche Beschränkung des Aufmerksamkeitsmechanismus auf ein Ziel und die begrenzte Kapazität des Kurzzeit-Gedächtnisses zu berücksichtigen. Obgleich also das untersuchte Phänomen (der seriale Positions-Effekt) nicht unmittelbar relevant für die in diesem Buch erörterten Punkte ist, so trifft dies jedoch auf die Art des von Feigenbaum und Simon entwickelten Modells zu.

Nachdem das Phänomen als solches bekannt ist, kommen wir zum nächsten

Schritt, der Beschreibung der Vorgehensweise. Feigenbaum und Simon stellen die Hypothese auf, daß „... seriales Lernen ein aktiver, komplexer Prozeß ist, der die Behandlung und Speicherung von Symbolen mit Hilfe einer Reihe interagierender elementarer Informationsprozesse einschließt." Diese Beschreibung soll beim Leser keineswegs großes Staunen erwecken, sondern soll den Plan für das Vorgehen begründen. Sie weisen darauf hin, daß man als Vp beim Lernprozeß hart zu arbeiten hat. Fragen wir eine Vp, was sie in der Zeit macht, während der sie mit der Lernaufgabe beschäftigt ist (oder wenn wir unser eigenes Verhalten in dieser Situation beobachten), so finden wir, daß sie Beziehungen zwischen den verschiedenen zu lernenden items herzustellen versucht: wir haben es hier mit Gedächtnistechniken, Assoziationen und all den in früheren Kapiteln erörterten Prozessen zu tun. Allerdings wird die Vp durch zwei grundlegende Beschränkungen behindert: (1) die beschränkte Aufmerksamkeitsspanne erschwert die Beachtung jedes zu lernenden items; (2) die beschränkte Spanne des Primär-Gedächtnisses macht das Behalten einer größeren Zahl von items schwierig.

Das Modell will direkt die von den Vpn geäußerten Strategien miteinbeziehen, wozu versucht wird, die Folge von Operationen in der Lernaufgabe zusammenzustellen. Eine Anzahl von Postulaten wird mit den Strategien kombiniert, und das Endresultat, eine Aufstellung der verfolgten Methoden und angetroffenen Schwierigkeiten, wird für die Steuerung der Simulation menschlichen Verhaltens verwendet. Die von Feigenbaum und Simon vorgeschlagenen Prozesse sind wohlbekannt; wir sind all diesen Gedanken schon in den Kapiteln über Aufmerksamkeit und Primär-Gedächtnis als auch bei der Erörterung der Art und Weise des Lern-, des Speicher- und des Wiedergewinnungsprozesses begegnet. Der überaus wichtige Beitrag ihres Modells liegt darin, wie diese Konzepte aufeinander abgestimmt werden, damit eine Feststellung über Verhalten möglich ist. Leider hat auch das mit Hilfe eines modernen Computers durchgeführte Simulationsverfahren seine Grenzen, so daß die Begriffe Aufmerksamkeit und Gedächtnis gegenüber den vorher in diesem Buch diskutierten komplexen Gegebenheiten sehr vereinfacht sind.

Nun zum ersten Punkt. Vpn brauchen lange Zeit zum Lernen von Stoff. Was machen sie während dieser ganzen Zeit? Hovland (1963) schätzte, daß eine Vp durchschnittlich etwa 30 Sekunden braucht, um sich jedes item auf der Liste einzuprägen. Aber es bedarf nur weniger Zehntelsekunden, um auf Wörter zu antworten – warum diese enorme Diskrepanz zwischen der Zeit, ein Wort zu verstehen und zu beantworten (z. B. in einer Unterhaltung), und der Zeit seiner Einprägung? Der große Zeitaufwand läßt auf eine beträchtliche Komplexität in den Operationen schließen, die während der Stoffspeicherung ablaufen.

Das von Feigenbaum und Simon vorgeschlagene Modell besteht aus vier Postulaten. Diese beschreiben 1. einen serialen Aufmerksamkeitsmechanismus, 2. eine durchschnittliche Verarbeitungszeit für jedes item, 3. ein unmittelbares Gedächtnis mit der Fähigkeit, 5 oder 6 Symbole zu behalten und 4. die Sequenz, nach welcher die einzelnen items auf der Liste verarbeitet werden. Fast alle diese Postulate sind uns vertraut, obwohl sie von Feigenbaum und Simon etwas vereinfacht auf ihre wesentlichen Merkmale reduziert wurden, um das Modell auf einem angemessenen einfachen Komplexitäts-Niveau zu belassen. Das einzig Neue ist Postulat 4 mit der Aussage über die Verarbeitungsstrategie. Feigenbaum und Simon meinen, daß Vpn von Ankerpunkten aus lernen. Das heißt, wenn wir einmal mit einem speziellen item beginnen – wie jenem am Anfang oder Ende der Liste –, daß Lernen geschieht, indem diesen Ankerpunkten benachbarte items aufgegriffen werden. Diese Technik verringert die Arbeit für das unmittelbare Gedächtnis, weil „in jedem Stadium der Lernaufgabe die nächste zu lernende Silbe (item) sofort als einer Silbe benachbart erkannt wird, die schon gelernt worden ist. Es muß somit keine spezielle Information über die Position in der Liste erinnert werden.“ Hier wird also ein Mechanismus beschrieben, der eine Erinnerung an die Liste von den zwei Enden her aufbaut, wobei ein langsames Vorarbeiten zur Mitte hin stattfindet. Dies entspricht natürlich genau der in Kapitel 6 beschriebenen Vorstellung von einer Anhäufung oder Kategorisierung.

Wie man aufgrund dieser Beschreibung erraten kann, sind die Voraussagen des Modells ziemlich leicht zu ermitteln; es zeigt sich, daß der Computer überhaupt nicht gebraucht wird. Die Prediktionen sind erstaunlich gut. Diese einfache Verkettung von Aussagen über die Rolle von Aufmerksamkeit, Gedächtnis, Zeit und Lernstrategie beschreibt das Wachsen der serialen Positionskurve mit bemerkenswerter Genauigkeit. Selbst wenn dieses Modell eine gewaltige Vereinfachung der tatsächlichen Vorgänge darstellt, kann man nicht leugnen, daß der Kern des Geschehens getroffen wurde.

Die bisherige Darstellung genügt für die Programmierung des Computers (oder für die Berechnung der Voraussagen per Hand, wenn man will). Bevor wir die Ergebnisse der Simulation erörtern, wollen wir kurz zu einem Thema von großem Interesse für alle, die sich mit der Erstellung von Modellen beschäftigen, abschweifen: den freien Parametern. Wenn das Modell in seiner festen Endform entwickelt worden ist, lassen wir häufig einige wenige Stellen offen, wohin wir ausweichen können, wobei wir die Voraussagedetails so regulieren, daß sie den beobachteten Daten in dem Maße angepaßt sind, wie es die Restriktionen des Modells zulassen. Jede Stelle, wo dies möglich ist, wird *freier Parameter* genannt. In der klassischen Physik beispielsweise besitzen die Beschleunigungsgesetze für Geschosse einen freien

Parameter, *g*, die durch das Gravitationsfeld der Erde hervorgerufene Beschleunigung. Wir regulieren den Wert von *g* so, daß er unseren Beobachtungen am besten entspricht. Wir haben ihn zu ändern, wenn wir uns auf dem Mond oder einem anderen Planeten befinden. Je mehr freie Parameter, desto eher mißtraut man dem Modell. Die Parameter erlauben es einem, die Voraussagen mit jeglichen Daten in Übereinstimmung zu bringen, ob das Modell (oder die Daten) nun sinnvoll ist oder nicht. Diese Parameter sind natürlich nicht alle leistungsfähig, denn der Typ des jeweiligen Modells beschränkt die Art von Voraussagen, die getroffen werden können: wenn die Geschwindigkeit eines fallenden Körpers nicht linear mit der Zeit anwächst, rettet auch keine Regulierung des Parameters *g* das Modell. In der Psychologie sind Modelle ohne freie Parameter selten; Modelle mit nur einem freien Parameter werden gelegentlich studiert, aber sie sind in der Regel nicht genügend leistungsfähig, um viel zu erklären. Nähert sich die Zahl der Parameter der fünf, wird das Modell argwöhnisch von der Gemeinde der „Modellbauer" betrachtet. Zu den von den Befürwortern der Computer-Simulation beanspruchten Merkmalen gehört es, daß sich in ihrem System sehr wenig freie Parameter, wenn überhaupt, befinden. Dies ist sowohl richtig als auch falsch. Das Problem ist, daß, wenn man einen Parameterwert zuvor kennt, dieser als eine fixe Größe ins Modell eingefügt werden kann. Wie kann man ihn dann aber, wenn er fixiert ist, noch als *freien* Parameter bezeichnen? Genau das geschieht im Computer-Modell.

Drei freie Stellen sind in Feigenbaum und Simons Modell vorhanden. Man betrachte die Postulate 2, 3 und 4. Deutlich ist der für die Verarbeitung jeder Silbe erforderliche Zeitaufwand (Postulat 2) ein Parameter, denn die Zahl der beim Lernen einer Liste gemachten Fehler hängt von seinem Wert ab. Die Größe des unmittelbaren Gedächtnisses (Postulat 3) stellt einen weiteren Parameter dar. In dem Modell wird sie groß genug gewählt, um ein item-Paar zu behalten. Die Wahrscheinlichkeit, daß ein spezifisches, einem Ankerpunkt benachbartes item als nächstes zum Lernen ausgewählt wird, wird als 1/N gesehen, wobei N die Zahl der enthaltenen Ankerpunkte ist (Postulat 4). Diese Wahrscheinlichkeit könnte, wenn nötig, zwecks Übereinstimmung mit den Daten verändert werden. Feigenbaum und Simon versuchten nur, den *Anteil* der bei jeder serialen Position gemachten Fehler vorherzusagen, so daß die Gesamtzahl der Fehler irrelevant ist und der Verarbeitungszeit-Parameter ausgeschaltet werden kann. Der Umfang des unmittelbaren Gedächtnisses war desgleichen klug gewählt, so daß eine Veränderung nicht mehr notwendig war. Die Wahrscheinlichkeiten für die Auswahl neuer items mußten nicht geändert werden, so daß auch hier kein Gebrauch einer Freiheit gemacht wurde – Voraussage also ohne irgendwelche sichtbaren freien Parameter.

Das Erstaunliche bei diesem Modell ist, daß es sehr gut arbeitet. Zur Beschreibung der spezifisch gekrümmten Kurve, die man in einem Lernexperiment erhält, bedarf es einer mathematischen Gleichung mit ungefähr drei Parametern; das Simulationsmodell enthält keine. Dafür besitzt es natürlich sehr viel an Struktur und Regeln. Jede Regel ist in gewisser Weise ein Parameter.

Nach dem Modell lernen wir von beiden Enden einer Liste aus. Der Anteil der von uns bei einem item gemachten Fehler wird durch die Zahl der Versuche angegeben, bis es uns gelingt, uns dieses item zu merken, geteilt durch die Zahl der Versuche, die wir für die ganze Liste aufwenden müssen. Eignet man sich auf diese Weise etwas an? Wenn nicht, warum funktioniert das Modell so gut? Tatsächlich ist das Modell sogar dazu imstande, die serialen Positionskurven miteinzubeziehen, die man bei einer Unterteilung der Listen erhält, beispielsweise, indem man jede Listenhälfte mit verschiedener Farbe koloriert. In diesem Experiment sind die erhaltenen Ergebnisse komplexer Natur, aber bei Zusatz eines Parameters erfüllt die Simulation recht gut ihren Zweck.

Eine Reihe von Modellen menschlicher Vorgänge wurde durch Computer-Simulation entwickelt. Die meisten von ihnen sind für die in diesem Buch diskutierten Themenbereiche irrelevant. Eine Arbeit, die jedoch einige Leser interessieren könnte, ist das von Feigenbaum (1959 und 1963) entwickelte Programm mit der Bezeichnung Elementary Perceiver and Memorizer (EPAM). EPAM ist auch deswegen geschrieben worden, um eine Anzahl von Phänomen zu beschreiben, die bei der Untersuchung verbalen Lernens beobachtet wurden. Das besondere Kennzeichen des Programms ist die Entwicklung einer Strategie zur Darstellung der zu lernenden items durch eine Diskriminations-Netzanlage, die so wenig Information wie möglich verwendet. Tatsächlich war der von Brown und McNeill in Kapitel 7 gelieferte Plan zur Speicherung von Wörtern, der die partielle Wiedererinnerung während des Zustandes des Auf-der-Zunge-Liegens beschreiben sollte, z. T. von EPAM übernommen. Wir wollen dieses Modell hier nicht behandeln, da es uns von unserem Hauptuntersuchungsgegenstand etwas abbringen würde. Der Zweck unseres Abschweifens war die Beschreibung der allgemeinen Prinzipien, die für diese Klasse von Modellen eingesetzt werden. Simulationsmethoden versprechen eine wichtige Technik der Zukunft zu werden. Zurzeit steckt die Forschung auf diesem Gebiet noch in den Kinderschuhen, so daß bisher nur wenig erreicht worden ist.

Mathematische Modelle der Gedächtnisspur

Wir wenden uns jetzt einer gänzlich anderen Art und Weise der Modellerstellung zu. Bei den folgenden verschiedenen Modellen handelt es sich um eine mathematische Erklärung jener Eigenheit des Verblassens einer Gedächtnisspur. Mathematik im eigentlichen Sinne wird dabei größtenteils ausgeschaltet sein. Leser mit guten Kenntnissen in Wahrscheinlichkeitstheorie sollten sich mit den Originalarbeiten befassen, um sich genauer über die Theorien zu informieren.

Ein Stärke-Modell

Wir beginnen mit einer mathematischen „Stärke"-Theorie der Gedächtnisspur. Diese Theorie, die in einem im Jahre 1966 veröffentlichten Aufsatz von Wayne A. Wickelgren und Donald A. Norman formal beschrieben wurde, beschränkt sich noch auf eine allgemeine Deskription logischer Prozesse, jedoch in detaillierterer Weise als bei dem Erklärungsversuch über die „Informationsverarbeitung". Bei der Stärke-Theorie liegt der Schwerpunkt auf der Beschreibung des zeitlichen Verlaufs der Gedächtnisspur. Weniger berücksichtigt wird dagegen, wie dies die Strategien der Vpn beeinflussen könnte (bzw. durch diese beeinflußt werden könnte). Das Modell ist rein deskriptiv auf einem mittleren Analyseniveau. „Wie können wir beschreiben was geschieht", fragt der Vertreter der Stärke-Theorie, „wenn ein gerade dargebotenes item von einem klaren vollständigen Bild im Gedächtnis, welches eine einfache Wiedererinnerung ermöglicht, in ein schwaches Bild übergeht, das eine Wiedererlangung erschwert oder unmöglich macht?"
Der Verfechter dieser Theorie versucht also, die Art und Weise zu beschreiben, wie sich die Gedächtnisspur mit der Zeit verändert. Er muß dreierlei beschreiben: die Entstehung einer Gedächtnisspur, den Verfallsprozeß und die von der Vp verwendete Regel zur Bestimmung ihrer Antwort. Die Theorie ist recht einfach: es wird angenommen, daß, wenn der Vp ein item dargeboten wird, eine Repräsentation des Reizes in deren Gedächtnis aktiviert wird. Anfangs ist die Repräsentation klar und vollständig, mit der Darbietung weiterer items wird jedoch die Repräsentation der ersten items schwächer, unklarer und mehrdeutig. Die zahlreichen Variablen, die zur Bildung der Gedächtnisspur beitragen, können in einem einzigen genauen und vollständigen Maß zusammengefaßt werden: der Stärke der Gedächtnisspur. Ist die Stärke einer item-Repräsentation groß, sagen wir, das item sei gut behalten worden, ist sie klein, bezeichnen wir das item als schlecht oder gar nicht behalten. Während des Tests prüft die Vp die Gedächtnisstärke

des Repräsentanten des Test-items und bestimmt dann ihre Antwort entsprechend dem von der Gedächtnisspur übriggebliebenen Rest.
Das Modell eignet sich in erster Linie für die Beschreibung von Ergebnissen eines bestimmten Experiments: einem Wiedererkennungs-Gedächtnis-Experiment mit kontrollierter Wiederholung. Ein Wiedererkennungs-Experiment ist, wie wir schon wissen, dadurch charakterisiert, daß der Vp zuerst eine zu lernende item-Liste und darauf die Test-items dargeboten werden. Ihre Aufgabe ist es zu entscheiden, ob das jeweilige Test-item ein *altes* ist (d. h., ob es in der Liste vorgekommen ist). In den durch das Modell beschriebenen Experimenten wird nur ein Test-item nach jeder Liste dargeboten. Mit der kontrollierten Wiederholung wollen wir sicherstellen, daß alle items der Liste gleichermaßen von der Vp verarbeitet werden. Sofern sie nicht anders angewiesen werden, tendieren die Vpn dazu, mehr Zeit für das Lernen der ersten paar items als der später kommenden aufzuwenden. Um dies auszuschalten, bitten wir sie, jedes item genau zu beachten und zu lernen, sobald es dargeboten wird, um sich dann, wenn das jeweils neue item erscheint, wiederum voll auf dieses zu konzentrieren, ohne weiter an die vorherigen items zu denken. Dieser Instruktion ist nicht leicht zu folgen, mit einiger Übung klappt es dann aber. Diese verschiedenen Einschränkungen sind für die folgende Beschreibung des Modells nicht von großer Bedeutung. Im Anfangsstadium der Untersuchung sind sie von Nutzen, da sie dem Forscher eine Konzentration auf eine beschränkte Anzahl von Problemen erlauben. Aber das Modell kann (was auch gemacht wurde) auf Tests ausgedehnt werden, die die Erinnerungsfähigkeit anders als über das Wiedererkennen prüfen. Es handelt sich hierbei um Experimente, in denen die oben genannte Instruktion für die Wiederholung nicht gegeben wurde.
Im Grunde beschreibt das Modell, was mit der Spurstärke eines einzelnen items im Gedächtnis geschieht. Wir wollen einmal annehmen, daß, wenn das item in der Liste dargeboten wird, sich die Stärke seiner Repräsentation im Gedächtnis erhöht: nennen wir den Betrag dieser Zunahme α. Nun müssen wir erklären, wie sich die Stärke der Gedächtnisspuren ändert, wenn andere items dargeboten werden. Dies geschieht, indem wir durch die Darbietung eines neuen items die Stärke der Gedächtnisspur des gerade studierten items auf einen konstanten Bruchteil (bezeichnen wir ihn als Φ) seines ursprünglichen Wertes absinken lassen. Wenn also der Wert von α 10 wäre, dann ist, kurz nachdem k in der item-Liste erschienen ist, dessen Stärke im Gedächtnis gleich 10. Wenn Φ 0.8 wäre, würde die Spurstärke von k nach der Darbietung eines weiteren items auf den Wert von 8.0 fallen. Sofern nun weitere items dargeboten würden, verringerte sich die Spurstärke für item k immer mehr – von 8.0 auf 6.4, dann auf 5.12, 4.096 und so weiter, wobei mit der steigenden Anzahl neuer items eine Annäherung an den Grenzwert

von 0 stattfindet. Unterbrechen wir das Experiment, nachdem 3 items auf *k* gefolgt sind, so beträgt die Stärke seiner Gedächtnisspur 5.12. Wir könnten nun das Gedächtnis der Vp überprüfen, indem wir das item *k* darböten und die Vp fragten, ob sie sich an es erinnere. Wir nehmen an, daß sie vor ihrer Entscheidung zunächst den gegenwärtigen Stärkewert von *k* prüft. Das Ärgerliche ist, daß, wenn auch der wahre Wert von *k's* Spurstärke 5.12 beträgt, der ganze Erinnerungs- und Entscheidungsprozeß möglicherweise nicht ohne störenden Lärm abläuft, und dieser könnte eine Verzerrung bewirken, so daß der tatsächlich beobachtete Wert vielleicht bei nur 2.0 läge. Es handelt sich hier wirklich um ein Problem, weil, wenn ein anderes Test-item, das wir *x* nennen wollen und das nicht in der Liste vorkam, dargeboten worden wäre, der Lärm dessen Stärke für einen Augenblick erhöhen könnte, sagen wir auf 3.0. Die Vp hat keine Kenntnis davon, daß *k* tatsächlich vorher erschienen war, aber nicht *x*; sie muß ihre Entscheidung allein aufgrund ihrer Beobachtungen treffen. Das gerade gegebene Beispiel zeigt, daß eine Entscheidungsregel in einem oder beiden Fällen zu Irrtümern führen kann.

Diese Stärke-Theorie vereinigt eine Reihe verschiedener theoretischer Ansätze. Die verblassende Gedächtnisspur ist ein uns bekanntes Konzept, das wir in den Kapiteln 4, 5 und 7 dieses Buches erörtert haben. Die Entscheidungstheorie wurde ebenfalls „entliehen", diesmal aus der Forschung über die Methoden zur Entdeckung kleiner in Lärm eingebetteter Signale: der Theorie der Signal-Entdeckung. Die erste Anwendung der Entscheidungstheorie auf Tests zum Wiedererkennen früher gelernter Wörter stammt von James Egan (1958). Als Forscher in den Psychoacoustic Laboratories der Indiana University erkannte er, daß viel Gemeinsamkeit zwischen der Aufgabe besteht, ein schwaches akustisches oder visuelles Signal zu entdecken, das in Lärm eingebettet ist, und dem Erkennen einer schwachen Spur aus dem Gedächtnis. Die Beschreibung der in den Werten von Gedächtnisspurstärken auftretenden dynamischen Veränderungen wurde von den Techniken mathematischer Lernmodelle übernommen. Einige Leser werden bemerken, daß es, obwohl der unmittelbarste Einfluß auf die theoretischen Ansätze von den gerade genannten Quellen ausging, starke Ähnlichkeiten zwischen diesen Modellen und den Arbeiten früherer Forscher gibt, insbesondere Hulls und Thurstones. Wir wollen uns aber weniger den Kopf über die genaue historische Abfolge der wissenschaftlichen Ansätze zerbrechen als uns vielmehr mit den Einzelheiten des Stärke-Modells beschäftigen. Die Originalarbeit von Wickelgren und Norman ist allerdings recht technisch, so daß das Folgende eine vereinfachte Beschreibung des Modells darstellt (Norman 1966 b).

Drei verschiedene psychologische Prozesse müssen im Modell präsentiert

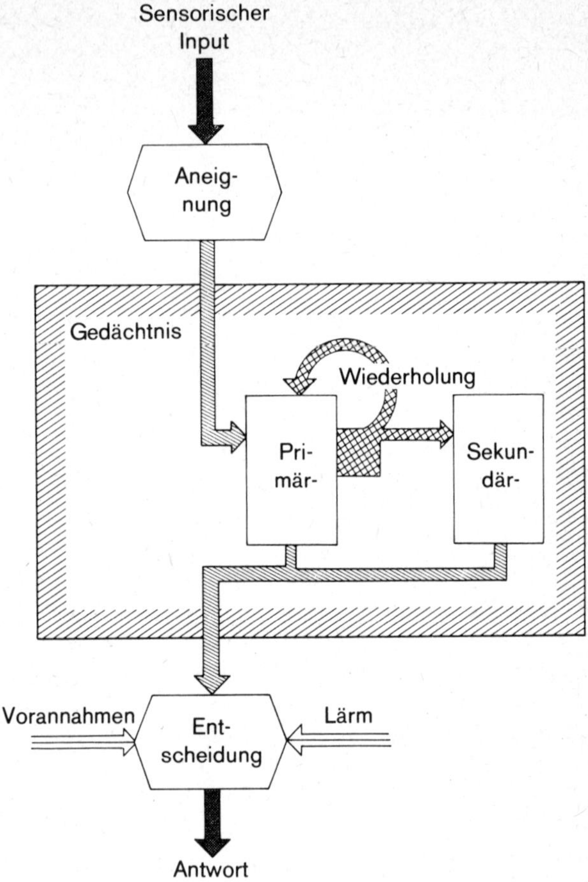

Abb. 1: Interaktionen zwischen den drei verschiedenen Prozessen, die das Vorgehen einer Vp in einem Gedächtnisexperiment beeinflussen. Beim Aneignungsprozeß wird der sensorische Input für den Gedächtnisprozeß verschlüsselt. Items im Primär-Gedächtnis werden schnell vergessen, während items im sekundären Gedächtnis über lange Zeiträume hin behalten werden können. Im Entscheidungsprozeß wird der Gedächtnis-Output zur Bestimmung der Antwort mit den Vorannahmen der Vp kombiniert.
Die als „Wiederholung" bezeichnete Schleife soll folgende Operation veranschaulichen: die Erneuerung der Spurstärke des Materials im Primär-Gedächtnis und die Unterstützung seines Übertritts ins sekundäre Gedächtnis.

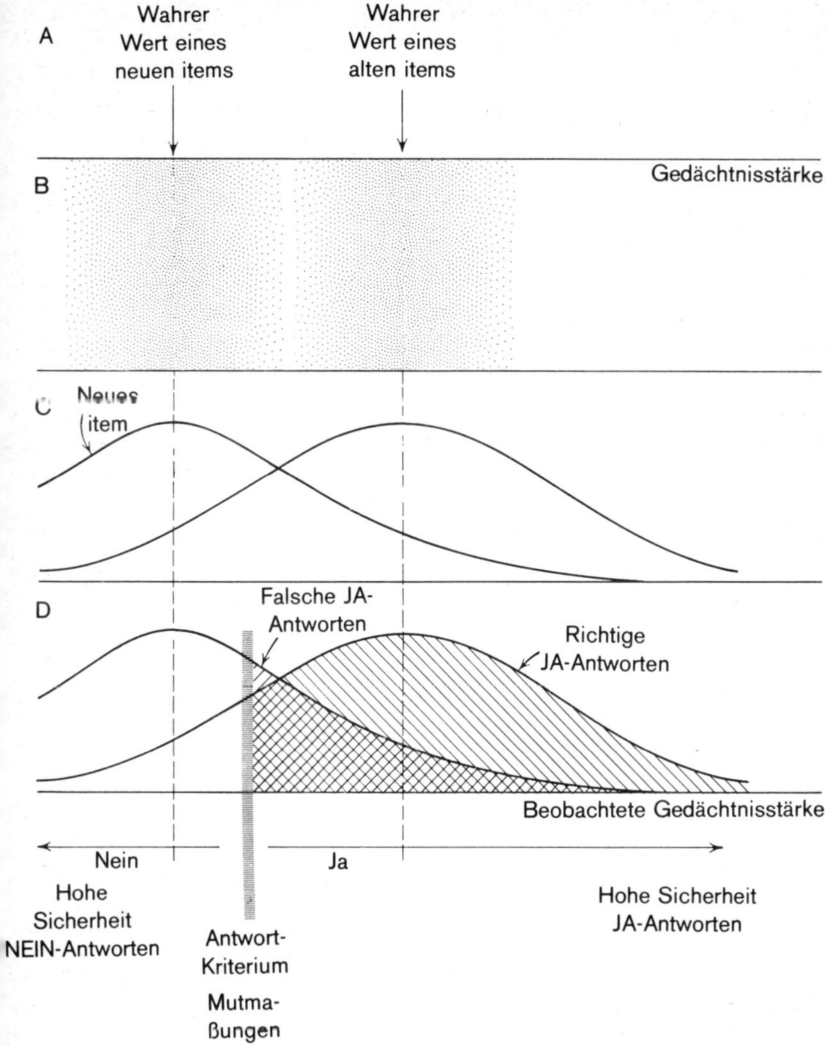

Abb. 2: Das Entscheidungs-Problem. Die wahren Werte der Gedächtnisspurstärke für alte und neue items werden bei A (und durch die vertikalen gestrichelten Linien bei B, C und D) gezeigt. Die Beobachtungen dieser Werte schwanken jedoch, wie bei B gezeigt, ständig, wobei dies am häufigsten um die wahren Werte zu beobachten ist, eine gelegentliche Ausdehnung bis weit nach unten und oben aber auch stattfindet (Teil C). Die Entscheidungsregel besteht in der Erstellung eines Antwort-Kriteriums (in D gezeigt), so daß jede Beobachtung über dem Kriterium zu einer „Ja"-Antwort führt. Einige dieser Ja-Antworten sind richtig, andere sind falsch.

sein. Beim ersten Prozeß, der Aneignung, müssen wir beschreiben, wie Material ins Gedächtnis gelangt. Dieser ganze Vorgang – dessen Beschreibung immerhin die Kapitel 2 und 3 beanspruchte – wird in dem Modell durch den einfachen Parameter α zusammengefaßt. Der zweite Prozeß beinhaltet den Gedächtnisvorgang selbst. Wir stellen das im Primär-Gedächtnis stattfindende Vergessen durch den einen Parameter Φ dar: es handelt sich um denjenigen Bruchteil der Gedächtnisspur jeden alten items, der nach dem Eintritt eines neuen items ins Primär-Gedächtnis übrigbleibt. Wir können also die Effekte von Aneignung und Vergessen miteinander verbinden und sagen, daß die im Primär-Gedächtnis vorhandene Spurstärke eines items, welches i items vorher dargeboten wurde, nach folgender Formel berechnet werden kann:

$$P(i) = \alpha\Phi^i.$$

Der dritte Vorgang ist der Entscheidungsprozeß. Hier findet eine Analyse der aus dem Gedächtnis stammenden Information statt, um eine Entscheidung über die einzuleitende Handlung zu treffen. An dieser Stelle vereinigen sich die Voorannahmen, die Strategien und die Kriterien der Person. Die exakte Form des Entscheidungsprozesses variiert natürlich entsprechend der Art der Aufgabe, die ihm gestellt ist. Beispielsweise erfordern Wiedererkennen und Wiedererinnerung unterschiedliche Prüfmethoden für den Gedächtnisinhalt und somit auch unterschiedliche Entscheidungsregeln. Die Interaktionen dieser drei Systeme sind in Abb. 1 wiedergegeben.

Im Wiedererkennungs-Experiment entscheidet die Vp darüber, ob ein Testitem alt ist, indem sie die Stärke seiner Repräsentation im Gedächtnis prüft. Bei großer Stärke gibt es keine Probleme, und die Vp sollte mit *Ja* antworten. Bei sehr geringer Stärke hat sie auch keinerlei Schwierigkeiten und sollte mit *Nein* antworten. Aber wie soll sie sich bei mittleren Stärkewerten verhalten? Zeigt ein mittlerer Wert an, daß das item zwar dargeboten wurde, aber schon dem Verfallsprozeß ausgesetzt ist, oder daß es sich um ein neues item in diesem Experiment handelt, das aber noch eine Reststärke von einer früheren Darbietung her besitzt? Wie soll sich die Vp entscheiden? Eine weitere Komplikation kommt noch hinzu: der gesamte Gedächtnis- wie auch der Entscheidungsprozeß, beide physiologischer Natur, sind wahrscheinlich mit Lärm verbunden, so daß alle vom Entscheidungssystem wahrgenommenen Stärkewerte um ihren wahren Mittelwert schwanken werden. Das würde bedeuten, daß mitunter selbst items, welche nie dargeboten worden sind, eine nicht unbeträchtliche Stärke besitzen.

Das Problem ist in Abb. 2 verdeutlicht. Im Teil A sind die wahren Gedächtniswerte für ein altes und ein neues item dargestellt. Wäre dies ein genaues

Bild, könnten die Vpn immer beide voneinander unterscheiden. Im Teil B ist die Auswirkung des Lärms zu erkennen. Die beobachteten Werte der Spurstärke verteilen sich um ihre wahren Mittelpunkte. Wegen dieser Variabilität ist eine einmalige Beobachtung zu einem Zeitpunkt ungenau. Im Teil C der Abbildung ist die Variabilität auf andere Weise dargestellt worden. Hier tragen wir die relative Häufigkeit ein, mit der wir einen bestimmten Stärkewert für ein altes oder ein neues item zu beobachten erwarten, vorausgesetzt, der wahre Wert wird von Teil A repräsentiert. Diejenigen Bereiche der Verteilungen, die sich beträchtlich überlappen, verursachen die genannten Schwierigkeiten. Teil D der Abbildung illustriert die Entscheidungsregel, die nach unserer Annahme von der Vp angewandt wird. Ein spezieller Kriteriumswert von Spurstärke wird als ein Antwort-Kriterium gewählt. Ist die beobachtete Stärke größer als das (rechts vom) Kriterium, wird die Antwort *Ja* gewählt. Liegt die beobachtete Stärke unter dem (links vom) Kriterium, wird die Antwort *Nein* gewählt; das Test-item ist nicht alt. Die schattierten Bereiche unter den Kurven zeigen an, wie oft richtige und falsche *Ja*-Antworten prozentual gegeben werden. Wenn wir die Form der Verteilungen kennen und die Geschwindigkeit bei der richtigen und falschen Wiedererkennung in einem Experiment messen, können wir bestimmen, wie weit die Verteilungen voneinander entfernt sein müssen. Diese Distanz ist unsere Schätzung der Gedächtnisspur-Stärke.

Es ist zu beachten, daß die Wahl der Kriteriums-Plazierung ganz der Vp überlassen ist. Steht jene aber fest, folgen die Wahrscheinlichkeiten, mit denen sie zu richtigen und falschen Wiedererkennungen kommt, direkt aus Abb. 2. Man sollte weiter beachten, daß diese Entscheidungsregel mit Sicherheit sowohl Auslassungs- als auch Anwendungsfehler machen läßt. Wenn die Vp die Fehlerzahl bei einer *Ja*-Antwort vermindern will, ist dies durch eine Verschiebung des Kriteriums nach rechts möglich, jedoch unter Inkaufnahme einer Fehlererhöhung, wenn sie *Nein* sagt. Ähnlich kann sie die Zahl der Male verringern, die sie ein altes item nicht wiedererkennt, indem sie das Kriterium nach links verschiebt, aber unter Inkaufnahme eines Anwachsens von falschen *Ja*-Wiedererkennungs-Antworten. Weil die Vp einfach durch Verschiebung des Kriteriums ihr Verhalten vollständig ändern kann, und zwar ohne einen Wechsel des tatsächlich Erinnerten, ist die Anzahl richtiger Antworten ebenso eine Funktion ihrer Entscheidungsprozesse wie ihres Gedächtnisprozesses.

Bei diesem Entscheidungsprozeß kann die Vp uns sehr viel mehr über ihr Gedächtnis mitteilen als es die einfache *Ja*- oder *Nein*-Antwort vermuten läßt. Vor allem kann sie die Richtigkeit ihrer Antwort beurteilen. Wann immer die Repräsentation des Test-items eine beachtliche Stärke im Gedächtnis besitzt, kann sie leicht und mit hoher Sicherheit *Ja* antworten. Ist die

Repräsentation von sehr geringer Stärke, kann sie mit großer Sicherheit *Nein* antworten. Mittlere Stärken besitzen eine mittlere Konfidenz. Wenn also die Antwort der Vp außer einem *Ja* oder *Nein* auch Konfidenz-ratings enthält, kann die die Gedächtnisstärke angebende Achse in Abb. 2 in eine Anzahl verschiedener Regionen eingeteilt werden, deren jede unterschiedliche Konfidenz-ratings und damit Gedächtnisstärken anzeigt. Wenn die Vp 5 Konfidenzurteile verwenden soll, gibt es 10 verschiedene Antwort-Konfidenz-Kombinationen und 9 Kriterien zur Einteilung der Stärke-Achse.

Eine Veranschaulichung der Art und Weise, wie die in einem Experiment beobachteten Wahrscheinlichkeiten in die von Gleichung 1 beschriebenen sich verringernden Spurenstärken umtransformiert werden, gibt Abb. 3. Die Daten stammen von einem Experiment zum Wiedererkennungs-Gedächtnis. Der Vp wurde eine Folge von 7 verschiedenen Zahlen aus je drei Ziffern dargeboten. Am Ende der Sequenz wurde ihr eine Testzahl gezeigt, worauf sie zu entscheiden hatte, ob die Testzahl ihrer Meinung nach in der Liste erschienen war oder nicht. Abb. 3a) zeigt die Wahrscheinlichkeit, daß sie richtig mit *ja* bei den sieben möglichen Werten für *i* antwortete. Die unterbrochene Linie gibt ihre falsche Wiedererkennungsrate an: die Wahrscheinlichkeit, daß sie mit *ja* antwortete, wenn die Testzahl nicht in der Liste dargeboten worden wäre. In Abb. 3b) sind diese Antwortwahrscheinlichkeiten durch die beschriebene Methode in Stärken umgewandelt worden. Die die Punkte verbindende Linie gibt die geschätzte theoretische Verfalls-Funktion der Gleichung 1 wieder.

Bei anderen als Wiedererkennungsaufgaben muß die Vp verschiedene Entscheidungsstrategien benutzen. In manchen Experimenten zur Wiedererinnerung beispielsweise wird der Vp ein Hinweis auf das richtige item gegeben, sonst nichts. Sie muß aufgrund des Hinweises über den nächsten Handlungsschritt entscheiden. Betrachten wir das Experiment, in welchem der Vp eine Liste mit Reiz-items dargeboten und darauf ein Test-item gezeigt wird. Es wird ihr versichert, daß das Test-item immer genau einmal in der vorhergehenden Reizliste vorkam. Ihre Aufgabe ist es, mit jenem item zu antworten, welches dem Test-item in der Liste folgte. Diese Aufgabe unterscheidet sich von der des Wiedererkennungs-Experiments, weil bei der Wiedererkennung die Stärke des Test-items direkt zur Bestimmung der Antwort verwendet werden kann. Bei der Wiedererinnerung jedoch ist es die Stärke der Assoziationen mit dem Test-item, die benutzt werden muß. Wenn alle möglichen Antworten der Vp gut bekannt sind, kann sie die Stärke der nach vorn gerichteten Assoziation zwischen Test-item und jeder möglichen Antwort prüfen und das item mit der größten Assoziationsstärke auswählen. Obwohl sich die Assoziationsstärken bei der Wiedererinnerung wahrscheinlich von den item-Stärken beim Wiedererkennen unterscheiden,

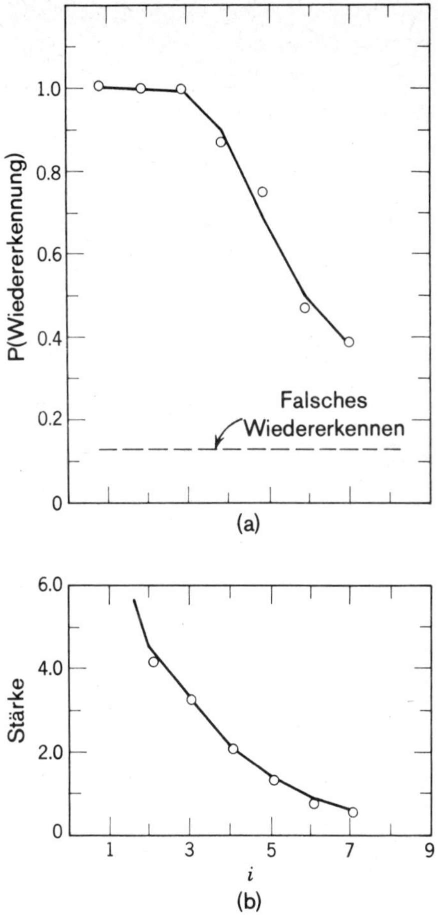

Abb. 3: a) Wahrscheinlichkeit eines richtigen Wiedererkennens als Funktion der Anzahl von zwischen Darbietung und Test intervenierenden items (*i*). Die Wahrscheinlichkeit eines falschen Wiedererkennens wird durch die gestrichelte Linie angezeigt. b) Schätzungen der Gedächtnisspurstärke für diese Daten. Die durchgezogenen Linien geben die theoretischen Voraussagen von Gleichung 1 wieder.

scheint es einsichtig, daß sie großenteils denselben Gesetzen gehorchen, sowohl, was die Art ihres Verblassens bei der Darbietung anderer items als auch die Art und Weise ihrer Schwankung bei zusätzlichem Lärm angeht. Wenn es *k* verschiedene Antworten auf das Test-item gibt, dann wird die Wahrscheinlichkeit einer richtigen Antwort durch die Wahrscheinlichkeit angegeben, daß die für das richtige item beobachtete Stärke größer als die für jedes der *k-1* anderen items beobachteten Stärken ist.
Dem Entscheidungsprozeß inhärent ist die Fähigkeit der Vp zu entscheiden, wie genau ihre Antwort tatsächlich ist. Außerhalb des Laboratoriums könnte man recht gut Handlungen, die sich von jenen unterscheiden, die einem vom Experimentalpsychologen aufgezwungen werden, mit verschiedenen Regionen von Antwortstärken verknüpfen. Beispielsweise würde man, anstatt eine Antwort zu geben, der man nicht sehr vertraut, eine Handlung vermutlich gänzlich verweigern, oder man würde zumindest mehr Information vor einer Aktion zu erhalten versuchen. Aber welches auch die innerhalb und außerhalb des Laboratoriums beobachteten Verhaltensunterschiede sein mögen, das Stärke-Modell des Gedächtnisses und das Kriteriums-Modell für Entscheidungen scheinen konsistent mit unseren Vorstellungen vom Gedächtnisprozeß und mit dem Verhalten zu sein.
Die Stärke-Theorie versucht, ein zusammenfassendes Bild von der Dynamik des Gedächtnisses zu geben. Sie berücksichtigt nicht die Verständnisschwierigkeiten, die sich aus der Frage ergeben, welches Material und auf welche Weise es gespeichert wird, aber sie zeigt einen Weg auf, wie verschiedene Prozesse – Aneignung, Aufmerksamkeit, Behalten, Entscheidung – zusammenwirken können, um die Wahrscheinlichkeit zu bestimmen, daß ein gegenwärtiges item später wiedergewonnen werden kann. Die Theorie kann zwar auch so ausgedehnt werden, daß sie die Effekte der verschiedenen Prüfungsverfahren einschließt, in diesem Rahmen brauchen wir die entsprechenden Variationen jedoch nicht zu erörtern. Der wesentliche Punkt für unsere gegenwärtigen Zwecke ist klar gemacht worden: eine mögliche Beschreibung der Gedächtnisspur.

Ein Multikomponenten-Modell

Ein anderer Weg zur theoretischen Spezifikation des Gedächtnisses wird im nächsten Modell geliefert. Sein Autor, Gordon Bower von der Stanford University, bietet eine detailliertere Analyse der Komponenten der Gedächtnisspur. Im Vergleich zu den anderen von uns erörterten Modellen versucht Bower, die Methode zu spezifizieren, über welche die von der Stärke-Theorie verwendeten Verteilungen erschienen. Obgleich seine Arbeit und seine

Ergebnisse sich etwas von denen der Stärke-Theorie unterscheiden, sind die Unterschiede nicht grundlegender Natur, so daß man hoffen möchte, daß sich die Theorien möglicherweise einmal miteinander in Einklang bringen lassen und sich nur hinsichtlich des Niveaus unterscheiden, auf dem jede den Gedächtnisprozeß im einzelnen zu beschreiben sucht. In gewissem Sinn liefert Bower die rationale Basis für die in der Analyse der Stärke-Theorie benutzten Annahmen (Bower 1967).

Bowers Modell veranschaulicht einen der Unterschiede zwischen losen verbalen und präzisen formalen Modellen. Bei verbalen Modelldarstellungen ist es leicht, Komplikationen zu übersehen, die sich aus den Folgerungen von als klar und unzweideutig erscheinenden Erklärungen ergeben. Mathematische Modelle erlauben dergleichen Spielraum nicht: Unklarheiten bedürfen hier einer Lösung, wenn das Modell funktionieren soll. Diese Formalisierung hat ihre guten als auch ihre schlechten Seiten. Sie ist insofern gut, als wir gezwungen sind, alle Implikationen des Modells zu berücksichtigen, von denen manche bei einfachen verbalen Darlegungen mitunter vermißt werden. Sie ist schlecht (ein besseres Wort wäre vielleicht „hinderlich"), weil die meisten Ambiguitäten, wie sich zeigt, mit Problemen verbunden sind, von denen wir wenig oder keine Kenntnis haben. Obgleich wir also die in einem mathematischen Modell enthaltenen genauen Annahmen spezifizieren können, müssen einfach einige von ihnen recht willkürlich sein, da sie gewählt wurden, um das Modell funktionieren zu lassen.

Beim Studium von Bowers Modell kommen wir an mehrere solcher Wahlpunkte. Bower macht uns mit ihnen bekannt und, zumindest an zwei von uns untersuchten Stellen, bietet er eine Lösung an, indem er einige alternative Möglichkeiten aufzeigt. Als Folge werden aus dem einen Modell bald zwei und dann vier, je nach unserer Wahl von Annahmen. Diese verschiedenen Modelle sind alle sehr ähnlich, so daß wir schließen könnten, daß wir eher eine *Klasse* von Modellen als einen einzigen Fall studieren. Das bedeutet natürlich, daß alle in diesem Kapitel studierten Modelle wirklich als Beispiele eines methodischen Vorgehens gesehen werden sollten und daß die spezifischen Annahmen und Aussagen der Modelle nicht als ebenso wesentlich wie die vorgeschlagene allgemeine Methode zu betrachten sind.

Jetzt also zur Untersuchung von Bowers Arbeit. Wir prüfen sein Modell in genügendem Detail, um eine Vorstellung von seinen Methoden zu bekommen, wir beenden die Ausführungen jedoch, kurz bevor die mathematischen Ableitungen beginnen.

Zunächst bringen wir ein Bild des Gedächtnisses, das sehr dem in Abb. 1 gezeigten ähnelt. Wir wollen beschreiben, wie die kodierte Repräsentation des Reizes gespeichert wird. Es wird angenommen, daß, wenn ein Stimulus-Input das Aneignungsstadium durchläuft, ein Muster-Wiedererkennungsprozeß eine Anzahl von Eigenschaften oder Merkmalen durch Reiz-analysierende Mechanismen extrahiert. Wir können jetzt den Reiz als repräsentiert durch eine Reihenfolge von Attributen ansehen, wobei jede Eigenschaft jeglichen Wert annehmen kann. Bower unterscheidet zwei Verschlüsselungsniveaus. Das erste von ihm als primäres bezeichnete stellt die gerade beschriebene Attributsliste dar. Das andere, welches er sekundäres nennt, ist die wiedererkannte sinnvolle Form des Primärcodes. Wenn wir also ein englisches Wort auf visuellem Weg darbieten sollten, würde die Gruppe der von den visuellen Reiz-analysierenden Mechanismen extrahierten visuellen Parameter den Primärcode bilden. Müßte das Wort vokalisiert werden, entweder um wiedererkannt zu werden oder einfach als Teil der generellen charakteristischen Merkmale des unmittelbaren Gedächtnissystems (wie in Kap. 3 und 8 beschrieben), würde die Liste der vokalen Merkmale der Sekundärcode sein. Wir haben diesen Unterscheidungstyp das ganze Buch hindurch erörtert, wenn auch nie mit diesen Begriffen. Wichtig für ein Verstehen von Bowers Modell ist, daß wir ein item durch eine Reihenfolge von Eigenschaften im Gedächtnis repräsentieren können.

Wir haben also jetzt für jedes item im Gedächtnis eine derartige Aufstellung von Attributen oder Komponenten, die die besonderen Merkmale, die für dessen Verschlüsselung verwendet werden, im einzelnen spezifizieren. Jegliche Aufstellung dieser Art kann mathematisch als Vektor behandelt werden, wobei das erste Element jener die erste Komponente des Vektors darstellt und das *i*-te Element der *i*-ten Komponente des Vektors entspricht. Bei einem Experiment, in welchem die Vp ein item *B* lernen soll, ist es von Bedeutung für die Theorie, wie *B* in einen solchen Komponenten-Vektor verschlüsselt wird und wie sich die einzelnen Komponenten dieses Vektors unter dem Einfluß des Vergessens verändern. Die Beschreibung des Vergessens der Komponenten führt zu unserem ersten Wahlpunkt: welchen der vielen möglichen Vergessenspläne sollen wir benutzen?

Was ist Vergessen? Es muß einen Verlust oder eine Verwechslung von in jedem Komponenten-Vektor gespeicherter Information darstellen. Aber wie repräsentieren wir diesen Verlust? Wir benötigen zunächst einige Annahmen. Bower sagt dazu, daß der Verlust von Teilinformation einem Alles-oder-Nichts-Gesetz gehorcht. Das heißt, daß eine Komponente entweder vorhanden oder nicht vorhanden ist – Zwischenstadien sind nicht erlaubt. Da der Vektor natürlich viele Einzelelemente enthält, scheint der Informationsverlust in der Gesamtspur in Form einer feinen Abstufung vor sich zu gehen.

Wie verwenden wir nun die verminderte Information? Bower vermutet, daß, wenn wir etwas wiedererinnern wollen, vergessenen Elementen des Komponenten-Vektors nach Zufall ein Wert zugeteilt wird. Das bedeutet natürlich, daß Fehler bei der Wiedererinnerung auftreten. Aber die Fehler folgen genau dem Typ von tatsächlich beobachteten Verwechslungen. Ist die Wiedererinnerung verzögert, werden einige Komponenten vergessen sein, doch verbleiben noch genügend richtige Komponenten, so daß der schließliche Output viele Merkmale gemeinsam mit der richtigen Antwort aufweist. Bei Wörtern werden daher die Fehler akustisch dem Original verwandt sein; bei längeren Abhandlungen mag die Bedeutung ähnlich, die Einzelheiten können jedoch falsch sein.

Bower muß den Vergessensvorgang noch exakter spezifizieren, bevor er mit seinem Modell fortfahren kann. Es gibt mehrere Vorgehensweisen. Bower kommt zu einem Kompromiß, indem er zwei verschiedene Methoden wählt. Es entsteht jedoch noch ein weiteres Problem: wie sind verlorene Elemente im Wiedererinnerungsprozeß zu behandeln? Wiederum vermeidet er das Problem, indem er zwei Wege einschlägt. Somit haben wir jetzt vier Modelle. Prüfen wir hier die zwei Richtungen von Teilvergessen: hierarchisch oder unabhängig.

Mit dem hierarchischen Schema meint Bower, daß die Elemente des zusammengesetzten Vektors streng nach Wichtigkeit geordnet werden können. Weiter nimmt er an, daß am wenigsten wichtige Elemente zuerst vergessen werden. Um die Wiedererinnerungswahrscheinlichkeit zu bestimmen, müssen wir die Wahrscheinlichkeit kennen, eine Komponente zu einem Zeitpunkt zu verlieren, und ferner muß uns bekannt sein, von wievielen Komponenten wir annehmen können, daß wir sie irgendwann behalten haben. Die Grundaussage dieser Wahrscheinlichkeiten ist einfach: die tatsächlichen Lösungen der resultierenden Gleichungen sind schwierig.

Für das unabhängige Verlust-Schema nimmt Bower an, daß alle Elemente des Komponenten-Vektors von gleicher Wichtigkeit sind und dem Vergessen den gleichen Widerstand entgegensetzen. Diese Darlegung führt zu einfacheren Gleichungen als das hierarchische Schema. Ob es genauer ist, läßt sich schwer sagen.

Bower führt nun im einzelnen aus, wie sich die Vektorkomponenten mit der Zeit verschlechtern, geht auf die Wahrscheinlichkeitsverteilungen ein, die sich auf die schließlich spezifizierte Anzahl von Komponenten beziehen und befaßt sich mit den Wahrscheinlichkeiten der Wiedergewinnung des richtigen Gedächtnismaterials. Er arbeitet mit einer großen Vielzahl von Bedingungen, wobei sowohl Wiedererkennungs- und Wiedererinnerungsexperimente als auch solche mit verschiedenen Anzahlen von Reiz- und Reaktionsalternativen eingeschlossen sind. Die Theorie besitzt in hohem Maße die Fähigkeit, eine Reihe verschiedener Phänomene zu beschreiben. Leider scheint es nicht möglich zu sein, sie in detaillierterer Weise wiederzugeben, als wir es schon versucht haben, ohne sofort in die mathematischen Ableitungen verwickelt zu werden. Die wesentlichen Merkmale des Modells sind festgehalten worden: die Darstellung der Gedächtnisspur als ein multidimensionaler Vektor, wobei einzelne Komponenten verschiedene Eigenschaften des gespeicherten Bildes repräsentieren. Die Verschlechterung der Gedächtnisspur wird als das Vergessen der Einzelelemente des Komponenten-Vektors interpretiert. Das entscheidende Problem liegt in dem Versuch, das mögliche Reiz-item zu rekonstruieren, welches durch die partielle Gedächtnisspur repräsentiert wird.

Der Vorgang der Modellerstellung hat etwas von einem Spiel an sich, wobei der Modellkonstrukteur Voraussetzungen zu schaffen versucht, die nicht nur dem Ohr des Psychologen vernünftig klingen, sondern die auch die mathematischen Grundlagen auf einem bearbeitbaren Niveau halten. Viele vernünftig klingende Annahmen führen zu Gleichungen, die entweder nichtlinear sind oder mit der Zeit variierende Parameter besitzen: beide Fälle berühren Bereiche der Mathematik, die nicht sonderlich entwickelt sind.

Die Hauptunterschiede zwischen der Stärke- und der Multikomponenten-Theorie liegen in dem Niveau, auf welchem die Gedächtnisprozesse geschildert werden. Die Stärke-Theorie nimmt einfach die Existenz von Gedächtnisspuren und -verteilungen an. Das Multikomponenten-Modell macht nicht diese Annahmen, sondern muß an deren Stelle noch umfangreichere und komplexere Vermutungen über die einzelnen Komponenten der Theorie setzen. Irgendwann in der Zukunft, wenn wir mehr über die dem Gedächtnis zugrunde liegenden Prozesse wissen, werden wir Bowers Annahmen über die Komponenten der Gedächtnisspur in noch fundamentalere (wahrscheinlich jedoch auch zahlenmäßig mehr) Aussagen aufgliedern können. Es ist klar, daß wir endlich Theorien benötigen, die den gesamten Gedächtnisprozeß beschreiben. Heute, mit unserem begrenzten experimentellen und theoretischen Wissen, ist es schwer, das eine Theoresierniveau als wesentlicher oder eleganter als ein anderes zu verteidigen: sie machen alle eine Reihe von Grundannahmen über die Natur der zugrunde liegenden Mechanismen erforderlich.

Wir haben jetzt in kurzem Überblick zwei verschiedene Modelle der Gedächtnisspur studiert. Diese begrenzten Stichproben erschöpfen bei weitem nicht die Möglichkeiten: viele weitere Beispiele hätten ausgewählt werden können. Die beiden ausgesuchten, nämlich Wickelgren und Normans Stärke-Modell und Bowers Multikomponenten-Modell, veranschaulichen die meisten der wesentlichen Prinzipien, die von den mit der Konstruktion von Modellen befaßten Forschern verwendet werden. Obwohl es, von nahem betrachtet, einen weiten Bereich von eingesetzten Techniken gibt, unterscheiden sich die Modelle in Wirklichkeit bei einiger Entfernung kaum wesentlich voneinander. Das heißt also, daß der allgemeine Rahmen sowie

die generellen Annahmen und Probleme ähnlich sind; die speziellen Annahmen und der Typ der mathematischen Grundlagen unterscheiden sich dagegen.
Ein anderes Modell sollte trotzdem noch erwähnt werden, da es gewisse Unterschiede zu dem schon Kennengelernten aufweist. Es handelt sich um das von R. C. Atkinson und R. M. Shiffrin (in Druck) vorgeschlagene Struktur-Modell. Atkinson und Shiffrin unternehmen hier den Versuch einer großen Synthese vieler der in den früheren Kapiteln dieses Buches erörterten Gedanken. Sie trennen klar strukturale Merkmale des Gedächtnissystems — die in einem Diagramm wie in Abb. 2 vermutlich ablaufenden Prozesse — von Kontrollprozessen — die flexiblen Pläne und Strategien, die in Kapitel 6 diskutiert wurden. Sie entwickeln dann Modelle der strukturalen Aspekte, die sich hinsichtlich der Operationen unterscheiden können, je nach dem verwendeten speziellen Kontrollplan. Von besonderem Interesse in ihren Modellen ist das Konzept eines neuen Typs von Speichersystem: einem Wiederholungs-Puffer. Ihr Modell schließt deutlich die Resultate der verschiedenen Wiederholungsstrategien ein, wobei die Strategien vom Kontrollsystem herrühren und die Resultate vom Wirken des strukturalen Systems abhängen.
Die letzte Version ihres Modells, die sich in ihren veröffentlichten Darstellungen noch nicht findet, wird wahrscheinlich eine Kombination von Computer-Simulation und mathematischen Methoden einschließen. Erstere scheint am besten für Beschreibungen von Strategien und Kontrollprozessen geeignet, mathematische Modellbildung für die Deskription der Wirkweise strukturaler Prozesse.

Probleme bei der Wiedergewinnung

Die bisher betrachteten Modelle haben primär mit der Aneignung, der Speicherung und dem Behalten von Information zu tun. Es ist dennoch klar, daß der Prozeß der Informationswiedergewinnung, sowohl aus dem Kurzzeit- als aus dem Langzeit-Gedächtnis, eine wichtige Rolle beim Gedächtnisprozeß spielt. Die Wiedergewinnung, speziell aus dem Langzeit-Gedächtnis, ist fast völlig von formalen Gedächtnismodellen ignoriert worden, und zwar aus gutem Grund. Solange wir nicht die Mechanismen der früheren Stufen spezifizieren können, hat der Versuch wenig Sinn, großartige Gedächtnistheorien zu erstellen. Unter Berücksichtigung dieser Einschränkung ist es allerdings reizvoll, über Darstellungsversuche von Wiedergewinnung aus einem Speichersystem von großer Kapazität zu spekulieren.

Jeder, der schon einmal vergeblich in einer Bücherei nach dem Verweis auf ein Buch gesucht hat, weiß, daß das größte Problem bei umfangreichen Speichersystemen eher Organisation und Wiedergewinnung darstellen, weniger dagegen die Speicherung selbst. In den meisten Speichersystemen, seien es Büchereien, Computer- oder menschliche Gedächtnisse, kann jedes gespeicherte item durch mehrere verschiedene Eigenschaften beschrieben werden: seinen Inhalt, seine Plazierung oder tatsächliche Lokation im Speicher sowie seine Verbindungen mit und Beziehungen zu anderem gespeicherten Material. Nur eine Eigenschaft – die Adresse – kann wirklich dazu verwendet werden, an das Material zu kommen. Alle andere Information verhilft dagegen nur zum Auffinden der Adresse.

Gespeichertes Material in der Bücherei ist so geordnet, daß die Suche nach relevanten Büchern verhältnismäßig einfach ist. Der systematische Katalog sagt zunächst etwas über das gespeicherte Material aus: Bücher über verwandte Themen sind nahe beieinander untergebracht. Aber die räumliche Organisation der Bücherei allein kann selten zur Auffindung von Gesuchtem dienen. Der nächste wichtige Schritt führt zur Kartei, einer kleinen Bücherei in sich. Wie alle Register stellt sie einfach eine Miniaturversion der Bücherei dar, die zwar weniger Information als der Inhalt der Bücher enthält, jedoch Hinweise auf ihren Standort einschließt. Das Aufsuchen von Sachkatalogen ist nur dann sinnvoll, wenn genügend Information über einen gesuchten Gegenstand bekannt ist, um sein Auffinden in den Karteikarten zu gewährleisten. Viele Karteisysteme stehen in Bibliotheken zur Verfügung, allen gemeinsam sind jedoch grundlegende Eigenschaften: In kondensierter Form stellen sie Reorganisationen der Bibliothek dar.

Zu den wichtigsten Eigenschaften des menschlichen Gedächtnisses gehört seine sehr effiziente Wiedergewinnungsmethode. Normalerweise geht unsere Suche nach einem Wort oder Namen so schnell vor sich, daß wir uns der beteiligten Mechanismen nicht bewußt sind. Gewiß, mitunter stottern wir, wenn wir die gesuchte Information auf der Zunge liegen haben, aber noch nicht in ihrem Besitz sind. Oftmals erinnern wir uns einer früher gespeicherten Sache (und sagen „Oh ja, jetzt erinnere ich mich") und demonstrieren so, daß frühere Fehlschläge, den Stoff zu erinnern, auf einer mißlungenen Wiedergewinnung beruhten. In der Regel treffen wir jedoch eine unmittelbare Entscheidung, ob nun Ereignisse früher oder nicht gelernt wurden, ein Beweis dafür, daß wir schnell und richtig gespeicherte Information auffinden können. Welche Operationen auch immer wirklich beteiligt sind, es ist ziemlich klar, daß sie, was die logischen Schritte angeht, unserem Vorgehen in einer Bibliothek gleichkommen müssen, außer daß die Quer- und Rückverweise sowie der Zugang zu gespeichertem Material sehr viel effizienter sind.

Häufig, wenn wir mit einer ungewohnten Situation konfrontiert werden, sind wir zu sofortigem Erkennen fähig. Wenn uns ein neues Wort gezeigt wird – dieses Kapitel behandelt „the mantiness of memory" – wissen wir, daß das Wort neu ist. Diese Fähigkeit einer schnellen Abtastung des Gedächtnisses und Ablehnung von Unbekanntem hat einige wesentliche Implikationen hinsichtlich der Methode, mit welcher die gespeicherten Adressen des im Gedächtnis befindlichen Materials zugänglich werden. Die Sache ist einfach: „mantiness" ist nicht im Gedächtnis vorhanden, so daß also die Fähigkeit, diese Tatsache zu entdecken, auf zwei mögliche Vorgehensweisen verweist. Entweder hat man den gesamten Gedächtnisinhalt überprüft und das Fehlen von „mantiness" entdeckt oder man konzentrierte sich auf denjenigen Gedächtnisteil, der das Wort „mantiness" beherbergen müßte, wäre es tatsächlich vorhanden, und entdeckte dann sein Fehlen. Die erste Hypothese kann als wenig plausibel zurückgewiesen werden. Das menschliche Gedächtnis ist einfach zu umfangreich, um eine derartige Suche zu erlauben, selbst wenn wir alle unsere Erinnerungen gleichzeitig überprüfen konnten (wir kommen auf diese Frage später zurück). Die zweite Alternative erscheint ebenfalls unwahrscheinlich, jedoch zumindest denkbar. Sie bedeutet allerdings, daß wir entweder den Klang oder den optischen Wahrnehmungseindruck des Wortes „mantiness" dazu verwenden können, um an denjenigen Gedächtnisteil zu kommen, wo es eigentlich gespeichert sein sollte. Wir können also sagen, daß die Adresse eines Wortes vollständig von seinen physikalischen Eigenschaften her bestimmt werden kann. Man beachte die bemerkenswerte Folgerung: selbst Dinge, die uns bisher völlig unbekannt gewesen sind, besitzen einen spezifischen für sie im Gedächtnis vorgesehenen Ort. Dies sollte keineswegs als eine Feststellung bezüglich früheren Wissens mißverstanden werden; vielmehr handelt es sich nur um eine Erläuterung der sensorischen Orientierung des Gedächtnisses.[1]

Die schnelle Zurückweisung unbekannter Wörter kann in Gegensatz zum sehr langsamen Wiedererkennen bekannter Wörter gestellt werden. Das beste Beispiel hierfür liefert das Phänomen des Auf-der-Zunge-liegens, mit

1 Das Gesagte darf nicht fälschlicherweise so interpretiert werden, daß spezifische Information an bestimmten Orten im Gehirn gespeichert werden könnte. Das kann sowohl richtig als auch falsch sein: wir wissen es nicht. Wenn wir die logischen Eigenschaften des menschlichen Gedächtnisses diskutieren, ist es üblich, von der Speicherung spezifischer items sowie den logischen Adressen und Lokationen dieser items zu sprechen. Aber diese Wörter stehen für das ganze Verfahren der Wiedergewinnung von im Gedächtnis gespeicherter Information, sei diese nun an einem spezifischen Ort lokalisiert oder verstreut. Wie der Erinnerungsvorgang tatsächlich im Gehirn abläuft (wobei natürlich physiologische, neurologische und chemische Vorgänge eingeschlossen sind), ist für die gegenwärtige Diskussion ziemlich irrelevant, man kann sogar sagen, für einen Großteil des Buches.

dem wir uns schon oft befaßt haben. Obgleich es hierfür keinen formalen Beweis zu geben scheint, muß man folgern, daß wir selbst bei jenem und ähnlichen Phänomen rasch sagen können, ob uns das gesuchte Wort überhaupt bekannt ist. Auch wenn es eine Zeitlang dauern mag, bis wir alle Information über ein Wort aus dem Gedächtnis erinnern, muß die sofortige Ablehnung unbekannter Wörter von einer direkten Annahme bekannter begleitet sein. Diese Ausführungen bedeuten übrigens nicht, daß alle neuartigen Wörter sofort zurückgewiesen würden. Solange dieses tatsächlich mit einigen wenigen möglich ist, müssen sich unsere Schlußfolgerungen danach richten. Der Leser wird bemerken, daß er mittlerweile recht schnell das Wort „mantiness" wiedererkennt. Man versuche es einmal mit „mansuetude" (Bei diesem handelt es sich nach Aussage des Lexikons tatsächlich um ein Wort).

Suchtechniken mit Hilfe des Computers

Wenn sich der Zugang zum Gedächtnisinhalt auf die Struktur des gesuchten Materials stützen kann, sagen wir, das Gedächtnis sei durch den Inhalt bestimmt. Mit den gerade erörterten Beispielen, verbunden mit weiteren ähnlichen Betrachtungen, wird argumentiert, daß das menschliche Gedächtnis ein inhaltsbestimmter Speicher sei. Im Bereich der elektronischen Datenverarbeitung sind inhaltsbestimmte Speicher sehr zu wünschen, aber vorläufig noch unwirtschaftlich. Sie stellen schwierig zu konstruierende Apparate dar, weil der natürliche Weg der Speicherung und Wiedergewinnung von Material im Gedächtnis eher die Verwendung der ortsspezifischen Merkmale des Gedächtnisses (nenne das item mit der Lokationsnummer 26240) als den Inhalt (nenne die Bedeutung des Wortes „mansuetude") oder die Merkmale des Materials einschließt. Es gibt verschiedene Möglichkeiten, wie die inhaltsbestimmte Speicherung verbessert werden kann. Ein Weg ist, die Materialform zur Lokation zu machen. Nehmen wir beispielsweise an, wir wollten die lexikalische Definition eines Wortes speichern. Das Wort muß zuerst in einer Standardform verschlüsselt werden. Wie dies durch einen Digital-Computer geschieht, soll kurz geschildert werden. Die Buchstabenfolge wird intern durch eine Sequenz von Binärziffern dargestellt. Diese Kette aus Binärziffern kann entweder als eine Zahl oder als Buchstaben gedeutet werden — je nachdem, welche Instruktionen der Computer erhalten hat. (Eine der wichtigsten Eigenschaften eines Elektronenrechners ist, daß sein Gedächtnis keinen Unterschied zwischen Instruktionen, Zahlen und Buchstaben macht. Dadurch kann jede dem Computer mögliche Operation für jegliches Gespeicherte durchgeführt werden). Wenn wir nun die zur Verschlüsselung des Wortes benutzte Sequenz von Binärziffern als Zahl, nicht als Buchstaben, interpretieren, können wir diese Zahl als die Lokalisationsangabe des von uns gesuchten Wortes verwenden. Wenn die Information über ein Wort an der durch die Form des Wortes spezifizierten Adresse gespeichert ist, bereitet die Wiedergewinnung keinerlei Mühen. Sucht man nach der Bedeutung eines Wortes, denkt man an es, interpretiert es als eine Adresse und findet dann das an dieser Stelle lokalisierte Material auf. Wenn nun die gewonnene Information nicht voll befriedigt, können wir einige der items benutzen, die zur Bildung der Adresse für unsere nächste Suche nach Erinnerungsmaterial erhalten wurden; dieser Vorgang kann so oft wiederholt werden, wie es notwendig ist, um an das gewünschte Material zu kommen.

Es gibt eine deutliche und nicht zu unterschätzende Schwierigkeit bei einem über die Repräsentation seiner gespeicherten Information organisierten Gedächtnisschema: das Gedächtnis muß groß genug sein, um für jeden möglichen Input eine spezielle Adresse bereitzustellen. Dieses Erfordernis kann abgeschwächt werden, indem man nur einen Teil des Inputs zur Spezifizierung der Adresse verwendet oder indem man das item in einen code umwandelt, der eine reduzierte Anzahl möglicher Kombinationen aufweist. Ein Schema dieses Typus (mitunter als „hash coding" bezeichnet) muß die Vermeidung von Problemen gewährleisten, die entstehen können, wenn verschiedene items dieselbe Adresse produzieren.

Ein beträchtlicher Aufwand an Analyse kann der Suche nach einer Erinnerung im Menschen vorausgehen, bevor die sensorische Repräsentation eines items seinen Ort im Gedächtnis bestimmt. Es ist klar, daß die physiologischen Outputs der verschiedenen Sinnesorgane eine Gruppe Reiz-analysierender Mechanismen durchlaufen, welche eine Vielfalt spezifischer Merkmale des sensorischen Ereignisses extrahieren. Ob spezielle Merkmalskombinationen bestimmte Stellen oder spezielle Konfigurationen im Gedächtnissystem erregen, ist nicht bekannt, aber sicherlich verbessert eine Merkmalsanalyse die Leistungsfähigkeit. Auf jeden Fall muß der erste Zugang zum Gedächtnis völlig auf einer sensorischen Analyse beruhen. Etwas anderes kommt nicht in Frage, denn man weiß solange nichts über den sensorischen Input, bis er analysiert worden ist.

Eine zweite Möglichkeit, einen inhaltsbestimmten Speicher zu entwickeln, läge in der Erkundung des gesamten Gedächtnisinhaltes. Dies kann im Prinzip von jeder Maschine geleistet werden, indem das Gedächtnis einfach systematisch abgesucht wird, bis eine überprüfte Stelle mit dem Input übereinstimmt. Eine derartige Suche ist unrealistisch; die durchschnittliche hierfür erforderliche Zeitmenge wächst linear mit dem Gedächtnisumfang. Könnte die Suche in Form einer parallelen Vorgehensweise stattfinden – d. h., daß alle Gedächtnislokationen gleichzeitig überprüft würden – wären die mit der Gedächtnisorganisation zusammenhängenden Probleme weitgehend reduziert, da Material nicht länger systematisch gespeichert zu werden brauchte. Ob eine inhaltsbestimmte Speicherung im menschlichen Gedächtnis verwendet wird, ist fraglich. Das Problem ist einfach: seine Besonderheiten verweisen auf Eigenschaften des menschlichen Gedächtnisses, aber es gibt hierfür einfach keinen Beweis.

Ein anderes die Speicherung betreffendes Problem bezieht sich auf die Art und Weise, wie verwandtes Material miteinander verbunden wird. Diese Verbindungen oder Assoziationen zwischen gespeichertem Material spielen eine sehr wichtige Rolle im Gedächtnisprozeß, weil sie uns erlauben, an das gesamte mit dem Originalitem verbundene Material zu kommen und nicht nur an die begrenzte Information, die mit dem item selbst gespeichert ist. Die Verbindungen sind notwendig, da verwandtes Material zu verschiedenen Zeiten gespeichert wird; ohne irgendeine Art von formalem Band wäre die Beziehung zwischen Material mit offensichtlich verschiedenen Themenbereichen und Speicherungen in großen Zeitabständen nur sehr schwierig wiederzugewinnen. Verbindungen können in einem Gedächtnis durch mehrere Techniken dargestellt werden. Die bekannteste Computer-Technik ist die Speicherung von „Zeigern" zusammen mit der Information. Diese Zeiger enthalten Adressen von verwandtem Material, so daß also mit dem Auffinden eines gespeicherten items die Angabe von Adressen verwandter items verbunden ist. Es gibt eine ganze Reihe von Methoden, die für den Einsatz dieser Zeiger entwickelt wurden. Oft bezieht sich der Zeiger auf das dem gespeicherten direkt vorausgehende oder folgende item, so daß die Zeiger eine Reihe miteinander verbinden. Diese Reihen (oder Listen) bilden die Grundlage für verschiedene Simulationen von kognitiven Prozessen des Menschen (s. Newell und Simon 1963; Feigenbaum und Feldman 1963; Reitman 1965).

Eine ganze Anzahl von Techniken für die Speicherung und Wiedergewinnung umfangreicher Datenmengen werden zur Zeit von Forschern in der elektronischen Datenverarbeitung geprüft. Gegenwärtig können uns ihre Ergebnisse allerdings nur wenig bieten: das menschliche Gedächtnis übertrifft noch jedes Maschinen-Gedächtnis sowohl hinsichtlich der Gesamtkapazität als auch der Geschwindigkeit und Flexibilität der Wiedergewinnung. Die zur Zeit untersuchten Techniken unterscheiden sich zudem nicht wesentlich von den oben erörterten. Die Daten werden in Reihen oder verzweigter Form dargestellt. Beziehungen zwischen gespeicherten Daten sind durch Zeiger repräsentiert, die die Reihen verbinden, entweder durch einfache hier beschriebene Verbindungen oder durch komplexere Spezialverfahren. Manchmal sind die Beziehungen einfach in Indexen gespeichert: ein getrennter Index für jede Möglichkeit, den Speicher zu benutzen. Diese umkehrbaren Indexe (wie sie genannt werden) sind etwas verwandt mit dem Doppelregister eines Wörterbuchs.

Ein Analog-Modell für Wortassoziationen

Ein anderes, obgleich verwandtes Verfahren wird in der folgenden Textauswahl von Vincent Giuliano beschrieben. Der Zweck von Giulianos Arbeit ist die Beschreibung einer Methode zum Erhalt von Verknüpfungsmöglichkeiten zwischen Referenzen auf Dokumente. Sein Ziel ist die Entwicklung eines Systems, das einem Forscher nach der Wahl von wenigen ein Problem darstellenden Schlüsselwörtern den Zugang mit Hilfe dieser Schlüsselwörter und darauf das Auffinden von Dokumenten gestattet, die für seine Untersuchung relevant sind. Das Konzept der Schlüsselwörter stammt nicht von Giuliano. Es handelt sich um eine Standardtechnik, die von fast jedem Archivierungssystem bnutzt wird. Unser spezielles Interesse an Giulianos genauer Darstellung des Problems gilt der Natur seines besonderen Modells zur Ermittlung gespeicherter Referenzen: seine Techniken geben nämlich Hinweise auf Gedächtnisprozesse im Menschen.
Giuliano bevorzugt einen statistischen Zugang zu Wortassoziationen und liefert eine mathematische Beschreibung sowie ein von ihm erstelltes und getestetes Modell. Wir überspringen hier den mathematischen Teil (der interessierte Leser möge die Originalarbeit studieren), bringen jedoch das elektronische Modell in ausreichend detaillierter Form, um einen Begriff von seiner Funktionsweise zu vermitteln.

Analog-Netzwerke für Wortassoziationen *

Vincent E. Giuliano

Bevor die technische Diskussion fortgeführt wird, werden zwei Bereiche möglicher Anwendungen von Wortassoziations-Techniken erläutert.

---

* Vincent E. Giuliano. Analog networks for word association. *IEEE Transactions on Military Electronics*, 1963, MIL-7, S. 221–225. Mit Genehmigung des Autors und Verlags.

Das erste Beispiel stammt aus dem Bereich der automatischen Auffindung von Information in Dokumenten. Nehmen wir an, daß im Zusammenhang mit einem automatisierten Informationszentrum eine große Anzahl von Dokumenten entsprechend Schlüsselwörtern, die sie enthalten, registriert sei und daß diese Schlüssel-Termini dann zwecks folgenden Absuchens durch einen Computer auf Magnetband übertragen würden. Insbesondere wollen wir annehmen, daß Dokument A von der *Oxydation von Eisen in Salzlösungen* handele und durch die drei kursiv gedruckten Schlüsselbegriffe registriert sei. Etwas später kommt ein Ratsuchender in das Zentrum und fragt nach allen Schriftstücken über *das Rosten von Eisen* in *Meereswasser.* Wenn nun der Computer bei seiner Suche nichts findet, wer trägt die Schuld daran, daß Dokument A verborgen bleibt? Offensichtlich liegt es nicht an einem Fehler des Fragestellers, denn dieser hat sein Anliegen genau formuliert. Ebenso kann es sich kaum um ein Versagen des Dokumentators handeln, denn man konnte von ihm nicht erwarten, jede mögliche Frage, die sich auf sein Dokument bezieht, vorauszusehen. Es gehört zu den bestehenden Tatsachen, daß die natürliche Sprache viele alternative Möglichkeiten erlaubt, um denselben semantischen Gehalt auszudrücken, und daß es im allgemeinen nicht nur einen Weg gibt, um einem bestimmten Gedanken Ausdruck zu verleihen. Was ganz deutlich benötigt wird, ist eine Methode des automatischen Wiedererkennens von Assoziationen zwischen Wörtern, so daß auf Fragen mit ungefähr gleicher Bedeutung ungefähr dieselben Dokumente hervorgeholt werden.
Das zweite etwas spekulativere Beispiel ist aus dem Bereich der maschinellen Übersetzung genommen. Nehmen wir an, ein Computer sei darauf programmiert, vom Englischen ins, sagen wir, Russische zu übersetzen, und erhält plötzlich das englische Wort „bank" – soll dieses Wort nun als Geldinstitut oder als Deich oder Sandbank übersetzt werden? Die Antwort auf diese Frage kann nicht durch Untersuchen formaler lexikalischer oder syntaktischer Schlüssel gefunden werden; sie hängt vom semantischen Gehalt des umgebenden Kontexts ab. Wenn „bank" zusammen mit Wörtern wie Geld, Finanzen, Darlehen, Hypothek, Scheck ausstellen etc. auftritt, zieht man offensichtlich die erste Interpretation vor, findet man „bank" dagegen mit Wörtern wie Boot, Wasser, Fluß etc., wäre eine der beiden anderen Deutungen vorzuziehen. Das Beispiel weist darauf hin, daß die Kenntnis der Assoziationsmuster von Wörtern überaus nützlich für die Lösung semantischer Ambiguität bei der Übersetzung durch Maschinen ist – hier liegt zur Zeit das größte Hindernis für diesen Forschungsbereich. Die in den beiden obigen

Beispielen dargestellte Notwendigkeit von Methoden der semantischen Assoziation ergibt sich aus der Tatsache, daß sich die Wortdeutungen reichlich gegenseitig überlappen. Es ist schwierig (wenn nicht unmöglich), zwei Wörter zu finden, die bei allen Interpretationen synonym bleiben. Wer viel schreibt, kennt dieses Problem und die Anstrengungen, die man zwecks Vermeidung einer ständigen Wiederholung eines bestimmten Wortes unternimmt. Was noch mehr erstaunt, ist die Schwierigkeit, zwei Wörter mit vollständig voneinander unabhängiger Bedeutung zu finden. Der interessierte Leser möge folgendes Experiment durchführen: er wähle zufällig zwei Wörter A und B und versuche, die „Distanz" zwischen beiden wie folgt in „Rogets Thesaurus" zu finden: zuerst müssen alle Klassen ermittelt werden, zu denen A gehört, und dann alle Klassen, zu denen B gehört. Fallen A und B in eine gemeinsame Klasse, kann man die Distanz zwischen ihnen als Null betrachten. Ist dies nicht der Fall, prüfe man alle Wörter in den A zugehörigen und alle Wörter in den B zugehörigen Klassen; fällt eines der A-Wörter in eine gemeinsame Klasse mit einem der B-Wörter, betrachte man A und B als durch die Distanz eins getrennt. Desgleichen, wenn ein Wort mit der Distanz eins von A in dieselbe Klasse mit einem Wort mit der Distanz eins von B fällt, betrachte man A und B als durch die Distanz zwei voneinander getrennt etc. Welchen Wert hat nach Schätzung des Lesers wohl die mittlere Minimum-Distanz zwischen zwei zufällig gewählten Wörtern? Ist die Distanz gleich zehn? Oder hundert? Der Wert liegt wahrscheinlich über zwei oder drei. Zumindest war das der Fall bei der vom Autor gemachten Versuchen. Das Spiel ist etwas mühsam, dennoch sollte es der Leser einmal für sich versuchen. Man ist überrascht, wie schnell man auf diese Weise von einem gegebenen Wort zu einem mit der entgegengesetzten Bedeutung gelangt! „Extortion" (Erpressung) besitzt beispielsweise die Distanz eins zu „valor" (Tapferkeit) über die Kette: *extortion* – parsimony (819) – *tenacity* – courage (861) – *valor.* Tatsächlich sind alle wesentlichen Wörter einer natürlichen Sprache mehr oder weniger miteinander verbunden; die entscheidende Frage ist nur, wieviel mehr oder weniger, und das ist das Thema dieser Arbeit.

Synonymität und Kontiguitäts-Assoziation

Diese Arbeit befaßt sich im wesentlichen mit der Wortassoziation, die auf formalen statistischen Eigenschaften eines begrenzten Materials an sprachlichen Daten beruht. Das Ziel ist hier die Bestimmung einer objektiven Methode, um zu einer Festlegung quantitativer Maße für die

Assoziationsstärke zwischen Wörtern zu kommen, die sich in einer gegebenen Gruppe von Kontexten finden. Bevor wir anfangen, sollte man allerdings kurz etwas darüber sagen, was mit Assoziationsmaßen gemeint ist.

Zunächst einmal ist es wohl vernünftig, daß ein brauchbares Assoziationsmaß Synonymität nachbildet, d. h. Sinnähnlichkeit zwischen solchen Begriffen wie „canine" und „dog", „lamp" und „light", „elephant" und „pachyderm" etc. Aber ist eine Synonymitäts-Assoziation das einzig Erforderliche? Wenn das der Fall wäre, könnten Assoziationen offenbar so gewonnen werden, daß man einen Thesaurus (Wortschatz) zusammenstellt und in diesem Lexikon die geschätzten Synonymitätsstärken zwischen verwandten Wortpaaren registriert. In der Tat sind in letzter Zeit Anstrengungen unternommen worden, Lexika für derartige Anwendungen wie automatische Informations-Wiedergewinnung zu erstellen.

Leider ist aber dieser Weg zur Wortassoziation mit gewissen grundlegenden Schwierigkeiten verbunden, die sich aus der Natur der Sprache selbst herleiten. Die erste Schwierigkeit besteht darin, daß es kaum so etwas wie vollständige Synonymität gibt. Wo vorhanden, ist sie fast immer partiell und äußerst schwer zu messen. Ein Wolf ist ein „canine", aber kein „dog"; manche „lamps" sind nicht „lights" und manche „lights" sind nicht „lamps" etc. Eine zweite Schwierigkeit ist fast noch größer: Synonymität stellt nicht die einzige Assoziationsart zwischen Wörtern dar. Tatsächlich ist sie für viele Anwendungen nicht einmal die wichtigste Assoziationsart, weil nämlich synonyme Ausdrücke leicht aus nicht-synonymen Komponenten oder Teilen konstruierbar sind, die nichtsdestoweniger verbunden sind. Es ist einfach unmöglich, alle derartigen möglichen Wortkombinationen vorauszusagen, die synonyme Ausdrücke ergeben. Als Beispiel betrachte man die folgenden zwei Ausdrücke: „Coherent Optical Radar" und „Pulsed Laser Reconnaisance Device". Beide sind mit Hinblick auf eine bestimmte Interpretation fast synonym, aber keines der Einzelwörter im ersten Ausdruck kann man, ohne hierfür seine Vorstellungskraft bemühen zu müssen, als synonym mit einem der Einzelwörter im zweiten Ausdruck bezeichnen, d. h. also, die Ausdrücke sind synonym, jedoch nicht die Teile!

Das eben genannte Beispiel legt nahe, einen anderen Wortassoziationstyp in Erwägung zu ziehen. Wir hätten es dann mit einer Assoziation zu tun, die primär auf Alltagsbeziehungen zwischen Objekten und Handlungen, welche die Wörter bezeichnen, zurückzuführen ist. Beispiele für diesen Assoziationstyp sind „table" und „top", „hammer" und „nail", „food" und „eat", „bank" und „money" etc. Von Psychologen wurde jener als Kontiguitäts-Assoziation gekennzeichnet, da die Objekte bzw. die durch die Wörter bestimmten Eigenschaften als im realen Alltag in gewisser Weise benachbart zu sehen sind. Wenn wir jetzt das im letzten Abschnitt gegebene Beispiel unter dem Gesichtspunkt der Kontiguität betrachten, weisen sowohl „coherent" als auch „optical" Kontiguitätsbeziehungen mit „pulsed" und „laser" auf, und „radar" besitzt eine Kontiguitätsbeziehung zu „pulsed", „reconaissance" und „device". Dieser Fall wird in Abb. 4 illustriert, wo gezeigt wird, daß die Ausdrücke „Coherent Optical Radar" und „Pulsed Laser Reconnaissance Device" vielfache sich überschneidende Kontiguitätsverbindungen aufweisen. Für eine bestimmte Interpretation besitzen die Ausdrücke „Coherent Optical Radar" und „Pulsed Laser Reconnaissance Device" dieselbe Bedeutung, obwohl kein Wort des ersten Ausdrucks synonym mit einem des zweiten ist. Wenn man den kombinierten Effekt all der möglichen Kontiguitäts-Assoziations-Verbindungen zwischen den Wörtern berücksichtigt, können jene zwei Verbindungen durchaus als eng miteinander assoziiert erkannt werden.

Dieses Beispiel wirft folgende Frage auf: Gibt es eine Möglichkeit, eine Anzahl auch schwacher Kontiguitäts-Assoziationen zwischen Wörtern zu kombinieren, um solche Wortkombinationen eng miteinander zu verbinden, die zwar sehr verwandte Bedeutungen aufweisen, die jedoch nicht im Sinne einer Wort-Wort-Synonymität assoziiert sind? Offenbar ist dieses Ziel nicht zu erreichen, indem man jede mögliche Kombination von Kontiguitäten in einer zuvor zusammengestellten Wortsammlung aufzuführen versucht. Glücklicherweise existiert noch eine gänzlich andere Methode zum Wiedererkennen von Assoziationen, und statistische Methoden wie die unten beschriebenen können Assoziationsmaße liefern, welche die Effekte sowohl von Kontiguität als auch Synonymität wiedergeben.

– – –

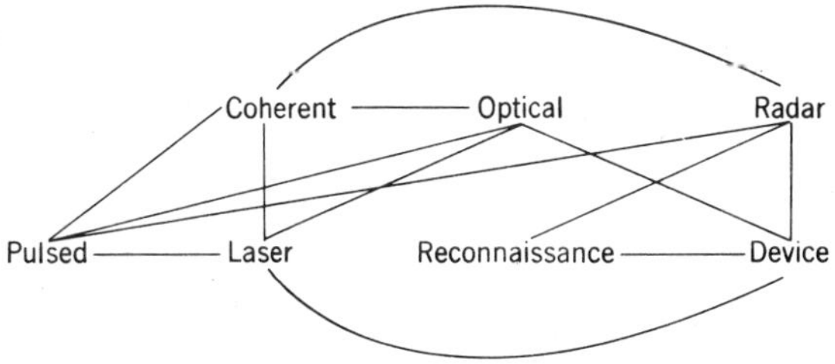

Abb. 4: Beispiel einer Kombination von Kontiguitäts-Assoziationen

Manche Forscher, die an Plänen für Computer-gesteuerte Wort-Assoziation arbeiten, applizieren ihre Formeln zweimal und mehr – zunächst einmal zur Ausdehnung auf „Erst-Generations-Wörter" mit einfachem Abstand von einem bestimmten Wort, dann zur Ausdehnung von „Erst-Generations-Wörtern" zwecks Erhalts von Wörtern mit zweifachem Abstand von einem bestimmten Wort etc. Der Grund für diese Verfahrensweise kann leicht aus dem in Abb. 5 dargestellten Beispiel ersehen werden. Es wird hier vorausgesetzt, daß viele Kontexte den Begriff „aircraft" gemeinsam mit den in der Mitte aufgeführten Wörtern enthalten, und ferner, daß viele andere Kontexte das Wort „airplane" ebenfalls mit Wörtern der Mittelliste gemeinsam haben, daß aber kein Kontext „aircraft" oder „airplane" enthält. Solches könnte durchaus der Fall sein, wenn die Kontexte Dokumente wären und die Wörter als Indices zur näheren Kennzeichnung jener benutzt würden; einige Sachregister mögen „airplane" verwenden, andere vielleicht „aircraft", wenige jedoch werden beide Begriffe zur Kennzeichnung desselben Dokuments aufführen. Jemand, der des Englischen nicht mächtig ist (sagen wir, ein cleverer Chinese), könnte nach dem Studium der Muster gemeinsamen Auftretens dieser Wörter innerhalb ihres Kontexts schließen, daß „aircraft" und „airplane" eng assoziiert sind. Er könnte sogar weiter spekulieren, daß sie in gewisser Weise synonym seien, da sie ja in ähnlichen Kontexten anscheinend austauschbar benutzt werden.

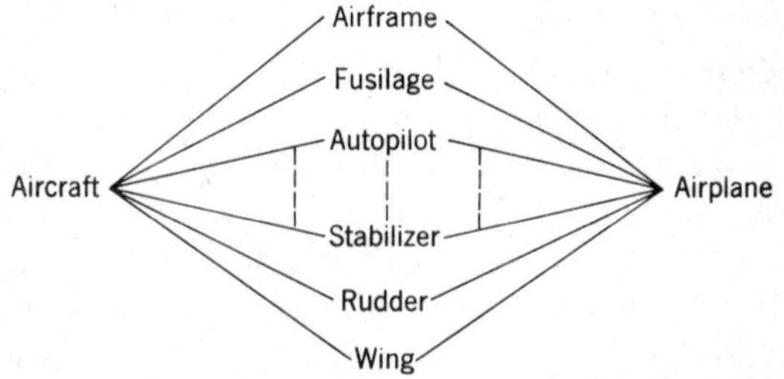

Abb. 5: Beispiel zweier synonymer Wörter, die wahrscheinlich selten zusammen auftreten, die aber ähnliche Muster gemeinsamen Auftretens mit anderen Wörtern haben können.

Lineare Assoziation und linar-assoziative Netzanlagen

Die Methode

Der folgende Teil soll eine kurze Erörterung einer „linearen" Methode der automatischen Wortassoziation bringen, die zurzeit vom Verfasser und seinen Mitarbeitern entwickelt wird. Die Methode zeigt eine Reihe neuartiger Merkmale wie z. B.: (1) sie bietet ein systematisches Gerüst für das Wiedererkennen indirekter wie auch direkter statistischer Assoziationen zwischen Wörtern, (2) sie liefert ein Gerüst zur mathematischen Nachbildung nicht nur von Assoziationen, sondern auch des schwer zu fassenden Konzepts der Relevanz, das den Kernpunkt derartiger Probleme wie Wiederauffindung von in Dokumenten gespeicherter Information darstellt, (3) die Technik eignet sich zum Einsatz eines Analog-Netzwerk-Speichers, und Assoziationen können entsprechend mit Hilfe eines derartigen Netzwerks ohne die Notwendigkeit einer sequentiellen Digital-Abtastung durchgeführt werden. Überdies kommt ein solcher Apparat mit passiven resistiven und kapazitiven Elementen aus und kann daher im Grunde zu einem geringen Bruchteil der Kosten eines konventionellen Digitalspeichers gebaut werden.
Mathematische Gleichungen des linearen Assoziationsprozesses kann man über einen von mindestens drei parallelen Wegen der Beweisführung erhalten: 1. sie stützt sich auf die Notwendigkeit bestimmter mathematischer Bedingungen für die Assoziations-Transformation, die hauptsächlich in gewissen Annahmen über Linearität und Normalisierbarkeit von Transformationsmatrizen bestehen; 2. ihr liegen probabilistische Annahmen zugrunde, gemäß deren Assoziation als spezieller Typ von Markow-Prozeß gedeutet wird; 3. sie basiert auf einer mit Hilfe intuitiven Denkens ermöglichten Entwicklung eines elektrischen Netzwerk-Analogs. Alle drei Wege sind letztlich gleichwertig, da sie auf dieselben mathematischen Beziehungen für den Assoziationsprozeß hinführen. Die Unterschiede liegen in den von ihnen gelieferten Interpretationen; jede richtet in unterschiedlicher Weise einen Appell an unser Intuitionsvermögen. Auf den nächsten Seiten soll die mit dem elektrischen Netz arbeitende Methode beschrieben werden, da sie ohne mathematische Beweise dargestellt werden kann.

Entwicklung einer Linearen Assoziationstechnik

Der Fall Ohne a-priori-*Wort-Verbindungen:* Nehmen wir an, daß zu einem bestimmten Zeitpunkt eine festgesetzte Zahl von Kontexten und

Wörtern im Rahmen einer besonderen Applikation wiedererkannt wird und daß jeder Kontext wesentlich nur durch jene Wörter bezeichnet wird, die ihn am besten charakterisieren. Nehmen wir ferner an, daß es möglich ist, eine positive numerische Verbindung zwischen einem Kontext und jedem der zu ihm passenden Wörter herzustellen. Obgleich diese Werte im einfachsten Fall alle gleich sein können, müssen sie nicht notwendigerweise derartige Beschränkungen aufweisen. Die Situation ist graphisch in Abb. 6 veranschaulicht, wo die Rhomben Kontexte, die Kreise Wörter und die Zahlen an den Verbindungsteilen relative Anschlußstärken zwischen den Kontexten und den Wörtern darstellen. Die

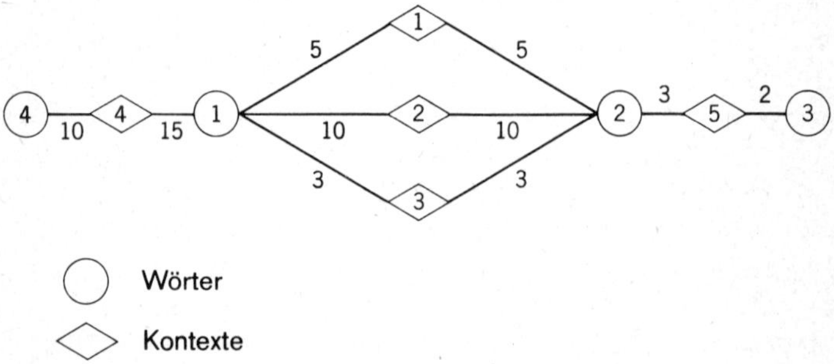

Abb. 6: Darstellung von Verbindungsstärken zwischen einigen Kontexten und Wörtern

Kontext-Wort-Konfiguration kann also in Form eines Netzwerks konzipiert werden. Es kann zwar zwischen einem Kontext und einem Wort nur ein direkter Weg bestehen, aber eine Vielzahl indirekter Wege steht offen. Übertragen auf ein Stromkreis-Modell, ist jeder Kontextknoten und jeder Wortknoten in der graphischen Darstellung als eine elektrische Verknüpfungsstelle zu betrachten und jede Verbindung als ein Widerstand mit einem Leitungsvermögen gleich der Anschlußstärke. Schließlich müßten noch „Leck"-Resistoren (mit Leitfähigkeitswerten, die im Vergleich zu den Werten für das Wort-Kontext-Leitungsvermögen als klein angenommen würden) zwischen jedem Knoten und einem gewöhnlichen „Erdungs"-Knoten eingesetzt werden.

— — —

Bis hierher ist noch nichts darüber gesagt worden, welchen Nutzen ein solches Netzwerk tatsächlich für den Assoziationsvorgang hat. Generell gesehen, kann man sagen, daß sich eine Assoziations-Transformation aus einem Input, welcher aus einer gegebenen Zuordnung positiver oder negativer Werte zu einem oder mehr ausgewählten Wörtern von Interesse besteht, und einem resultierenden Output zusammensetzt, welcher aus Werten besteht, die *allen* innerhalb des Assoziationssystems wiedererkannten Wörtern und Kontexten zugeordnet sind. Damit der Assoziationsprozeß sinnvoll ist, sollte der einem Wort zugeordnete Output-Wert seine Relevanz hinsichtlich der gegebenen Konfiguration von Input-Wörtern und -Werten widerspiegeln. Je größer die Relevanz, desto höher sein Wert.

Im elektrischen Analog besteht der Input aus bestimmten Stromwerten, die in die Endklemmen für die gegebenen Input-Wörter eingegeben werden, wobei der Erdungspol das andere Ende des Stromkreises darstellt. Die Inputwerte sind einfach die Werte des eingegebenen Stroms; sie brauchen nicht notwendigerweise alle gleich zu sein und können sogar entgegengesetzte Vorzeichen tragen, wenn eine Anti-Assoziation gewünscht wird. Die Output-Werte stellen einfach die an den verschiedenen Polen im Netzwerk erscheinenden Spannungen, sowohl für Wörter als auch für Kontexte, dar, als Ergebnis der in die Input-Wort-Pole eingegebenen Ströme. Entsprechend den an den Polen auftretenden Werten und der Abnahme dieser werden sie in eine richtige Rangfolge gebracht. Auf diese Weise ist es möglich, die relative Assoziation zu definieren, d. h. die Relevanz eines gegebenen items für die Input-Konfiguration wird durch die an seinem Pol erscheinende Stromspannung bestimmt.

An diesem Punkt kann die Arbeitsweise des Netzwerks klar gemacht werden. Wenn Ströme in einige der Pole für die sogenannten Input-Wörter geleitet werden, treten Spannungen an allen Polen im Netzwerk auf, sowohl an jenen für Wörter als auch an jenen für Kontexte. Die an einem Wortpol erscheinende Spannung hängt davon ab, wie stark dieses Wort mit den Wörtern der jeweiligen Frage über alle direkten und indirekten Wege verbunden ist. Je weiter ein Wort im Netzwerk von einem Input-Wort entfernt ist, desto geringer wird die an seinem Pol auftretende Spannung sein. Drei parallele Wege bestehen beispielsweise zwischen den Wörtern 1 und 2 in dem in Abb. 7 dargestellten Stromkreis, weswegen ein in den Pol für Wort 1 geschickter Strom eine hohe Spannung an dem Pol für Wort 2 erzeugen wird, aber eine relativ niedrige Spannung an dem Pol für Wort 3. Wörter sind also automatisch miteinander verbunden, wobei eine Abhängigkeit vom Grad direkter und indirekter Verbindungen untereinander besteht.

Der Gesamt-Assoziations-Koeffizient zwischen zwei gegebenen Wörtern ist somit als die Antwort-Spannung am Pol für das eine Wort zu einer

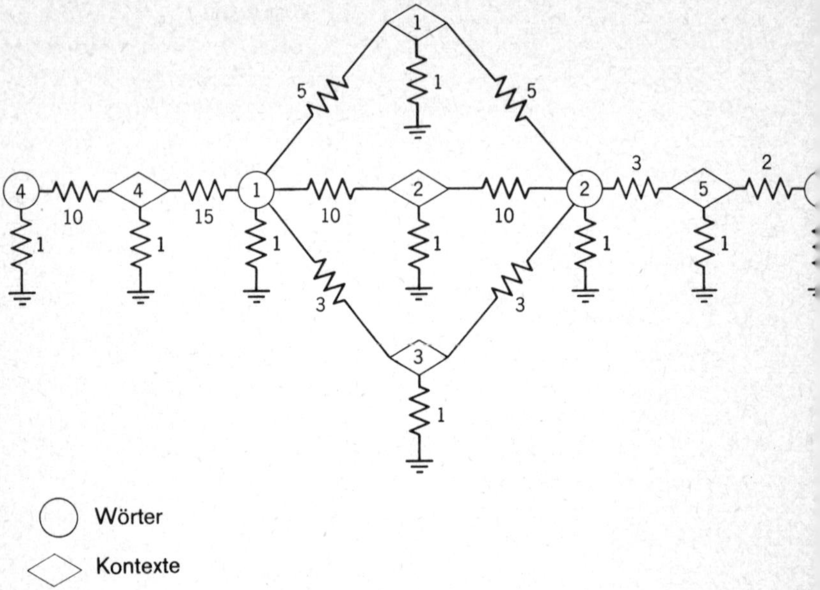

Abb. 7: Übertragung der graphischen Darstellung in Abb. 6 in ein elektrisches Netz. (Die neben den Widerständen stehenden Zahlen geben die Leitfähigkeits-Werte an.)

am anderen Wort eingegebenen Stromeinheit zu sehen oder, in der dem Elektro-Ingenieur vertrauteren Terminologie, als der Transfer-Widerstand zwischen zwei Polen. Wie vom Reziprozitäts-Theorem elektrischer Netze her bekannt ist, stellt der Transfer-Widerstand eine symmetrische Funktion dar, so daß die Assoziation zwischen den Wörtern A und B gleich der zwischen B und A ist.

Natürlich hat die Stromeingabe in die Pole für bestimmte Wörter bei einem Input auch zur Folge, daß alle Kontext-Pole größere oder kleinere positive Spannungen annehmen. Die an einem Kontext-Pol auftretende Spannung hängt (1) davon ab, wie stark dieser Kontext mit im Input spezifizierten Wörtern verbunden ist, und (2) wie stark dieser Kontext mit anderen Wörtern verknüpft ist, die wiederum eng mit Input-Wörtern verbunden sind. Die Spannungen an den Kontext-Polen geben daher eine Rangfolge der Kontexte entsprechend ihrer Assoziation mit den Input-Wörtern an. Unter einem anderen Aspekt gibt eine derartige Spannung auch die Relevanz eines Kontexts für ein Input wieder.

Im Fall der Informations-Wiedergewinnung aus Dokumenten, d. h. wenn die Kontexte Dokumente sind und die Wörter als Indexe benutzt werden, stellt der Input eine Kombination von Ausdrücken dar, die die Interessen eines Literatursuchenden wiedergeben. Der lineare Assoziationsprozeß bringt alle Dokumente gemäß einer kontinuierlichen Relevanzskala mit Hinblick auf die Frage in eine Reihenfolge, wobei für die Bestimmung der Relevanz nicht nur in der eigentlichen Frage vorhandene Wörter, sondern auch solche, die in hohem Maße mit diesen assoziiert sind, verwendet werden. Sehr wahrscheinlich werden sich die am dringlichsten gesuchten Dokumente unter jenen befinden, die in der genannten Rangfolge die ersten Plätze einnehmen.

Giuliano hat einen Plan für den Einsatz eines elektrischen Netzwerks vorgeschlagen, um die Assoziationen zwischen Wörtern und Kontext zu bestimmen. Obwohl seine Ideen in erster Linie für ein automatisches Informations-Wiederauffindungs-System entwickelt wurden, spricht die von ihm entworfene Konstruktion besonders jene Psychologen an, die das menschliche Gedächtnis gern als ein dicht verzweigtes Netzwerk miteinander verbundener Informationen betrachten. Die Einzelheiten der Durchführung sind nicht wichtig; die Verbindungen zwischen items könnten ebenso durch die Speicherung relevanter Adressen als auch durch von Giuliano vorgeschlagene echte physikalische Verbindungen gebildet sein, wenn auch die Bestimmung der Relevanz unter Berücksichtigung *aller* Verbindungen zwischen zwei items von Bedeutung ist.

Statistische Assoziationen haben ihre Grenzen. Die Struktur der Sprache ist z. B. abhängig von der Anwendung von Regeln, nicht von der relativen Häufigkeit, mit der wir Wörter verwenden. Die statistische Struktur spiegelt das Resultat des Einsatzes linguistischer Regeln in unserem Sprachverhalten wider. Assoziationen spielen vermutlich eine wichtige Rolle für unsere Fähigkeit, Sprache zu benutzen — sowohl beim Sprechen als auch beim Hören — wir sollten sie jedoch nicht fälschlicherweise für ausreichend halten, um alle uns begegnenden Situationen zu bewältigen. Immerhin, weite Teile unseres Gedächtnisses sind eng miteinander verbunden, und Giuliano schlägt ein mögliches Modell für die Beschreibung der Verbindungen vor.

Dieses Kapitel hat in grundlegender Weise einen Überblick über eine große Vielfalt von Modellen gegeben, welche sich auf eine ganze Reihe von Problemen bezogen. Wir haben jedoch kaum die Oberfläche durchstoßen, denn es befinden sich weitaus mehr mathematische Modelle in Erprobung, als wir untersucht haben. Eine umfangreiche Klasse dieser Modelle ist verwandt mit dem Stärke- und dem Multikomponenten-Modell von Bower, Norman und Wickelgren. Die meisten von ihnen weisen allerdings eine direktere Beziehung zu neuesten Studien an mathematischen Lernmodellen auf. Die Betonung liegt bei den meisten (obgleich nicht allen) auf der Wahrscheinlichkeit, daß ein item zwischen verschiedenen internen Lernzuständen transferiert wird, die mit Begriffen wie beispielsweise *Gelernt, Kurzzeit-Gedächtnis* oder *Raten* gekennzeichnet werden. Die Diskussionen in diesem Kapitel können weder eine erschöpfende Darstellung der existierenden noch der möglicherweise in der Zukunft entwickelten Modelle geben. Wenn auch die vier erörterten Modelle ein Bild von den in der Mehrzahl der Forschungsarbeiten benutzten Methoden geben, mag die Wahl der genauer studierten etwas willkürlich gewesen sein. Die Entwicklung guter Modelle zur Beschreibung der Gedächtnis- und Aufmerksamkeitsprozesse gewährt einige der erregendsten Möglichkeiten für die Zukunft der psychologischen Forschung.

Empfohlene Literatur

Man kann auf vielerlei Wegen den in diesem Kapitel diskutierten Forschungsansatz weiter verfolgen. Drei verschiedene Modellklassen sind erörtert worden: 1. Computer-Simulation, 2. Wahrscheinlichkeits-Modelle und 3. Wiedergewinnung von Information.

Eine Zusammenfassung der Forschung über Computer-Simulation ist in der von Feigenbaum und Feldman (1963) herausgegebenen Sammlung von Neudrucken enthalten. Die Bücher von Hunt, Marin und Stone (1966) sowie von Reitman (1965) beschreiben spezielle Weiterverbesserungen von Modellen, allerdings ohne einen direkten Bezug zu Aufmerksamkeit und Gedächtnis. Ferner beachte man die Bemerkungen von Feigenbaum und Simon (1963) zu den Grundlagen von EPAM (1963). Eine Erweiterung von EPAM wird von Hintzman (1968) gegeben.

Mathematische Modelle werden in vielfältiger Art angeboten. Wenn man, in Ergänzung zu den in diesem Kapitel diskutierten Arbeiten von Atkinson und Shiffrin (im Druck), Bower (1967) und Wickelgren und Norman (1966), Gedächtnismodelle studieren will, kann man sich in den neuesten Veröffentlichungen von Bernbach (1965, 1967), Bower (im Druck), Kintsch (1966, 1967), Norman (1966 a) und Norman und Wickelgren (1965) orientieren. Es gibt noch weitere Arbeiten, aber die genannten geben zunächst einmal eine Einführung. Eine solche sowie eine Diskussion der für die Spuren-Modelle verwendeten Entscheidungs-Modelle liefern Green und Swets (1966).

Eine geeignete Quelle für weiterentwickelte Gedächtnismodelle (sowohl Computer-Simulations- als auch mathematische Modelle) stellt das von Norman herausgegebene Buch dar (im Druck).

Informationssysteme sind in nicht geringem Maß unter den Begriffen „data

management system" und „information retrieval system" in der Literatur zur Informatik untersucht worden. Einige für diese Bereiche relevante Arbeiten sind in dem Buch von Meadow (1967) und der von Schecter (1967) herausgegebenen Aufsatzsammlung zu finden. Weiter werden die Arbeiten von Douglas (1966), Landauer (1963), Prywes (1966) sowie Prywes und Gray (1963) empfohlen. Zusätzlich könnte die Veröffentlichung von Prywes (1961), zusammen mit jener von Prywes und Gray (1963), von Interesse sein. Prywes vergleicht hier menschliche Fähigkeiten mit solchen von Computersystemen. In diesem Zusammenhang ist auch Miller zu erwähnen (1956 b). Eine gute Einführung in die Probleme, die mit der Erhaltung verbundener Listen gekoppelt sind, gibt das Kapitel 2 von Knuth (1968).
In folgenden Zeitschriften findet man das meiste an Forschungsergebnissen, die für Gedächtnismodelle von Bedeutung sind:

The Journal of Mathematical Psychology
Psychological Review
IEEE Transactions on Electronic Computers
Communications of the ACM

Nicht zu vergessen sind die verschiedenen Treffen der Informatiker im Frühjahr und Herbst wie z. B. die *Proceedings of the Spring Joint Computer Conference (SJCC).*
Schließlich veröffentlichen die *Computing Reviews* kurze kritische Besprechungen und Zusammenfassungen aller für den Informatiker relevanten Artikel, Bücher und Thesen unter Einschluß vieler Arbeiten aus dem Gebiet der Psychologie.

9. Rückblick

In den vorangegangenen Kapiteln haben wir untersucht, wie sprachliche Information von Menschen verarbeitet wird, wobei wir mit dem Mechanismus der selektiven Aufmerksamkeit begannen und mit einer Diskussion der Probleme hinsichtlich Speicherung und Wiedergewinnung schlossen. All diesen Diskussionen lag ein gemeinsames Thema zugrunde, wodurch die Einbeziehung dieser verschiedenartigen Operationen in ein umfassendes Bild von der menschlichen Informationsverarbeitung möglich wurde. In diesem letzten Kapitel wollen wir kurz die wichtigsten Punkte der Erörterungen durchgehen, um jetzt durch Zusammenfassung und Generalisierung des theoretischen Bildes zu einer umfassenden Übersicht zu kommen.
Alle Wege führen zum Gedächtnis. Der Aufbau des Buches war so, daß wir dem Informationsfluß aus der Umwelt bis zur Verarbeitung durch den Menschen folgten. Wir behandelten die Themen „Aufmerksamkeit" und „Wiedererkennen", um dann, wie wir hofften, verschiedene Typen von Gedächtnissystemen in systematischer Ordnung und stufenweisem Aufbau vorstellen zu können: Speicherung visueller Information, Primärgedächtnis, Sekundär-Gedächtnis. Eine solche Darstellung des natürlichen Geschehensablaufes war aber nicht möglich, da jedes System mit allen anderen verwoben zu sein schien. Es wäre natürlich möglich gewesen, dieses Buch anders aufzubauen. Wir hätten leicht mit einer Erörterung der allgemeinen Prinzipien beginnen können, die den Systemen des langfristigen Gedächtnisses mit seiner großen Kapazität zugrunde liegen. Über folgende zwei Fragen wären wir dann auch zu allen in diesem Buch behandelten Themenkreisen gekommen:

1. Auf welche Weise wird Material gespeichert?
2. Auf welche Weise wird dieses aus dem Gedächtnis wiedergewonnen?

Unsere Diskussion in Kap. 2 begann mit der Aufmerksamkeit: unserer Fähigkeit, aus vielen möglicherweise gleichzeitigen Botschaften die uns interessierende zu extrahieren. Diese selektive Fähigkeit bedeutet aber auch eine Beschränkung, denn wir können nicht mehr als eine sehr begrenzte Anzahl komplexer Aktivitäten gleichzeitig ausführen. Wir wählen die Botschaft, der wir unsere Aufmerksamkeit schenken, aus, indem wir diese selektiv auf diejenigen physikalischen Objekte und sinnvollen Inhalte rich-

ten, die wir für relevant halten. Die Botschaft kann uns verloren gehen, wenn sich die physikalischen oder sinnvollen Schlüsselreize verändern oder durch andere, ablenkende Botschaften gestört werden.
Wie können wir die Bedeutung von Botschaften als Schlüssel für ihre Selektion benutzen? Zwei mögliche Mechanismen wurden in den Diskussionen hierfür verantwortlich gemacht. Der eine ließ vermuten, daß physikalische Signale für eine nähere Aufmerksamkeitszuwendung nur aufgrund ihrer physikalischen Merkmale ausgewählt wurden. Wenn jedoch die Bedeutung einer Botschaft erfaßt worden war, zeigte sich, daß das die physikalischen Merkmale prüfende System hinsichtlich weiter gefaßter Klassen von Inputs, die erwartet werden konnten, zu Fehlschlüssen tendierte. So konnten manchmal sinnvolle Signale, die normalerweise nicht beachtet worden wären, die volle Aufmerksamkeit erhalten. Der andere mögliche Aufmerksamkeitsmechanismus würde eine, wenn auch grobe, Bedeutungsanalyse aller Signale gestatten, wobei die Selektion mit Hinblick auf weitere Verarbeitung danach einsetzen würde. Dieses System erfordert, daß die sensorischen Merkmale der einlaufenden Signale für die Erreichung ihrer Repräsentation im Gedächtnis ausreichen.
Beiden Vorschlägen ist gemeinsam, daß sie sich stark auf die Informations-Rückkoppelung von der Analyse laufender Ereignisse zu Voraussagen über künftige Ereignisse stützen. Bei dem einen wird das Problem der Komplexität mit der Extraktion von Information aus den physikalischen Merkmalen zu überwinden versucht, der andere bietet eine Lösung der Schwierigkeiten durch einen automatischen Zugang zum Gedächtnis über sensorische Ereignisse an. Beide Systeme erfordern ein erhebliches Maß an Wechselbeziehungen mit dem Gedächtnis; Voraussagen über die Zukunft können nicht ohne ein Verstehen des Gegenwärtigen gemacht werden, und dieses Verstehen ist wiederum nur über eine Interpretation von Ereignissen möglich, die auf in der Vergangenheit gespeicherter Information basiert.
Im Kapitel 3 behandelten wir die Extraktion von Information aus einlaufenden Signalen. Die meisten dieser Arbeiten fallen in jenen Bereich, den man mit „Wiedererkennung von Mustern" betiteln könnte. Wir gingen in diesem Zusammenhang auf das Problem der Wiedererkennung von Sprache ein. Muster-Rekognition ist nur schwer von selektiver Aufmerksamkeit zu trennen, denn wenn unsere Selektion auf der Bedeutung von Signalen basiert, kann eventuell das Wiedererkennen nicht vom Selektionsakt unterschieden werden.
Bei unserer Analyse der Muster-Rekognition schien manches auf das Erfordernis hinzuweisen, daß die Analyse der einlaufenden sensorischen Ereignisse automatisch und effizient vonstatten geht: eine passive Analyse. Neuere Ergebnisse zur Natur der physiologischen Analysiermechanismen

deuten an, daß sie zur Extrahierung einer erstaunlichen Menge von wesentlichen allgemeinen Eigenschaften aus sensorischen Signalen fähig sind. Andererseits gibt es Hinweise, wonach es anscheinend notwendig ist, daß während der Analyse ständig eine interne Synthese von Eigenschaften versucht wird, um zu einer Übereinstimmung zwischen diesen und denen der gerade analysierten Signale zu kommen: eine aktive Analyse. Dieser aktive Prozeß ist wohl unumgänglich, um einen Begriff von der Leichtigkeit zu geben, mit der wir auf zweideutige, falsche oder fehlende Information reagieren, wobei wir nicht selten sogar Unvollkommenheiten übersehen. Für ein passives Modell wäre das unmöglich.

Beweise sowohl für ein passives als auch ein aktives System führen uns zu der Annahme, daß tatsächlich beide vorhanden sein können. Wir können vermuten, daß passive Vorrichtungen, insbesondere Stimulus-analysierende Mechanismen, genügend Information über sensorische Signale extrahieren können, um die vielerlei Möglichkeiten auf eine kleine bearbeitbare Anzahl zu beschränken. Wir nehmen gleichzeitig an, daß ein aktiver Apparat Bedeutung, Kontext und Erwartungen benutzen kann, die von zuvor analysiertem Material extrahiert wurden, um die Anzahl möglicher Signale, die jederzeit berücksichtigt werden müssen, auf eine kleine brauchbare Gruppe zu reduzieren. Wenn wir die Gruppe der von den Reiz-analysierenden Mechanismen vorgeschlagenen möglichen items mit jener der von dem aktiven Analysierverfahren vorgeschlagenen kombinierten, würden wir eine sehr geringe item-Überlappung erhalten. Durch die Kombination von Merkmalen sowohl des aktiven als auch des passiven Modells können wir also von beiden den größten Nutzen haben; selbst ihre gelegentlichen Schwächen scheinen sich mit unseren Vorstellungen zu decken.

Die Tatsache, daß die Analyse der nicht beachteten, nicht ausgewählten Signale auf passivem und automatischem Wege erfolgen kann, zeigt uns, wie wichtige Information mitunter unsere Aufmerksamkeit auf sich ziehen kann, selbst wenn wir bewußt jene Signalquelle gar nicht verarbeiten. Da passive Systeme nur zur Durchführung einer rohen Informationsanalyse imstande zu sein scheinen, sollten unsere Reaktionen auf Signale, die wir nicht näher beachten, die folgenden Fehler aufweisen: manchmal müßte die Antwort auf relevantes Material nicht gelingen; manchmal müßten wir auf nicht relevantes Material falsch antworten; und immer müßten wir scheitern, wenn wir einen Sinn aus einem Material extrahieren sollten, was die Integration mehrerer verschiedener Wörter erforderte.

Diese Darstellung der Wiedererkennung von Mustern paßt ausgezeichnet in die für das Gedächtnis postulierte Struktur. Ereignisse, denen wir nicht unsere Aufmerksamkeit zuwenden, können Zugang zum Gedächtnis über die Struktur erhalten, die eine Wiedergewinnung durch sensorische Schlüssel erlaubt. Aber diese Ereignisse werden weder richtig noch vollständig verstanden, da Verstehen mehr als einfaches Extrahieren von Einzelteilen erforderlich macht. Normalerweise werden diese Ereignisse nicht erinnert, denn es gehört zu den Bedingungen des Wiedergewinnungsprozesses, daß, falls Information nicht richtig organisiert werden kann, ein späteres Wiederauffinden mißlingt. Ereignisse, auf welche wir nicht bewußt achten, können keine entsprechende Analyse und Organisation erhalten, was sowohl für ein ausreichendes Verstehen als auch eine vollständige Wiedergewinnung notwendig ist.

Unsere Fragen zum Gedächtnis ließen uns vermuten, daß die Organisation gespeicherten Materials einen entscheidenden Aspekt seiner Operationen darstellt. Zudem hat diese Organisation einige ganz spezielle Implikationen. Zum einen muß es möglich sein, gesprochene und geschriebene Wörter rasch zu identifizieren, hauptsächlich durch eine Analyse ihrer physikalischen Besonderheiten. Wir haben daher vorgeschlagen, daß das Gedächtnissystem teilweise um diese Merkmale von gespeichertem Material organisiert sein müßte. Zum anderen erfordert ein effizientes Wiederauffinden gespeicherten Materials ein miteingeschlossenes Speicherungsverfahren. Die richtige Integration neuen Materials in das vorhandene alte macht die Bildung von Wegweisern und Verbindungsteilen im Speichersystem notwendig. Wenn wir diese Organisation durchführen sollen, bevor Material auf effizientem Weg dem Gedächtnis zugeführt wurde, brauchen wir temporäre Speicherungspuffer, um einlaufendes sensorisches Material festzuhalten, bis es richtig interpretiert werden kann, denn selbst ein effizientes Wiedergewinnungssystem benötigt Zeit zum Funktionieren – mitunter mehr Zeit, als das sensorische Ereignis tatsächlich dauerte.

Wir erörterten einige Eigenschaften dieser Speicherungspuffer in den Kapiteln 3 und 4. Kapitel 3 führte in das Thema ein und konzentrierte sich auf ein sensorisches System: die visuelle Informationsspeicherung. In Kapitel 4 betrachteten wir die Eigenschaften eines anderen temporären Speichersystems etwas näher: das Primär-Gedächtnis. Dieses scheint ein kleines System von begrenzter Kapazität zu sein. Die Speicherung gründet sich hier wahrscheinlich auf sinnvolle Einheiten oder „chunks".

Die begrenzte Kapazität des Primär-Gedächtnisses mag eine entscheidende Rolle bei der Bestimmung der Organisation des mit großer Kapazität ausgestatteten Sekundär-Gedächtnisses spielen. Wenn das Primär-Gedächtnis die Funktion eines Arbeitsspeichers hat, in dem neu angekommene Information so lange aufbehalten wird, bis sie erfolgreich in die Struktur des Sekundär-Speichers integriert werden kann, dann gehen die Beschränkungen des ersteren auf das zweite über. Dies würde bedeuten, daß Material im Dauer-Gedächtnis in Gruppen von nicht mehr als fünf bis sieben items

kategorisiert oder in anderer Form eingeteilt wird, da mehr durch den Flaschenhals des Primär-Gedächtnisses gleichzeitig nie hindurchgehen.
Wir dürfen auch die Möglichkeit nicht außer acht lassen, daß die zwei Gedächtnissysteme verschiedene Eigenschaften derselben physischen Struktur darstellen können. Wenn wir annehmen, daß die erste Aktivierung von Gespeichertem das Erscheinen temporärer Spuren verursacht, könnte diese temporäre Aktivität das sein, was wir als primäres Gedächtnis bezeichnet haben. Permanente Veränderungen im Speicher treten nur dann ein, wenn eine vorherige Aktivierung temporärer Spuren und wahrscheinlich auch kognitiver Akte stattgefunden hat: beispielsweise Selektion, Aufmerksamkeit und Wiederholung. Die zwei Systeme könnten also sehr eng miteinander verbunden sein und sich hauptsächlich in ihren zeitlichen Eigenschaften unterscheiden. Natürlich könnten die beiden Speicherungsarten möglicherweise ganz verschiedene Wiedergewinnungseigenschaften besitzen, weil sich die Primärspuren fortwährend ändern, während die sekundären Spuren passiv und von langer Dauer sind.
In den Kapiteln 6 und 7 sowie dem letzten Teil von Kapitel 8 interessierten wir uns für einige der Regeln, die dem effizienten Einsatz des sekundären Gedächtnisses zugrunde liegen könnten. Die Grundsätze der Organisation scheinen durch Jahrhunderte hindurch in den Gedächtnistricks ihren Niederschlag gefunden zu haben, die in der Populärliteratur über Gedächtnissysteme zu finden sind. Die Forderung, daß neueres Material in effizienter Weise mit altem integriert wird, kann mitunter Schwierigkeiten bereiten. Da nämlich nicht bekanntes Material nicht ohne weiteres dem Gedächtnis anzugleichen ist, sind wir geneigt, eher das aufzufinden, was wir erwarteten, als das, was tatsächlich geschehen ist. Wenn wir ein komplexes Ereignis betrachten, können wir es entsprechend früher erworbenen Regeln und Erinnerungen zu bewerten versuchen. Wir speichern also eher Abstraktionen und Pläne als Bilder, und ein Großteil unserer Erinnerungen stellt in Wirklichkeit Neubildungen dar. Schließlich, in Kapitel 8, unternahmen wir den Versuch einer sehr allgemeinen Prüfung einiger Verfahren, welche für die Nachbildung der in den früheren Kapiteln behandelten Phänomene verwendet wurden. Die Bearbeitung war zwar sehr generell, aber die diskutierten Methoden sind von entscheidender Bedeutung. Ohne formale, genaue Erklärungen der weiten von uns gezogenen Folgerungen ist das dargestellte Bild noch inhaltsleer. Es läßt sich zwar sehr gut behaupten, daß eine richtige Organisation den Schlüssel zur Wiedergewinnung darstellt, aber Organisation ist einfach ein Wort. Es ist wohl korrekt zu sagen, daß Reiz-analysierende Mechanismen grundlegende Merkmale aus sensorischen Ereignissen extrahieren und daß diese Merkmale darüber bestimmen, wie die Analyse im Gedächtnis durchgeführt wird. In ähnlicher Weise kann man durchaus

den Vorschlag vertreten, daß ein aktiver Prozeß die Gruppe der erwarteten Ereignisse vom Kontext und von der Bedeutung gegenwärtiger Ereignisse her bestimmt. Aber diese Feststellungen sind verdächtig vage.

Kann ein System dieser Art wirklich funktionieren? Welche Merkmale werden extrahiert? Wie werden die Erwartungen bestimmt? Wie wird die Information aus diesen zwei Quellen verbunden? Diese Fragen können nur mit spezifischen Aussagen, nicht mit den allgemeinen Darlegungen des vorliegenden Buches beantwortet werden. Mit einigen Ausnahmen jedoch sind diese Allgemeinheiten alles, was wir haben. Der Weg über die verbale Beschreibung ist nicht notwendigerweise der schlechteste. Trotzdem, wenn es uns nicht gelingt, die Einzelheiten aller dieser Prozesse durch eine mathematische Beschreibung oder eine Computer-Simulation niederzulegen, wären unsere Anfangsbemühungen umsonst gewesen. Unterdessen wird durch die Fortsetzung der wissenschaftlichen Suche und die vereinten Anstrengungen von Forschern auf vielen Gebieten – Psychologie, Linguistik, Akustik, Elektrotechnik und Elektronik, Informatik und Kommunikationswissenschaft, sowie Neurologie – dieses Buch vielleicht schon veraltet sein. Ich kann das nur hoffen.

Literaturverzeichnis

Die fettgedruckten Ziffern in Klammern hinter jeder Literaturangabe beziehen sich auf das Kapitel, in dem sie behandelt wird.

Adams, J. A. *Human memory.* New York: McGraw-Hill, 1967. **[5]**

Ad herennium, siehe *Rhetorica ad herennium.* **[6]**

Arbib, M. A. *Brains, machines, and mathematics.* New York: McGraw-Hill, 1964. (Paperback edition, 1965.) **[3, 5]**

Atkinson, R. C., & Shiffrin, R. M. Human memory: a proposed system and its control processes. In K. W. Spence, & J. T. Spence (Eds.). *The Psychology of learning and motivation: advances in research and theory.* Vol. II. New York: Academic Press, in Druck. **[8]**

Averbach, E., & Coriell, A. S. Short-term memory in vision. *Bell Syst. tech. J.*, 1961, **40,** 309–328. **[4]**

Averbach, E., & Sperling, G. Short-term storage of information in vision. In C. Cherry (Ed.), *Information theory: Proceedings of the fourth London symposium.* London: Butterworth, 1961. **[4]**

Baddeley, A. D. The influence of acoustic and semantic similarity on long-term memory for word sequences. *Quart. J. exp. Psychol.*, 1966, **18,** 302–309. **[7]**

Bartlett, F. C. *Remembering.* Cambridge (England): Cambridge Univ. Press, 1932 **[7]**

Bernbach, H. A. A forgetting model for paired-associate learning. *J. Math. Psychol.*, 1965, **2,** 128–144. **[8]**

Bernbach, H. A. Decision processes in memory. *Psychol. Rev.*, 1967, **74,** 462–480. **[8]**

Bousfield, W. A. The occurrence of clustering in the recall of randomly arranged associates *J. gen. Psychol.*, 1953, **49,** 229–240. **[6]**

Bousfield, W. A., & Cohen, B. H. The occurrence of clustering in the recall of randomly arranged words of different frequencies-of-usage. *J. gen. Psychol.*, 1955, **52,** 83–95. **[5, 6]**

Bousfield, W. A., & Sedgewick, C. H. An analysis of sequences of restricted associative responses. *J. gen. Psychol.*, 1944, **30,** 149–165. **[6]**

Bower, G. H. A multicomponent theory of the memory trace. In K. W. Spence, & J. T. Spence (Eds.), *The psychology of learning and motivation.* Vol. I. New York: Academic Press, 1967. **[8]**

Bower, G. H. Notes on a descriptive theory of memory. In D. P. Kimble (Ed.), *The proceedings of the second conference on learning, remembering, and forgetting.* New York: New York Academy of Sciences, in Druck. **[8]**

Broadbent, D. E. Speaking and listening simultaneously. *J. exp. Psychol.,* 1952, **43,** 267–273. **[2]**

Broadbent, D. E. *Perception and communication.* London: Pergamon Press, 1958. **[2]**

Brown, J. Some tests of the decay theory of immediate memory. *Quart. J. exp. Psychol.,* 1958, **10,** 12–21. **[5]**

Brown, J. Information, redundancy, and decay of the memory trace. In *The mechanization of thought processes.* London: H. M. Stationery Office, 1959. **[5]**

Brown, R., & McNeill, D. The „tip of the tongue" phenomenon. *J. Verb. Learn. Verb. Behav.,* 1966, **5,** 325–337. **[7]**

Carmichael, L., Hogan, H. P., & Walter, A. A. An experimental study of the effect of language on the reproduction of visually perceived form. *J. exp. Psychol.,* 1932, **15,** 73–86. **[5]**

Cherry, E. C. Some experiments on the recognition of speech, with one and with two ears. *J. acoust. Soc. Amer.,* 1953, **25,** 975–979. **[2]**

Cherry, E. C., & Taylor, W. K. Some further experiments on the recognition of speech with one and two ears. *J. acoust. Soc. Amer.,* 1954, **26,** 554–559. **[2]**

Cicero, M. T. *De oratore.* Mit einer englischen Übersetzung von E. W. Sutton und ergänzt durch eine Einführung von H. Rackham. Cambridge: Harvard Univ. Press 1942. **[6]**

Cicero, M. T. *De inventione.* Mit einer englischen Übersetzung von H. M. Hubbell. Cambridge: Harvard Univ. Press, 1949. **[6]**

Cofer, C. N. *Verbal learning and verbal behavior.* New York: McGraw-Hill, 1961. **[5]**

Cofer, C. N. On some factors in the organizational characteristics of free recall. *Amer. Psychologist,* 1965, **20,** 261–272. **[6]**

Cofer, C. N., & Musgrave, B. S. (Eds.). *Verbal behavior and learning: Problems and processes.* New York: McGraw-Hill, 1963. **[5]**

Cohen, B. H. Recall of categorized word lists. *J. exp. Psychol.,* 1963, **66,** 227–234. **[6]**

Conrad, R. Errors of immediate memory. *Brit. J. Psychol.,* 1959, **50,** 349–359. **[7]**

Conrad, R. An association between memory errors and errors due to acoustic masking of speech. *Nature,* 1962, **196,** 1314–1315. **[7]**

Conrad, R. Acoustic confusions and memory span for words. *Nature,* 1963, **197,** 1029–1030. **[4]**

Conrad, R. Acoustic confusions in immediate memory. *Brit. J. Psychol.,* 1964, **55,** 75–83. **[7]**

Conrad, R. Order error in immediate recall of sequences. *J. Verb. Learn. Verb. Behav.,* 1965, **4,** 161–169. **[7]**

Conrad, R., & Hull, A. J. Information, acoustic confusion and memory span. *Brit. J. Psychol.,* 1964, **55,** 429–432. **[7]**

Deutsch, J. A., & Deutsch, D. Attention: some theoretical considerations. *Psychol. Rev.,* 1963, **70,** 80–90. **[2]**

Deutsch, J. A., Deutsch, D., Lindsay, P. H., & Treisman, A. M. Comments on „selective attention: perception or response?" and reply. *Quart. J. exp. Psychol.,* 1967, **19,** 362–367. **[2]**

Deutsch, S. *Models of the nervous system.* New York: Wiley, 1967. **[5]**

Douglas, C. W. File organization and search techniques. In *Annual Review of Information Science and Technology.* New York: Interscience Publishers, 1966. **[8]**

Egan, J. P. Recognition memory and the operating characteristic. Indiana Univ. hearing and communication lab. AFCRC-TN-58-51, AD-152650, 1958. **[8]**

Erdmann, B., & Dodge, R. *Psychologische Untersuchungen über das Lesen auf experimenteller Grundlage.* Halle: Niemeyer, 1898. **[4]**

Fant, G. Auditory patterns of speech. In W. Wathen-Dunn (Ed.), *Models for the perception of speech and visual form.* Cambridge: MIT Press, 1967. **[3]**

Feigenbaum, E. A. An information processing theory of verbal learning. Santa Monica: The Rand Corp. Paper P-1817, 1959. Siehe auch Feigenbaum, 1963. **[8]**

Feigenbaum, E. A. The simulation of verbal learning behavior. In E. A. Feigenbaum, & J. Feldman (Eds.), *Computers and thought.* New York: McGraw-Hill, 1963. **[8]**

Feigenbaum, E. A., & Feldman, J. C. *Computers and thought.* New York: McGraw-Hill, 1963. **[8]**

Feigenbaum, E. A., & Simon, H. A. A theory of the serial position effect. *Brit. J. Psychol.,* 1962, **53,** 307–320. **[8]**

Feigenbaum, E. A., & Simon, H. A. Brief notes on the EPAM theory of verbal learning. In C. N. Cofer, & B. S. Musgrave (Eds.), *Verbal behavior and learning: Problems and processes.* New York: McGraw-Hill, 1963. **[8]**

Giuliano, V. E. Analog networks for word association. *IEEE Transactions on Military Electronics,* 1963, **MIL-7,** 221–234. **[8]**

Green, D. M., & Swets, J. A. *Signal detection theory and psychophysics.* New York: Wiley, 1966. **[8]**

Grey, J. A., & Wedderburn, A. A. I. Grouping strategies with simultaneous stimuli. *Quart. J. exp. Psychol.,* 1960, **12,** 180–184. **[2]**

Halle, M., & Stevens, K. Speech recognition: a model and a program for research. *IRE Transactions on Information Theory,* 1962, **IT-8,** 155–159. **[3]**

Hebb, D. O. Distinctive features of learning in the higher animal. In J. F. Delafresnaye (Ed.), *Brain mechanisms and learning.* London: Oxford Univ. Press, 1961. **[5]**

Heisenberg, W. Nonlinear problems in physics. *Physics Today,* 1967, **20,** No. 5 (May), 27–33. **[8]**

Hellyer, S. Supplementary report: frequency of stimulus presentation and short-term decrement in recall. *J. exp. Psychol.,* 1962, **64,** 650. **[5]**

Hintzman, D. L. Explorations with a discrimination net model for paired-associate learning. *J. math. Psychol.,* 1968, **5,** 123–162. **[8]**

Hovland, C. I. Experimental studies in rote learning theory. III. Distribution of practice with varying speeds of syllable presentation. *J. exp. Psychol.,* 1938, **23,** 172–190. **[8]**

Hubel, D. H., & Wiesel, T. N. Receptive fields of single neurones in the cat's striate cortex. *J. Physiol.,* 1959, **148,** 574–591. **[3]**

Hubel, D. H., & Wiesel, T. N. Receptive fields, binocular interaction, and functional architecture in the cat's visual cortex. *J. Physiol.,* 1962, **160,** 106–154. **[3]**

Hunt, E. B., Marin, J., & Stone, P. J. *Experiments in induction.* New York: Academic Press, 1966. **[8]**

James, W. *The principles of psychology.* New York: Henry Holt and Co. 1890. (Auch in Neuauflage bei Dover Publications, Inc., 1950.) **[2, 4, 5, 6, 7]**

Kahneman, D. Method and theory in studies of visual masking. *Psychol. Bull.,* 1968.

Katona, G. *Organization and memorizing.* New York: Columbia Univ. Press, 1940. **[6]**

Katz, J. J., & Fodor, J. A. The structure of a semantic theory. *Language,* 1963, **39,** 170–210. **[7]**

Keppel, G., & Underwood, B. J. Proactive inhibition in short-term retention of single items. *J. Verb. Learn. Verb. Behav.,* 1962, **1,** 153–161. **[5]**

Kintsch, W. Recognition learning as a function of the length of the retention interval and changes in the retention interval. *J. math. Psychol.*, 1966, **3**, 412–433. **[8]**

Kintsch, W. Memory and decision aspects of recognition learning. *Psychol. Rev.*, 1967, **74**, 496–504. **[8]**

Knuth, D. E. *The art of computer programming.* Reading: Addison-Wesley, 1968.

Kolers, P. A. Three stages of reading. In H. Levin, & J. Williams (Eds.), *Basic studies of reading.* New York: Harper, in Druck. **[3]**

Landauer, T. K. Rate of implicit speech. *Percept. mot. Skills,* 1962, **15,** 646. **[4]**

Landauer, W. I. The balanced tree and its utilization in information retrieval. *IEEE Transactions on Electronic Computers*, 1963, **EC 12**, 863–871. **[8]**

Lettvin, J. Y., Maturana, H. R., McCulloch, W. S., & Pitts, W. H. What the frog's eye tells the frog's brain. *Proc. Inst. Radio Eng.*, 1959, **47**, 1940–1951. **[3]**

Liberman, A. M., Cooper, F. S., Harris, K. S., MacNeilage, P. F., & Studdert-Kennedy, M. Some observations on a model for speech perception. In W. Wathen-Dunn (Ed.), *Models for the perception of speech and visual form.* Cambridge: MIT Press, 1967. **[3]**

Lindgren, N. Machine recognition of human language. *IEEE Spectrum:*
Part I. Automatic speech recognition, March 1965, 114–136.
Part II. Theoretical models of speech perception and language, April 1965, 45–59.
Part III. Cursive script recognition, May 1965, 104–116. **[3]**

Loess, H. Proactive inhibition in short-term memory. *J. Verb. Learn. Verb. Behav.*, 1964, **3**, 362–368. **[5]**

Loisette, A. *Assimilative memory or how to attend and never forget.* New York: Funk and Wagnalls, 1896. **[6]**

Mandler, G. Organization and memory. In K. W. Spence, & J. T. Spence (Eds.), *Psychology of learning and motivation.* Vol. 1. New York: Academic Press 1967a. **[6]**

Mandler, G. Verbal learning. In *New directions in psychology III.* New York: Holt, 1967b. **[6]**

McCrary, J. W., & Hunter, W. S. Serial position curves in verbal learning. *Science,* 1953, **117**, 131–134. **[8]**

McGeoch, J. A., & Irion, A. L. *The psychology of human learning.* New York: Longmans, Green, 1952. **[6]**

Meadow, C. T. *The analysis of information systems.* New York: Wiley, 1967. **[8]**

Melton, A. W. Implications of short-term memory for a general theory of memory. *J. Verb. Learn. Verb. Behav.*, 1963, **2,** 1–21. **[5]**

Melton, A. W. (Ed.), *Categories of human learning.* New York: Academic Press, 1964. **[5]**

Miller, G. A. The magical number seven, plus or minus two: some limits on our capacity for processing information. *Psychol. Rev.*, 1956a, **63,** 81–97. **[4, 5, 6]**

Miller, G. A. Human memory and the storage of information. *IRE Transactions on Information Theory,* 1956b, **IT-2,** 129–137. **[8]**

Miller, G. A. Decision units in the perception of speech. *IRE Transactions on Information Theory,* 1962, **IT-8,** 81–83. **[3]**

Miller, G. A., Galanter, E., & Pribram, K. *Plans and the structure of behavior.* New York: Holt, Rinehart and Winston, 1960. **[6]**

Miller, G. A., Heise, G. A., & Lichten, W. The intelligibility of speech as a function of the context of the test materials. *J. exp. Psychol.,* 1951, **41,** 329–335. **[3]**

Minsky, M. L. *Computation: Finite and infinite machines.* Englewood Cliffs: Prentice-Hall, 1967. **[3]**

Mitchell, J. M. Mnemonics. In *Encyclopaedia Britannica.* Chicago: Encyclopaedia Britannica Inc., 1910, **Vol. 15,** pp. 626–628. **[6]**

Moray, N. Attention in dichotic listening: affective cues and the influence of instructions. *Quart. J. exp. Psychol.,* 1959, **11,** 56–60. **[2]**

Morton, J. The interaction of information in word recognition. *Psychol. Rev.,* 1969, **76. [2]**

Mowbray, G. H. Choice reaction times for skilled responses. *Quart. J. exp. Psychol.,* 1960, **12,** 193–202. **[3]**

Neisser, U. *Cognitive psychology.* New York: Appleton-Century-Crofts, 1967. **[2, 3, 4, 5]**

Newell, A., & Simon, H. A. CPS, a program that simulates human thought. In E. A. Feigenbaum, & J. Feldman (Eds.), *Computers and thought.* New York: McGraw-Hill, 1963. **[8]**

Nilsson, N. J. *Learning machines.* New York: McGraw-Hill, 1965. **[3]**

Norman, D. A. Acquisition and retention in short-term memory. *J. exp. Psychol.,* 1966a, **72,** 369–381. **[5, 8]**

Norman, D. A. Memory and decisions. Proceedings of symposium on Memory and Attention, XVIII International Congress of Psychology, Moscow, 1966b. Veröffentlicht in den *Acta Psychologica.* **[8]**

Norman, D. A. Toward a theory of memory and attention. *Psychol. Rev.,* 1968, **75. [2, 5]**

Norman, D. A. Memory while shadowing. *Quart. J. exp. Psychol.,* 1969. **[2]**

Norman, D. A. (Ed.), *Models of memory.* New York: Academic Press, in Druck. **[8]**

Norman, D. A., & Waugh, N. C. Stimulus and response interference in recognition memory. *J. exp. Psychol.,* 1968. **[5]**

Norman, D. A., & Wickelgren, W. A. Short-term recognition memory for single digits and pairs of digits. *J. exp. Psychol.,* 1965, **70,** 479–489. **[8]**

Peterson, L. R. Immediate memory: data and theory. In C. N. Cofer, & B. Musgrave (Eds.), *Verbal behavior and learning: Problems and processes.* New York: McGraw-Hill, 1963. **[5]**

Peterson, L. R., & Peterson, M. J. Short-term retention of individual verbal items. *J. exp. Psychol.,* 1959, **58,** 193–198. **[5]**

Prywes, N. S. Data processing aspects of some psychological experiments. *Percept. mot. Skills,* 1961, **12,** 155–160. **[8]**

Prywes, N. S. Man-computer problem solving with multilist. *Proceedings of IEEE,* 1966, **54,** 1788–1801. **[8]**

Prywes, N. S., & Gray, H. J. The organization of a multilist type associative memory. *IEEE Transactions on Communications and Electronics,* 1963, 488–492. **[8]**

Quintilianus, M. F. *The institutio oratoria.* Mit einer englischen Übersetzung von H. E. Butler. New York: Putnam, 1921. **[6]**

Raisbeck, G. *Information theory. Cambridge:* MIT Press, 1963. **[5]**

Reitman, W. R. *Cognition and thought: An information-processing approach.* New York: Wiley, 1965. **[8]**

Rhetorica ad herennium. (Autor unbekannt). Mit einer englischen Übersetzung von H. Caplan. Cambridge: Harvard Univ. Press, 1954. **[6]**

Riley, D. A. Memory for form. In L. Postman (Ed.), *Psychology in the Making: Histories of selected research problems.* New York: Knopf, 1962. **[7]**

Sanders, A. F. (Ed.), *Attention and performance.* Amsterdam: North-Holland Publishing Co., 1967. (Ein Sonderdruck der *Acta Psychologica,* Vol. 27.) **[2]**

Schecter, G. (Ed.), *Information retrieval: A critical view.* Washington: Thompson Book Co., 1967. **[8]**

Slamecka, N. J. *Human learning and memory: Selected readings.* New York: Oxford Univ. Press, 1967. **[5]**

Sperling, G. A. The information available in brief visual presentation. *Psychol. Monogr.,* 1960, **74,** Whole No. 498. **[4, 5]**

Sperling, G. A. A model for visual memory tasks. *Hum. Factors,* 1963, **5,** 19–31. **[4, 5]**

Sperling, G. A. Successive approximations to a model for short-term memory. In A. F. Sanders (Ed.), *Attention and performance.* Amsterdam:

North-Holland Publishing Co., 1967. (Ein Sonderdruck der *Acta Psychologica,* Vol. 27.) **[4]**

Sutherland, N. S. Stimulus analyzing mechanisms. In *Symposium on the mechanization of thought processes.* London: H. M. Stationery Office, 1959. **[3]**

Titchener, E. B. *Lectures on the elementary psychology of feeling and attention.* New York: Macmillan, 1908. **[2]**

Treisman, A. M. Verbal cues, language and meaning in selective attention. *Amer. J. Psychol.,* 1964, **77,** 206–219. **[2]**

Treisman, A. M., & Geffin, G. Selective attention: perception or response? *Quart. J. exp. Psychol.,* 1967, **19,** 1–17. Siehe auch Deutsch, *et al.,* 1967.) **[2]**

Tulving, E. Subjective organization in free recall of „unrelated" words. *Psychol. Rev.,* 1962, **69,** 344–354. **[6]**

Tulving, E. Intratrial and intertrial retention: notes towards a theory of free recall verbal learning. *Psychol. Rev.,* 1964, **71,** 219–237. **[6]**

Tulving, E., & Pearlstone, Z. Availability versus accessibility of information in memory for words. *J. Verb. Learn. Verb. Behav.,* 1966, **5,** 381–391. **[6]**

Uhr, L. (Ed.), *Pattern recognition.* New York: Wiley, 1966. **[3]**

Wathen-Dunn, W. (Ed.) *Models for the perception of speech and visual form.* Cambridge: MIT Press, 1967. **[3]**

Waugh, N. C. Free versus serial recall. *J. exp. Psychol.,* 1961, **62,** 496–502. **[5]**

Waugh, N. C., & Norman, D. A. Primary memory. *Psychol. Rev.,* 1965, **72,** 89–104. **[5]**

Waugh, N. C., & Norman, D. A. The measure of interference in primary memory. *J. Verb. Learn. Verb. Behav.,* 1968. **[5]**

Weinland, J. W. *How to improve your memory.* New York: Barnes and Noble, 1957. **[6]**

Wickelgren, W. A. Distinctive features and errors in short-term memory for English consonants. *J. acoust. Soc. Amer.,* 1966a, **39,** 388–398. **[7]**

Wickelgren, W. A. Acoustic similarity and intrusion errors in short-term memory. *J. exp. Psychol.,* 1965b, **70,** 102–108. **[7]**

Wickelgren, W. A. Distinctive features and errors in short-term memory for English consonants. *J. acoust. Soc. Amer.* 1966a, **39,** 388–398. **[7]**

Wickelgren, W. A. Phonemic similarity and interference in short-term memory for single letters. *J. exp. Psychol.,* 1966b, **71,** 396–404. **[7]**

Wickelgren, W. A. Associative intrusions in short-term recall. *J. exp. Psychol.,* 1966c, **72,** 853–858. **[7]**

Wickelgren, W. A., & Norman, D. A. Strength models and serial position in short-term recognition memory. *J. math. Psychol.,* 1966, **3,** 316–347. **[8]**

Woodrow, H. The effect of type of training upon transference. *J. educ. Psychol.*, 1927, **18**, 159–172. [6]

Woodworth, R. J., & Schlosberg, H. *Experimental psychology.* New York: Holt, 1958. [6]

Yates, F. A. *The art of memory.* Chicago: University of Chicago Press, 1966, [1, 6]

Young, M. N. *Bibliography of memory.* Philadelphia: Chilton Co., 1961. [6]

Sachwort- und Personenregister